ゲリラと麻薬と殺戮と
コロンビア内戦

伊高浩昭
IDAKA Hiroaki

論創社

コロンビア内戦——ゲリラと麻薬と殺戮と◉目次

〈真の黄金郷〉を求めて――プロローグ　3

序　章　緑の魔境――早田英志の世界　9
1　エメラルドカウボーイ　10／2　指輪と拳銃　13／3　業界の魔術　17
4　旗頭の使命　20／5　戦慄の河原　23／6　闇夜の脱出行　28／7　半生を映画に　30

第1章　歴史――群雄割拠への道　35
1　独立戦争　36／2　奴隷解放　38／3　二大政党の確執　42／4　労働争議激化　44
5　ビオレンシア　46／6　国民戦線　50
◆将軍元首ロハス　54

第2章　ゲリラ登場――寡頭体制への挑戦　57
1　コロンビア革命軍（FARC）　58／2　民族解放軍（ELN）　62
3　四月一九日運動（M19）　66／4　解放人民軍（EPL）　70／5　その他の組織　72
◆ドミニカ共和国大使館占拠事件　75

第3章　FARC南下――辺境で自治支配　77

1 カグアン川流域 78／2 コカイン景気 80／3 合法化協定 83／4 愛国同盟（UP） 87
5 ゲリラの連携 89／6 冷戦後の戦略 92／7 反グローバル主義 94
◆スリナム漁船の遭難 97

第4章 麻薬マフィアとAUC――内戦の複雑化 101
1 大麻産業 102／2 コカイン産業 105／3 コカイン学 109／4 ヘロイン産業 114
5 メデジンカルテル 117／6 コロンビア統一自衛軍（AUC） 120
◆気難しいガボ 126

第5章 米国の戦略――陰謀の八〇年代 131
1 麻薬対策 132／2 パナマ侵攻 134／3 消えた〈魔女の巣窟〉 138
4 イラン・コントラス事件 141
◆トリホス将軍への質問 145

第6章 麻薬戦争――恐怖と腐敗の極致 147
1 メデジンカルテルの挑発 148／2 優柔不断のバルコ 151／3 ガラン暗殺 153
4 爆弾攻撃 158／5 エスコバルの聖母 161／6 金庫番逮捕 165

7 記者たちの奮闘 168／8 カリの街 170／9 公安庁爆破 173
10 武闘指揮者の最期 176／11 麻薬サミット 180／12 二人の暗殺 184
13 元法相暗殺 188／14 米国の思惑 192／15 エスコバルの最期 195
16 甘い刑法 198／17 華麗な転身 200
◇メデジンの日本人 203

第7章 大統領麻薬汚染――失われた四年間 205
1 〈鉛の武装〉 206／2 悪魔の取引 208／3 ゴメス暗殺 210
4 カリカルテルの〈自首〉 212／5 右の安全弁 215／6 FARCの攻勢 218
◇スポーツ界の汚れ 221

第8章 コロンビア計画――和平路線の敗北 227
1 パストゥラナ政権 228／2 ファルクランディア 230／3 枯れ葉剤散布 233
4 内戦終結への情熱 236／5 米国の軍事援助 238／6 国家安全・防衛法 242
7 IRA疑惑 246／8 和平枠組み崩壊 249
◇自動車装甲産業 252

第9章　ウリベ現体制——虎の威を借る政権　257
1〈民主的安全〉　258／2　騒擾状態宣言　262／3　資産税　264
4　米国がゲリラ戦支援　267／5　イラク侵攻支持　269／6　麻薬根絶作戦　271
7　反テロ同盟国　274／8　FARCの危機　276／9　AUCと和平交渉　280
10　ルモインの痛言　284
◆日本人誘拐事件　288

第10章　周辺諸国の動向——麻薬戦域の拡大　293
1　ペルー　294／2　ボリビア　298／3　エクアドール　301
4　ベネズエラ　303／5　パナマ　307／6　ブラジル　308
◆チャパレの戦い　314

別　章　コロンビア経済——崩れた安定神話　319
1　深刻な落ち込み　320／2　三カ年計画　324／3　石油産業　327
4　コロンビアの財閥　330
◆議会の腐敗　332

終わりに　334
参考文献　336
＊コロンビア地図　8
＊主要組織名略語説明　34

コロンビア内戦——ゲリラと麻薬と殺戮と

〈真の黄金郷〉を求めて――プロローグ

私が初めて南米大陸に足を踏み入れたのは、この大陸の北西の入口コロンビアだった。一九六九年の夏、酷暑のパナマ市からアビアンカ航空機で飛んだアンデス山脈の高原の都ボゴタは、雨にかすんだ涼しげな街だった。植民地風《コロニアル》の街並みが残る中心街には、コーヒーの香りがかすかに匂うロマンが漂っていた。その前年、メキシコ市から陸路で辿り着いたグアテマラ市で、やはり名産のコーヒーの香りに迎えられた記憶がある。若かった旅人は、街の匂いをかぎ、異邦人の孤独と旅情にひたって、つつましい幸福感を味わった。

あれから三四年、コロンビアを何度訪れたことだろう。私は旅人として、ジャーナリストとして、この国に魅せられてきた。面積は一一四万㎢で、日本の三倍強。暖流が熱帯の波と風を運ぶ一六〇〇キロのカリブ海岸と一三〇〇キロの太平洋岸では、気怠《けだる》さこそ人生だ。広大なオリノキア（オリノコ川流域）の大平原ジャノや、果てしないアマゾニア（アマゾン川流域）の大密林セルバは、営みの空しさを人間に思い知らせる。

だがコロンビアの神髄は、ペルーやボリビアと同じように、南米大陸の険しく不気味な背骨アンデス山脈にある。アマゾニアやオリノキアの偉大さは、雪解け水や雨水を一年中流しつづけて

アンデス山脈

いるアンデスの偉大さあってこそなのだ。四三〇〇万国民の四分の三がアンデス山地に住み、ボゴタ（人口六七一万）、カリ（二二六万）、メデジン（二〇二万）の三大都市をはじめ多くの都市は、山脈の間の高原や盆地にある。その昔、〈黄金郷《エル・ドラード》〉を求めて〈新世界《ヌエボ・ムンド》〉に乱入したスペイン人は、祖国スペインの都マドゥリー《マドリード》にならって、多くの首都を国の内陸部、それもしばしば中央部に築いた。ボゴタもまさにコロンビアの臍《へそ》である。

アンデス東部山脈の支脈に抱かれた標高二二五五六メートルのこの大都会は、一五三八年の建都から四六五年、絶え間ない人口増大、犯罪、貧困、喧噪で、発展よりも衰退が勝っているかに見える。血なまぐさい〈ビオレンシア（政治的暴力）〉が半世紀も驕りまくり、群雄割拠の戦国時代さながら内戦状態が止まないコロンビア。束の間の訪問者であっても、いつ、どこにいても冒険のさなかにあって、殺害や拉致の危険と背中合わせであることを悟り、戦慄を覚えざるをえない。過去の〈栄華〉を空想させる名称のエル・ドラード空港から入るボゴタの街は、この国の底知れない陰鬱《いんうつ》さを象徴的に醸《かも》し出している。

思えば、この国は豊かすぎる。地下には石油、石炭、ニッケル、金、銀、銅、プラチナ、ウラニウム、エメラルドが眠り、沃土《よくど》はコーヒー、草花、果物、椰子油、食肉をもたらし、海には魚介がひしめいている。奪うべきものがありすぎるがゆえに、争いが絶えない。だから、植民地時代に真の終止符を打てないでいるのだ。

ナマケモノを見せる青年

そこへもってきて、大麻草、コカの木、ケシが植えつけられ、その畑が広がった。コロンビアはマリウアーナ（大麻）、コカイーナ《コカイン》、エロイーナ《ヘロイン》を生み出す〈麻薬の黄金郷《エル・ドラード》〉となってしまった。新しい〈黄金〉は、ビオレンシア（政治的暴力）を激化させ、血に染まった大地に立つ人々はみな、互いに人質となり、戦う以外に身動きがとれなくなった。野心的だが暗い瞳をした無数

コロンビア・アマゾニアの中心レティシア沖のアマゾン川で、大ナマズを捕る漁師

の人々が、ときに凶暴になり、ときに絶望し、ときに無気力となりながら、きょうも戦いに身をゆだねている。

だがコロンビア人は、たとえ凶悪な犯罪者であっても、個人としては、カトリックの信仰と祭事を重んじ、家族愛と友情を大切にする。本来ならば堅実な市民になれるはずの資質を、たっぷり持ちあわせている。とはいえ、社会を変革する善政がないまま、国全体の歯車が長期にわたって狂ってしまってはどうしようもない。人々は否応なしにビオレンシア（政治的暴力）に巻き込まれ、加害者、犠牲者として、状況に翻弄《ほんろう》されつづけている。

しかし、連綿《れんめん》と流れる歴史的な伏流水《ふくりゅうすい》を見失ってはなるまい。誰も見たことのない〈真の黄金郷《エル・ドラード》〉、すなわち、版図《はんと》の隅々まで法治が行き渡った平和で豊かなコロンビアという究極の理想への希望である。これを実現させるため、コロンビア人は、意図的とも言えるほどに大きな回り道をしながら、もがき苦しみつづけているのだ。

コロンビアは、逆説的だが、あまりにも魅力的な風土である。不謹慎ながら敢えて言えば、危険への不安こそが、ジャーナリストにはたまらない刺激となって、取材と報道の意欲をかきたてる。私も、かなり向こう見ずな取材行動を少なからずとってしまった。こうして私が東京で還暦を迎えることができたのは、コロンビアでの日々が、他の国々でもそうだったように幸運だったからという単純な事実によっているのだが、とりわけコロンビアでの活動を無事に切り抜けることができたことが大きかったと思う。

コロンビアで得た友情と旅情、学んだ文化や風物をも総ぐるみにした〈コロンビア体験〉は、私にとって貴重な財産となっており、コロンビアに感謝している。私は、日本の暗面を棚上げして、コロンビアの〈暗部〉を少しばかり書き記すことにした。

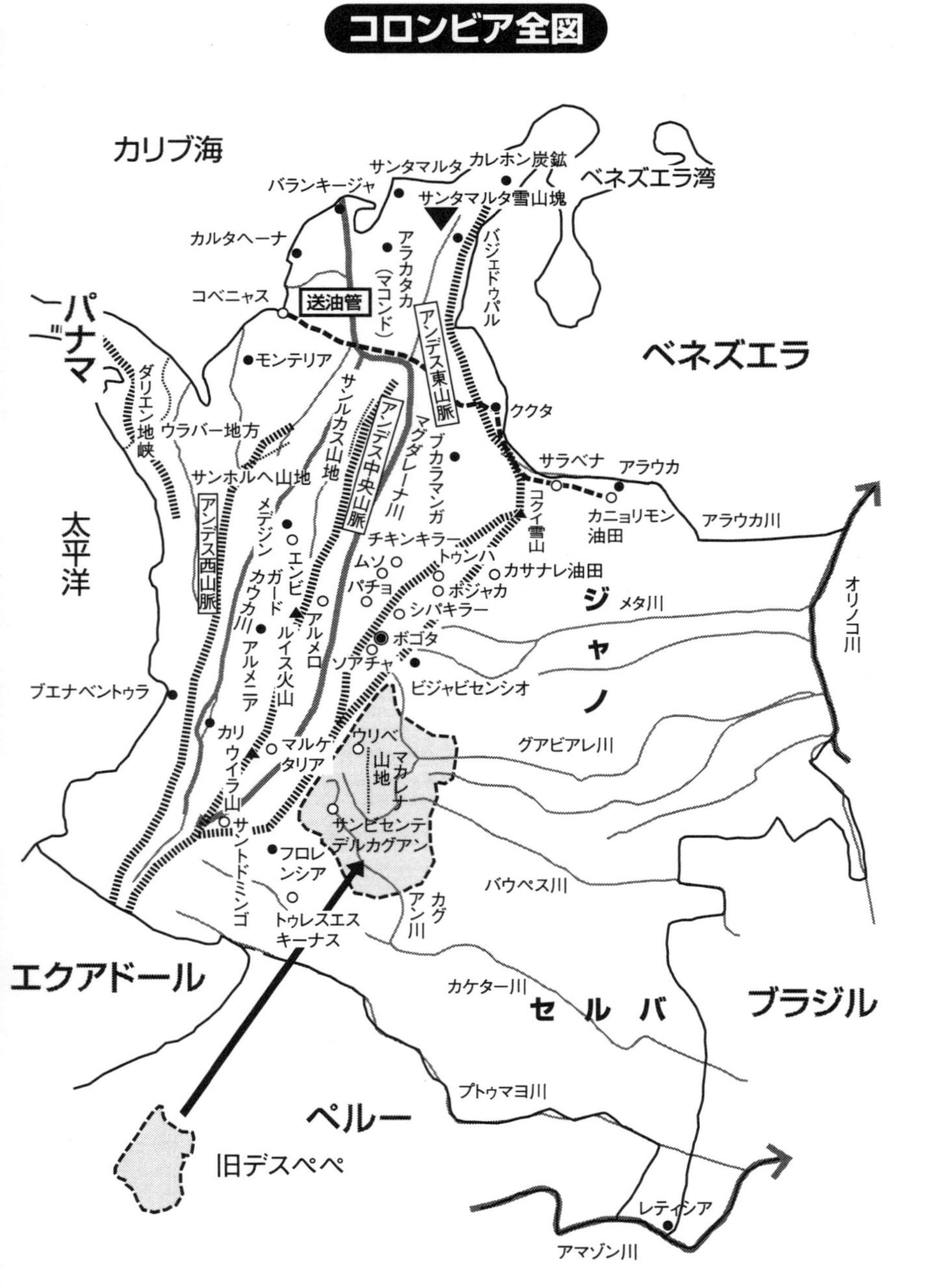

コロンビア全図
カリブ海
サンタマルタ
カレホン炭鉱
ベネズエラ湾
バランキージャ
サンタマルタ雪山塊
カルタヘーナ
アラカタカ（マコンド）
バジェドゥパル
コベニャス
送油管
パナマ
アンデス東山脈
ベネズエラ
モンテリア
ダリエン地峡
サンルカス山地
アンデス中央山脈
ククタ
ウラバー地方
マグダレーナ川
ブカラマンガ
サラベナ
アラウカ
サンホルヘ山地
コクイ雪山
カニョリモン油田
アラウカ川
太平洋
アンデス西山脈
メデジン
チキンキラー
エンビ
ガード
ムソ
トゥンハ
カサナレ油田
パチョ
ボジャカ
カウカ川
アルメロ
シパキラー
ジャノ
メタ川
オリノコ川
ルイス火山
ボゴタ
アルメニア
ソアチャ
ビジャビセンシオ
ブエナベントゥラ
カリ
ウリベ
マルケタリア
マカレナ山地
グアビアレ川
ウイラ山
サンビセンテデルカグアン
サントドミンゴ
フロレンシア
バウペス川
カグアン川
トゥレスエスキーナス
エクアドール
カケター川
セルバ
ブラジル
プトゥマヨ川
ペルー
旧デスペペ
レティシア
アマゾン川

序章

緑の魔境——早田英志の世界

ボゴタ中心部のヒメネス街は、エスメラルダ《エメラルド》業界の代名詞である。深い霧につつまれた鉱山一帯で、エスメラルデロ（エメラルド野郎）の先鋒グアケロ（原石掘り）たちが原石を必死に探す異境への、ひそかな入口でもある。

ヒメネス街は、きょうもエスメラルデロが歩道を埋め尽くし、通り抜けるのに一苦労だ。かつてこの界隈には、栄華の絶頂を極《きわ》めたK氏が会社と店を構えていた。だが世代がすっかり代わって、K氏を知る者や、K氏の消息に関心をもつ者は、もはやほとんどいない。

街の主人公は無数かつ無名のエスメラルデロだが、K氏のような際立《きわだ》った人物を浮かび上がらせるならば、八〇年代後半から現在に至る主役は、新しい在住外国人エメラルド王・早田英志《はやたえいし》であろう。早田の存在は、往年のK氏のそれをはるかに凌《しの》いでいる。

❶ エメラルドカウボーイ

早田には、K氏のような派手さ、恰幅《かっぷく》の良さ、明るさ、そして〈意識的な成金趣味〉はない。地味で、顔は青白く、髪は暗い青春を引きずるかのように長めで、どちらかといえば、風采《ふうさい》は上がらない。根暗ではないが、決して明朗快活ではない。過酷な体験は人の無邪気な仮面をはぎとり、強靭な性格や厳《いか》めしい風貌をつくりだすものだが、早田の場合も、三十数年におよぶ米州諸国をまたにかけての非情な半生によって培われた後天的な姿であろう。

生きる場が米州、とりわけラテンアメリカ、それもコロンビアであってみれば、人は常に生死の狭間に身を置かざるをえない。生か死か、賭けに似た二者択一の実存的な在り方を迫られる。人は、ほとんどの場合、生きる方を選ぶだろう。

エメラルド産業の中心地ヒメネス街

だがそれは、早田のようなエスメラルデロ（エメラルド野郎）には、油断すれば迫ってくる死を絶えずはねのけ拒絶しながら生きることなのだ。早田の人生は、あたかも脅迫観念のように、生を選択しつづける闘争の軌跡である。〈掛け値なしのハードボイルド〉とでも形容できるかもしれない。心は傷だらけだ。死の危険を、あるいは死の恐怖を、何度も克服することによってできた傷。早田の一見冴えないたたずまいは、死をもたらす敵から身を守るための、本能的かつ趣味的な隠れ蓑だ。

埼玉に生まれ熊本で育った早田は、東京教育大（筑波大の前身）を出てから、米国、コスタリカと脚をのばし、いろいろな人生工作をした末、三〇代半ばの一九七五年、コロンビアにやってきた。飛び込んだのがエメラルド業界、それも最前線の鉱山周辺で原石を買い集める危険な仕事だった。

鉱山に近い河原には、鉱山の作業員が見落とし見逃したエメラルド原石を含む大量の土砂が堆積し、豪雨で水量が増せば土砂は下流に流される。原石は河原いっぱいに散らばっている。これを、各地から群をなして集まったグアケロ（原石掘り）があさる。〈すねに傷をもつ〉がゆえに過去を語らない、あるいは語りたい過去を持たない、瞳の暗い男や、気性の激しい女――。

上質で大きな原石を探し当てれば、いい金になる。一攫千金《いっかくせんきん》、まさに山師の世界だ。そんな石を奪うための殺人が、後を絶たない。荒くれ男たちは、誰かが掘り出し物を探し当てれば、その場でつるはし、シャベル、金槌《かなづち》で一撃して殺し、奪い取ることさえいとわない。誰かがボゴタに大粒の原石を売りに行くとの情報をつかめば、途中の山道で待ち伏せし奪って殺す。待ち伏せ攻撃には時折、山賊やゲリラが参入する。一時は鉱山の利権奪取をめぐり、麻薬カルテル絡みの〈緑《エメラルド》の戦争〉が起きて、赤い血がたっぷり流れた。

早田は、鉱山の町に住んで原石買いから身を起こし、コロンビア一のエメラルド輸出商にのし上がった。当時の冒険談は、本人が『エメラルド・カウボーイズ』（ＰＨＰ研究所、一九八六年）という著書のなかで縦横に語っている。自他ともに認める〈インテリやくざ〉であることを、痛快がっている。

〈麻薬戦争〉でボゴタの夜が爆弾で震えていたころ、早田は誘拐団から脅迫され、見張られ、尾行されていた。これを察知するや先手を打ち、用心棒に見張りを捕まえさせた。拉致計画と一味の陣容を白状させ、警察に突きだす。これで相手の動きを封じ込めたと思いきや、尾行はその後もつづいた。

「白昼、ボゴタの街なかで二人組につけられているのに気づいた。そこで追いつかれた途端に、振り向きざま拳銃を構えた。あわてた奴らは隠し持っていた銃に手をやることもできず、悲壮な顔で逃げ去った。彼らが例の一味とつながりがあったかどうか、わからない。普段は護衛を三、四人つけて動くのだが、その日はたまたま一人で歩いていた」

逃げた男たちが身代金目当ての通常の誘拐団の一味であるならば、防ぎようがある。だが〈緑《エメラルド》の戦争〉、すなわち麻薬カルテル抗争絡みだったとすれば、相当に危険だ。死につながる拉致の策謀と闘うとき、早田の顔は、いっそう青白くなる。

❷ 指輪と拳銃

早田の会社は、ヒメネス街の真ん中のビルの上部の何階かを占めている。警備は厳重で、社屋に入ってからも、武器探知機検査や身体検査をする二重、三重の検問がある。年商数十億円、一五万カラットものエメラルドを扱うからには、警備が厳重でありすぎることはない。

警備の男たちは二〇代後半から三〇代で、見るからに屈強そうだ。白人系か、白人色が濃い混血だ。警備や用心棒には、大柄で威圧感のある白人系が重宝がられている。ズボンの腰にはマグナム弾を装填した大型の拳銃が、いつでも発射できるように剥《む》き身で差し込んである。手の届くどこかには、自動小銃も隠してあるはずだ。

男たちに混じって、長身の女性がいた。腰には、やはりマグナム銃。エスペランサ・オバージェ、三〇前で未婚。身長一七六センチ、体重六二キロのスポーツ選手型。そして左手の指には、緑の石が。

「私は気性が激しいから、この仕事が合っている。ちょっと前に、弟が撃たれて殺された。犯人はわからない。ずっと、わからないままね、きっと。でも、このエメラルドを見ると、心がなごむ。誕生日に男の同僚たちがお金を出しあって贈ってくれたの。うれしかった。少したってからわかったのだけど、女の虚栄心を呼び覚ましたうえで、それを十分に納得させてくれるのが、この緑の石なのね」

たくましい男たちが、やさしい目で彼女を見ていた。

安全な土地にいてエメラルドの魔性に心をときめかせる日本や他国の女性には、現地の非情な世界を想像することさえできないだろう。界隈《かいわい》に頻繁に出入りする日本人ら買付業者の多くも、魔界の闇がどれだけ深いか、理解してはいないだろう。

この界隈で取引する日本企業は一〇〇社を超える。彼らを通じて日本に輸出されるエメラルドは、合法取引量の三分の一を占める。日本が最大のお得意であるわけだ。かつてK氏の会社がそうだったように、早田の会社も取引先のほとんどは日本の宝石商だ。その派遣員や仲買人が、一日に多いときには五、六〇人も出入りする。

警備は、エメラルドの現物を取引する一角がとくに物々しい。派遣員らは、厳重に仕切られた廊下に沿って並ぶ個室にいて、エメラルドを持参するコミシオニスタ（持ち主から頼まれて宝石を運び、売って手数料をもらう者）と一対一で取引する。一粒ひとつぶ、緑の色の濃度、透明度、ひび割れの有無、形を確かめ、重さを量る。

たいがいは、おとなの片手の手の平に収まるか収まらないかの〈一山《ロテ》〉ごとにまとめて売買される。廊下には、入室の順番を待つコミシオニスタが、十姉妹《じゅうしまつ》さながら体をこすり合わせるように腰掛けている。ごっつい大男がいれば、うら若いセニョリータもいる。みな控え目で、愛想がいい。

社屋内の研磨所では、取引ずみのエメラルドがさまざまな形に研ぎ削られていく。一〇人ほどの研磨師のなかに、日本人の研修生が一人いた。

研磨の後、もういちど計量してから透明なビニールの小袋に、買い主別、送り先別に分けて入れる。九〇年代末ごろまでは、これを鉱山動力省に運び、宝石鑑定士の資格を持つ検査官に、袋

エメラルドのコミシオニスタ（取次人）には、こんな若い女性もいる

ごとに品質、カラット、送り先を調べてもらっていた。これがすむと検査官は、書類に小袋《ロテ》ごとの数値を記入し、検査ずみの印を捺《お》す。

　早田の部下たちは、検査ずみの小袋を会社に持ち帰り、木製の小箱に入れ封印して、空港の税関に運ぶ。税関は書類と小箱の中味を確認するため、小箱を開ける権限をもつ。だが早田を信用しているから、開けない。

　開けないのは、プロピーナ（袖の下に近い心付け）をきょうもまたよろしくという催促でもある。そこはあうんの呼吸で、事が運ぶ。宝石が安全に日本、あるいは別の目的地に届けばいい。鼻薬《コイマ》は関税の追加分と考えれば、安い。こうして緑の宝石は輸出される。これが合法輸出、つまり正規の手続きを経た輸出だった。

ところが密輸が絶えない。密輸は、鉱山動力省を経由せずに送り出せばいいのだから、わけはない。ただし送り先で買いたたかれたり、不正取引として発覚しやすい。

❸ 業界の魔術

もっと重大な問題があった。それは、検査ずみの認印が捺されたところからはじまる。悪徳業者は、検査ずみのエメラルドを持ち帰ると、それを金庫にしまい、小箱には宝石と同じ重さの石ころを入れて封印ずる。空港の税関は、賄賂で難なく通過。送り先の外国、たいがいは米国だが、小箱を受け取った業者の仲間は、輸出書類に記されたエメラルドの代金をボゴタの業者に銀行送金する。もしくは現金を渡す。これを繰り返せば、巨額の資金がコロンビアに入ってくる。

すなわち、エメラルド輸出の手続きを逆手に取った不正資金の資金洗浄《ラバード》（マネーロンダリング）のからくりである。不正資金といえば、大方は麻薬取引が生み出したもの。それを合法資金と区別がつかないようにする資金洗浄は、法を隠れ蓑にしてやる〈見せかけの合法性〉がみそなのだ。

検査手続きを経ない非合法の密輸は、関税はごまかせても、現物を相手に渡さなくてはならない。資金洗浄と比べ、うま味はさほどないのだ。資金洗浄ならば、同じエメラルドの一山を小石に化けさせて何回でも使える！　こんなからくりが何度も通用するとすれば、監督省庁の検査、空港の税関、輸出先の国の税関がともに腐敗していることを意味する。税関とは、往々にして腐敗の別名である。

しかし米国の圧力によって、税関はその後、審査を厳重にした。業者が、航空会社にエメラルド入りの小箱を渡す直前に検査し、封印してしまう。小石を詰めるやり方は通用しなくなった。航空会社も、不正がやりやすいアビアンカ航空でなく、米国や欧州の航空会社が指定されるようになる。

小石を使わずに不正をする者は、外国の送り先で小箱の中身を確保し、ボゴタに持ち帰り、一部の目立つ特色のあるエメラルドを別のものに代えて、再び小箱に詰めて飛行機に乗せる。送り先の受取人や運び屋ら仲間と組んでやるのだが、それだけ手間がかかる。

コロンビアの正規のエメラルド輸出は、早田独自の統計（一九九四年）では、一〇八万カラットで、これに密輸分を合わせた総輸出がもたらす外貨は三億ドルあまりだった。ところがミネラルコ（鉱山動力省鉱物公社。同省とともにエメラルドを含む鉱物資源の輸出を管理する）の統計では、同じ年のエメラルド輸出は七二〇万カラット、四億三四〇〇万ドル。年産一〇〇〇万カラットで、残る二八〇万カラットは、国内消費向けと国庫の貯蔵用だという。

いくらなんでも、二つの統計の差は大きすぎる。早田は、正規の輸出に忠実な業者はせいぜい数十社とみていたが、公社の資料には、輸出認可登録業者は二六〇社と書かれていた。これは明らかにおかしい。早田は、登録会社の多くは架空会社《ペーパーカンパニー》だとにらんでいた。私は、公社のＦ社長を訪ね、資金洗浄の疑惑について質問した。

「わが省、わが公社は合法的に取引している。資金洗浄《ラバード》が行われているのかどうかには関知しない。洗浄はないと思うが、調査するならば司法にまかせるべきだ。その結果、事実がどのような形で明らかになろうとも、われわれの立場を強めることになる。つまり管理側のわれわれは、何よりも法に基づいて輸出を公正に許可しているからです」

社長は、戸惑いを隠さず答えた。おりから新聞には、エメラルド輸出を利用した資金洗浄が跋《ばっ》扈《こ》しており捜査し摘発すべきだ、と主張する記事が出ていた。ある議員が〈精度の高い情報〉を基に問題提起したのだが、カリの麻薬マフィア《カリカルテル》から献金を受けて窮地に立たされていた、時の大統領エルネスト・サンペルが、厳しい批判の目をそらせるための作戦の一環として暴露させたのではないか、とささやかれていた。社長は、私が新聞報道の正否を確認しに、わざわざ日本からやってきたものと勘違いしていたらしい。

「日本市場は最大の得意先。お客さんに心配をかけるようなことがあってはならない。二六〇もの登録業者を全部細かく調べるのは難しい。信用するしかない。だが司法当局がやるのならば、歓迎する。ほかの業者たちが登録を申請しているが、わが省と公社は当面、認可を増やさない方針だ。いまはこのようにしか答えられない。なんとか助けてくれませんか《ノス・アユーデ・ポル・ファボール》」

社長は、最後に本音を吐いた。大統領周辺の動きに神経を尖らせているところにやってきた私と、最大顧客である日本を結びつけ、私の〈追及〉に本当に弱り果てていた。しかし実際問題として、二六〇社全部を調べるのは確かに難しい。ほとんどが、同じエメラルドを何回も回転させる幽霊会社だからだ！

資金洗浄《ラバード》をしている業者は、エメラルドを新たに仕入れることなく絶えず輸出する。手品のようなやり方が業界を実体の七、八倍も大きく見せていたのだ。

❹ 旗頭の使命

だが偽業者、資金洗浄業者を業界から締め出すのにある程度役立つ方法はある。本物の輸出業者はエメラルドを仕入れた際、買値の三％を取引税として財務省に支払わなければならない。この規則を応用した締め出し方を、当局が考案した。

仕入業者は三％税分を買値に上乗せして売り手に払い、その証明書を売り手からもらうようにする。業者は、証明書を財務省に提出するから、売り手は同じ証明書に基づいて三％分を税金として財務省に支払う。この証明書は、エメラルドを実際に仕入れたことを証明する。鉱山動力省と鉱物公社は、証明書を提出した業者だけに輸出を認可すればよい。洗浄業者は仕入れないから、証明書がなく、したがって輸出許可がもらえない。

売り手を脅迫して証明書を書かせたとしても、売り手は入金がないから三％税の支払いに耐えられず、不正がばれるのは時間の問題となる。売り手と資金洗浄業者がぐるになった場合はどうか。売り手は、三%税を支払いつづけなければならず、資金洗浄業者は国外から送金される洗浄資金の一部を売り手に回して、三%税支払いに当てなければならない。こんな実体のない取引が長期間つづくだろうか。

ところが、資金の潤沢《じゅんたく》な麻薬業者が介在すれば、三%税の支払いなどわけはない。麻薬業者は三%どころか、一〇—二五%もの手数料を不正輸出業者に支払ってでも、麻薬密売で稼いだ外貨《ラバード》をエメラルド代金としてコロンビアに送金したい。代金だから〈合法的送金〉となり、資金洗浄の目的がまず果たされる。その外貨をペソに換金すれば、コロンビア国内で何にでも自由に使えることになる。

麻薬業者は早田にも、資金洗浄のからくりに加わるよう何度も働きかけた。「私の資金を、あなたのエメラルドの輸出代金として米国から送りたい。たっぷり礼金を払うから」と。早田は断固、拒絶する。不正を憎むためばかりでなく、エスメラルデロ(エメラルド野郎)の旗頭《はたがしら》としての誇りが許さないからだ。

早田が見抜いているように、架空会社《ペーパーカンパニー》の多くは実は初めから当局と業界に知られている。からくりをして、不正を手続き上隠したところで、不正の存在そのものは隠せない。凝った不正をすればするほど、業者が当局に支払う〈闇の税金(賄賂)〉は高くなる。

そんな業者は、政治の雲行き次第では真っ先に生《い》け贄《にえ》に供される。この種の不正取引に目を光らせている米政府は遅かれ早かれ察知して、コロンビアとの外交に〈隠し玉〉として使うだろうし、必要とあらば、米国にいる資金洗浄の共犯者を一網打尽にするだろう。

結局は、資金洗浄業者がのさばるのも、無処罰《インプニダー》が社会全体を支配しているからだ。それは〈無処罰《インプニダー》制度〉とも呼べるほど制度化されている。〈暴力の文化《クルトゥラ・デ・ビオレンシア》〉がはびこるのも、その〈制度〉ゆえである。

早田は訴える。

「危険な思い、洗浄業者と共存する不快な思いをしてまで、なぜエメラルド業界にとどまるのか。それは、グアケロ（原石掘り）から用心棒までコロンビア人三〇万人がエメラルド産業で生活しているからだ。彼らのため、産業の最終部門の輸出を閉じるわけにはいかない。エメラルドは怖いほど美しい。だが業界は果てしなく暗い。私は、この産業につきまとう暗さをなくし、エスメラルデロの生活と社会的地位を向上させたい。これは、業界のトップにいる私の使命だ。私がやらなければ、誰もやらない。コロンビア社会にどっぷりとつかりすぎていない外国人として、やりやすい側面もある。ダイヤモンドに専門の取引所があるように、エメラルドにもそれがあってしかるべきだ。エメラルド取引所をボゴタに創設し、産業全体を公正、透明にする。そうすれば、エスメラルデロは救われる。これが私の夢だ。世話になったコロンビアのために、この夢を実現させたい」

❺ 戦慄の河原

エメラルド鉱山は、ボゴタの東方、クンディナマルカ州のガチャラー、チボール両地域や、同州北隣のボジャカ州西部にあるムソ、コスクエス両地域がよく知られている。いずれも険しいアンデス山中にあって、接近路は土砂崩れの多い悪道であるうえ、ゲリラや山賊が出没する危険度が極めて高い。

早田は、コスクエス地域のクーナ、ペニャブランカに三つの鉱山を所有している。そのうちのラパス鉱山は、同地域最大の鉱山だ。

ムソ鉱山は、大河マグダレーナの支流カラレ川の支流のそのまた支流のミネラル川の渓谷にある。この川の名は、文字どおり「鉱物を含む川」を意味する。九〇年代半ばのあるとき、早田の案内でムソを訪れた。

ボゴタを早朝六時、防弾装置の施された大型の四輪駆動車で発つ。45A号線を北上し、クンディナマルカ州北部のスサで、チキンキラー方面に直上せず、左折し、山間の近道である支線に入る。シミハカに八時半到着し、サンコチョ（鶏肉や野菜の入った煮込み汁）の朝食をとる。ここからボジャカ州へと州境をまたぎ、悪道をゆっくり進んで、ブエナビスタに一〇時半、ムソの町には一二時一五分に辿り着く。

鉱山は町から近いのだが、土砂崩れが鉱山につづく渓谷沿いの山腹の悪道をふさぎ、復旧作業がすむまで二時間も待たされた。待つ間、作業員の一人が行列している車を一台一台訪ねては、作業員たちへのチップを集める。持ちつ持たれつだ。

土砂が除去されて、鉱山に着いたのは、一四時四〇分と遅くなっていた。


車を降りたとたんに、戦慄《せんりつ》が体にみなぎる。欲望と死の恐怖の狭間の渇いた空気が張りつめ、びしびしと伝わってくる。獲物を狙う狼のように目を光らせ、先の鋭く尖った金槌《かなづち》を腰に下げた男女の群が、私たち珍しい訪問者を一斉に見る。

私は、他人を差別したり、他人から差別されることを忌み嫌う。ジャーナリストとして、差別的な表現を極力避けるべく努力してきた。だが、初訪問者の主観的印象に基づいて正直に描けば、人々の目は掛け値なしに凶暴だ。もし私たちが丸腰だったならば、即座に始末されていただろう。これは、偽らざる実感だ。

私たちは七人だった。私と同行の藤井正夫カメラマンはもちろん丸腰だが、早田は、四人の屈強で度胸の据わった若い白人系コロンビア人の用心棒を連れている。各人が大型の拳銃を腰に差し、早田も小型の拳銃をポケットに潜ませていた。早田は、テンガロンハット、濃いサングラスにブーツという、得意の〈エメラルドカウボーイ〉の出立ちだ。私たちよそ者のグループこそ、グアケロ（原石掘り）たちには、異様に映っていたのかもしれない。

悪道から鉱山に至るミネラル川沿いの湿っぽく、すえた臭いのする小径《こみち》には、グアケロが寝泊まりする簡易宿舎や食堂、雑貨売場が並んでいる。その小径を河原に向かって進むと、グアケロとは雰囲気の異なる初老の男が、早田に「セニョール・ハヤータ、お久しぶり。何か取引でもあって、わざわざムソまでお越しですか」と、好奇心丸出しに近づいてきた。

「やあ、しばらく。ちょっと近況を見に来ただけさ」

早田は、愛想よく応じる。張りつめた空気が少し和らいだかにみえた。

「みんな要注意だ。こ

用心棒を従えて歩く早田英志（藤井正夫撮影）

ムソ鉱山下のミネラル川の河原で、エメラルドの原石を探す人々

れで、われわれが来ていることが鉱山中に知れ渡ってしまう。二時間後には、引き揚げる。警戒しながら行動しよう」

男と別れるや、早田は私たちに注意を促した。早田が鉱山現場に来たからには、大金を持って原石を買うために違いない、と受け止められて当然だからだ。

河原に出ると、潮干狩りのような光景が展開していた。老若男女さまざまな大勢の人たちが腰をかがめ、原石探しにうごめいている。表情は暗い。目だけが光る。上流の山腹を削った丘状の台地がムソ鉱山。そこから河原に土砂が流される。土砂には原石が混ざっている。シャベルで土砂を掘り起こし、運良く原石に出合うと、それを金槌《かなづち》で割ってエメラルドの存在を確かめる。

「二〇年前までは、この河原で毎日四、五万人が掘っていた。掘り出し物が多かったからだ。まさに大規模な潮干狩りのようで、すさまじく迫力があった。ところがここ何年か、鉱山が気前良く土砂を捨てなくなり、グアケロも二〇〇〇人くらいに減った。実入りが乏しくなった彼らはいらだっている。だからこの河原は危険だ」

早田は、コロンビアに来たころ、ムソの町に住み、グアケロからエメラルドを買い集め、ボゴタのヒメネス街で宝石商らに売る商売をしていた。それだけに、この河原を知り尽くしている。

ミネラル川の河原で、帽子の男（左）が売りにきたエメラルドを鑑定する早田英志

私は、河原を歩き回って、グアケロたちに質問した。

「ボゴタでの商売をやめて一四年、この河原で働いてきた。二〇日ごとにボゴタの家族のもとに帰る。いい石を掘り当てるのが年々難しくなっている。そろそろボゴタに引き揚げ、貯めた金でパン屋でも開こうと思う」

カルロス・マトゥラナという四〇歳の男は、シャベルですくい上げた土砂から目を離さずに言った。だが、すぐに顔を上げて、「俺が金を貯めたと言ったのを、誰にも言わないでくれ」とつけ加えた。風雪が刻んだ皺《しわ》は、この男を六〇歳にも見せている。

ブカラマンガ（サンタンデル州都）から来たという三〇代の女性レティシア・アロンソは、仕事の手を休めた。「夫は何年か前に殺され、子どもたちと母を養うため五、六年ここにいる。運のいいときと悪いときと収入の差が大きすぎるし、重労働だけど、これをしなければ、残る仕事は売春婦しかないからね」。硬い大きな手だった。

早田は、河原のあちこちで、「セニョール・ハヤータ」と挨拶攻めに遭っている。〈早田一行〉がここにいることは、もうすっかり知れ渡ってしまった。

一六時四〇分、河原を離れようとしていたとき、先刻の初老の男が愛想よく早田に、「セニョール・ハヤータ、今夜はどこにお泊まりで」と訊ねる。

「ああ、久しぶりだから、今夜はムソの町でゆっくりするよ」

すかさず早田は応えた。

❻ 闇夜の脱出行

悪道は渋滞で、ムソの町に着いたときは、一七時四〇分になっていた。早田は、あるホテルの駐車場に車を停め、「広場で夕飯を食い、堂々と散歩しよう」と言った。すでに町でも、誰もが早田の来訪を知っていた。私たち一行が七人で、用心棒は四人だと知られてしまっている。

一八時四〇分、ホテルの駐車場に戻るや、私たちは素早く四輪駆動車に乗り、裏道から町を出て、山腹の悪道に入った。町のホテルに泊まると見せかけて、脱出したのだ。追跡されていたわけではない。だが、〈追っ手〉が気になって仕方ない。夜がはじまり、道は真っ暗だ。今度は、前方の〈待ち伏せ〉が気になる。

なんと、しばらく進むと、軍の検問に引っ掛かってしまった。ゲリラも出没する鉱山地帯は特別警戒地域であり、都会と違って、民間人の銃器携行は禁止されている。悪いことに、用心棒の一人が、大型拳銃を座席の下に隠すのが遅れて、見つかった。検問部隊の隊長は、銃器携行許可証を見せろ、何の目的でどこからどこへ行くのかと、盛んに追及する。そんなやりとりが二〇分ばかりつづいてから、問題は一気に解決した。鼻薬《コイマ》が隊長に効いたのだ。

「いまの足止めは痛い。これからブエナビスタまでが、まず危険だ。いつでも応戦できるよう、銃を用意しろ、補充の弾も出しておけ」

早田は、用心棒たちに命令し、自分も小さな拳銃を取り出した。

山中の真っ暗な悪道を、前後左右を極度に警戒しながら走る。誰も口をきかない。対向車はほとんどない。後方から来る車がとくに危険だ。片側は山腹の鋭い傾斜、もう一方の側は深い谷。前方から来る車に進路をふさがれ、後方から追いついてくる車に退路を断たれては、逃げ場がない。エメラルド狙いの山賊やゲリラに、山腹から丸太を引っぱり出されて車を停めさせられ襲撃されても、まったくおかしくない道中だ。土砂崩れで進めなくなったらどうしようもない。コロンビアの夜のアンデス山中は、戦場や市街戦の場とは別次元の、底知れない怖さを秘めている。

幸運にも二一時、ブエナビスタに着いたが、気は抜けない。やはり危険なシミハカ回りの近道を避けて、遠回りだがチキンキラーに出て、そこから45A号線を一気に南下する。

二五時、つまり次の日の午前一時、無事ボゴタに帰着できた。

「グアケロ（原石掘り）から私のような輸出業者まで、エスメラルデロ（エメラルド野郎）が命を懸けて冒険とロマンに身を託しているのがわかったでしょう。私は四半世紀あまり、エスメラルデロの全過程を体験し、死と対決しながら生きてきました。血塗られながら磨かれて、女性の憧れを満たす緑の輝きの素晴らしさ！　その深い魅力がこたえられないからです。エメラルドに私の人生が凝縮されています。私には、エスメラルデロに勝る生き方はありません」

早田は、別れ際に言った。

❼ 半生を映画に

早田は二〇〇一年、「アンデス・アート・フィルムズ」という会社を興し、映画制作に乗り出した。ボゴタと東京のほか、ロサンジェルスにも拠点をもつ早田は、ハリウッドの動きに敏感で、これが映画作りにつながった。

初めて制作に挑戦する映画では、コロンビアでエスメラルデロになってから、輸出業者として成功した今日までの三〇年近い自身の歳月を、実話として描く。作品は〇二年、二時間の長編『エメラルド・カウボーイ——エスメラルデロ』として完成した。

ドキュメンタリー調で、実際の家族、ヒメネス街にある早田の会社の内部、そこで働く人々や用心棒、コスクエスの鉱山の鉱脈、ムソ鉱山の河原が登場し、フィクションは必要最小限に抑えてある。厳しいエスメラルデロの半生を事実に沿って再現するには、〈虚構の甘さ〉は邪魔になる。

〇三年三月、東京で再会した早田は、私に作品のビデオを見せてくれた。私のよく知る早田の生きざまが、全編にあふれている。業界内の血みどろの闘争、武装集団の鉱山襲撃、誘拐未遂など、実際に起きたいろいろな事件に映画の中でも立ち向かう早田は、決して〈華々しい英雄〉ではない。描かれているのは、やや疲れた雰囲気を漂わせるハードボイルド型のエメラルド野郎。つまり本物の早田だ。

この映画は、現代コロンビアの内幕——内戦状況のある断面を浮き彫りにしたリアリズムの傑作だ。米国で封切られた後、〇四年には日本でも上映される見通しだ。

六〇代に入ってから映画人としても冒険する早田！　この新境地でも、きっと成功をつかみ取ることだろう。

▶主要組織名略語説明◀

ACCU	コルドバ・ウラバー農民自警団（極右準軍部隊）
AD－M19	民主連合・M19（元ゲリラ組織の連合政党）
ANAPO	全国大衆同盟（ロハス将軍の人民主義政党）
AUC	コロンビア統一自衛軍（極右準軍部隊統合組織）
CGSB	シモン・ボリーバル・ゲリラ連絡会議（ゲリラ6組織の連絡機関）
DAS	公安庁（大統領府の治安機関）
DEA	麻薬取締局（米連邦捜査局の機関）
ELN	民族解放軍（キューバ路線のゲリラ組織）
EPL	解放人民軍（共産党分派で毛沢東路線のゲリラ組織）
ETA	バスク国と自由（スペイン・バスク州の独立派武闘地下組織）
FARC	コロンビア革命軍（最大のゲリラ組織で共産党系）
FARC－EP	コロンビア革命軍一人民軍（ＦＡＲＣの正式名称）
MAQL	キンティン・ラメ武装運動（先住民のゲリラ組織）
M19	４月19日運動（ＡＮＡＰＯ系民族派ゲリラ組織）
OAS／OEA	米州機構（米州の〈国連〉、正確には米州諸国機構）
ONDCP	ホワイトハウス国家麻薬取締政策室（米政府の麻薬取締政策上の最高意思決定機関）
PCC	コロンビア共産党（冷戦終結まではソ連派）
PRT	労働者革命党（共産党分派のゲリラ組織）
UP	愛国同盟（ＦＡＲＣ系政党）

第1章

歴史——群雄割拠への道

❶ 独立戦争

南米大陸北西部、現在のコロンビアのある地域には、アンデス山脈山麓《さんろく》の平野や渓谷に住んだチブーチャ人、カリブ海沿岸の低地からアンデス山間の平地にかけて広がっていたカリーベ人、オリノキア（オリノコ川流域）のグアイボ人、アマゾニア（アマゾン川流域）のトゥカーノ人など、大きく分けて八民族となる先住民がいた。彼らの祖先は、紀元前一〇〇〇年ごろからカリマ（バジェデルカウカ州）、シヌー（コルドバ州）、ムイスカ（クンディナマルカ・ボジャカ両州）、タイロナ（サンタマルタ雪山一帯）などの文明を築いていた。

だがアロンソ・デ・オヘーダが一四九九年に到着して以来、スペイン人征服者が〈黄金郷《エル・ドラード》〉を目指して続々とコロンビアの地に入り込み、占領していく。彼らは、アンデスやカリブ沿岸の先住民を支配し、内陸部遠征時には先住民部隊に先導させ、混血を重ね、服従しない者は殺し滅ぼしていった。

残酷な事実だが、この時からコロンビアは先住民を征服したスペイン人入植者と、その子孫によって支配されることになる。独立後一八〇年あまりたつ今日まで、この支配の構造は変わらない。先住民は〈混血民族〉の誕生に貢献させられただけで、統治面では五〇〇余年にわたって復権の道を閉ざされてきた。

スペイン人は一五三八年、アンデス東部山脈の高原にサンタフェ・デ・ボゴタ（ボゴタ）を建都し、ここに一五五〇年、スペイン政府の出先機関として王室法廷を置き、新しい王領「ヌエバ・グラナーダ（新しいグラナダ）」植民地の経営を開始する。

時は一九世紀初頭に飛ぶ。スペイン海軍は一八〇五年、トラファルガーの海戦で英国海軍に敗れ、一八〇八年にスペイン王はフランス皇帝ナポレオンに退位させられた。メキシコからアルゼンチンに至るインディアス（スペイン領ラテンアメリカ）のクリオージョ（植民地で生まれたスペイン人）は、スペイン王政弱体化のいまこそ独立戦争開始の好機とみて、次々に蜂起する。

コロンビアでも一八一〇年七月二〇日（今日の独立記念日）、クリオージョが「最高執政評議会」を組織して、スペイン王政の権威を否定した。翌一一年、東隣のベネズエラはいち早く独立を宣言する。

その年、アンティオキア、カルタヘーナなど五州が連邦主義に基づき、「ヌエバ・グラナーダ州連合」を発足させ、翌一二年、米国型の連邦国家を理想とするカミーロ・トーレス（一七六六―一八一六）が大統領に就任する。この年、ボゴタを中心とするクンディナマルカ州が共和国を宣言し、中央集権主義のアントニオ・ナリーニョ（一七六五―一八二三）が大統領となる。両派の対立は、アルゼンチンの場合と同じように、コロンビアでも先鋭化していた。

スペインがフランス帝政に支配されていた間も、王党派（植民地のスペイン王政支配層）の力は決して弱くはなく、一八一四年、スペインがナポレオンの支配から解放されると、王党派は勢いづく。ここに南米アンデス諸国の「解放者《リベルタドール》」シモン・ボリーバル将軍（一七八三―一八三〇）が登場する。

カラカス生まれのベネズエラ人ボリーバルはスペインに留学し、ルソーの啓蒙主義の影響を受けた。ベネズエラに帰り、王党派と戦い一八一一年に独立宣言をするが、戦いを有利に展開させるため一八一三年、クンディナマルカ共和国のナリーニョと連携する。ボリーバルは、下級軍人だったフランシスコデパウラ・サンタンデル（一七九二―一八四〇）に出会い、部下とする。

ボリーバルは一度は王党派を破ってボゴタに入城するが、巻き返されてハイチに亡命、一八一六年に「ヌエバ・グラナーダ副王領」の設置を王党派に許した。だが一八一九年、ボジャカの戦いで王党派を撃破してボゴタを奪取し、「グラン（大）コロンビア共和国」（一八一九―三〇）が実現する。

❷ 奴隷解放

ボリーバルは、麾下《きか》に黒人奴隷三〇〇〇人で編成した部隊を加えていた。当時、奴隷は今日のコロンビアに該当する地域に一三万人いた。スペイン植民地政府は、ミタ（強制労働制度）で先住民人口が激減したことから、港、鉱山、農場、家事などの代替労働力としてアフリカ人奴隷を連行してきた。カルタヘーナ港から〈陸揚げ〉された奴隷たちは、スペイン系、先住民とともに「混血コロンビア人の三大構成基盤」となっていく。今日、コロンビア人の四〇%がアフリカ系である。

ボリーバルは、史料によると「あちこちに奴隷集団がまとまって存在するのは将来的に危険であり、独立戦争に志願兵として参加させ、兵士になった者だけを自由にするのは、奴隷の量的大きさから生じる危険性を和らげることにつながる」と考えていた。頑強な男奴隷の数が戦闘で確実に減る、と計算したのだ。

解放者シモン・ボリーバルの肖像画＝マリソル・エスコバル作品（コロンビア大統領府提供）

ボリーバルを含むスペイン系支配層には、わずか十数年前の一八〇四年、武闘の末フランスから独立し、世界初の黒人独立国にしてラテンアメリカ最初の独立国となったハイチの〈悪夢〉があった。

宗主国スペインという〈外敵〉と戦う一方で、アフリカ人奴隷が〈内敵〉になったとしたら、たいへんな脅威になる。「その事態は未然に防がなければならない」と考えたわけだ。

だがボリーバルには、特別の理由があった。ハイチ亡命中の一八一六年、当時のハイチ政権との間で、武器支援を受ける代わりに、独立戦争に勝った後、奴隷をすべて解放すると約束していたのだ。ボリーバルは一八二一年、奴隷解放令を出す。だが、奴隷解放が広くゆきわたるまでには、三〇年かかることになる。

グランコロンビア共和国はパナマ（当時はコロンビア領）、ベネズエラ、コロンビア、キト（エクアドール）にまたがる広大な中央集権の独立国家で、一八二一年に選挙で選ばれた国会議員は憲法を制定し、ボリーバルを大統領に選出する。議会内投票であったが、このときから選挙で大統領を選ぶ制度が定着した。副大統領には、副官サンタンデルが就任した。

日本が、明治維新によって二六五年間の江戸封建時代から脱出したように、コロンビアは、三二〇年間のスペイン植民地時代から抜け出したのである。この植民地時代と江戸時代は、二〇〇年あまり重なりあう。

その後、ボリーバルは部下アントニオホセ・デ・スクレ（一七九三―一八三〇）らの戦功で、ペルーとボリビアを独立させた。一八二四年にはイベロアメリカ諸国会議の開催を提唱し、二年後にこれをグランコロンビア領土だったパナマ地方で開催する。グランコロンビア、ペルー、メキシコ、中米連合の四カ国が参加し、英蘭二国はオブザーバーとなった。参加国が少なく、イベロアメリカ諸国連帯を確立する狙いは挫折する。だが、この会議こそ、今日の米州機構（正確には米州諸国機構。西葡仏語でOEA、英語でOAS）の源である。

英雄ボリーバルは中央集権体制に立って権力を集中させていくが、これに反対するサンタンデルは政争に敗れて米国に亡命する。その後、ボリーバルの権勢は衰え、一八三〇年に大統領を辞任し、その年の末、コロンビアのサンタマルタで病死した。

ボゴタ中心部のボリーバル広場

ボゴタでも、どの町でも、至る所に歴史が刻み込まれている。ナリーニョ、ボリーバル、サンタンデルと、独立戦争時代の英雄の名前や、関ヶ原の戦いのように天下分け目の決定的な戦のあった戦場ボジャカの地名が、勲章、大通り、広場、建物、学校などの名前になっている。コロンビア人は、明治維新より半世紀早い独立戦争時代の英雄や、誇るべき勝ち戦について、日本人が勝海舟、坂本龍馬、桂小五郎、西郷隆盛や、戊《ぼ》辰《しん》戦争、西南戦争を語るように、ことあるごとに話題にする。

❸ 二大政党の確執

コロンビアの悩みは、植民地時代からつづいていた地方分立の伝統が根強く残り、統一国家としての体をなしていないことだった。このため連邦制か中央集権制か、という統治理念をめぐる抗争が長らくつづくことになる。地方分立性は今日まで変わらず、それがゲリラや極右の準軍部隊《パラミリタレス》の台頭による群雄割拠状態を許してきた。

一八三〇―五〇年代に連邦主義《フェデラリズモ》（自由党）と中央集権主義《セントラリズモ》（保守党）が明確になり、一八四九年に自由党と保守党が発足する。一八五一年、アフリカ人奴隷制度が廃止されるが、このころから自由党は政党の形を強めていく。自由党はトーレス、サンタンデル、保守党はナリーニョ、ボリーバルの流れをそれぞれ汲むとされている。両党は、植民地時代から莫大な永代資産を持つカトリック教会に対する立場も異にしていた。保守党は教会の利権を保護するのに熱心であり、自由党は国家と教会を分離させ、教会の影響力を抑制しようとした。

自由党は結党当時から、主流派と反主流派の内部対立を抱えていた。反主流派と保守党が結託することもしばしばだった。これらの傾向は、今日までつづく。現大統領アルバロ・ウリベも、自由党の反主流派で、「プリメロ・コロンビア《まずコロンビアを》」という党を結成して大統領選挙に出馬し、自由党主流派候補を破って当選した。

自由・保守両党は、土地争いを中心とする流血の利権闘争に明け暮れたり、パナマ運河建設のためパナマ地方奪取の野心を隠さない米国からの外交攻勢に翻弄《ほんろう》されたりしながら、寡頭支配体制《オリガルキア》維持という点では一致していた。独立後の最大輸出品は金、その後はコーヒーとなるが、寡頭勢力は民族産業であるコーヒーの取引を通じて経済基盤を固めていく。

一八五〇―七〇年代は、政権支配上、自由党が優勢で、一八五三年には男性選挙権が確立された。一八八〇―一九三〇年の五〇年間は、保守党が支配する。その間、一八八四年にサンタンデル州で自由党員が蜂起《ほうき》し、翌年、戦闘は大河マグダレーナ（全長一七〇〇キロ）の流域を中心に広範な地域に拡大した。軍部も、将軍たちが自由・保守両陣営に分かれて戦った。一八八六年、憲法に中央集権制確立がうたい込まれたが、抗争は収まらず、一八九九―一九〇二年の「千日戦争」では、全国で一〇万人が死んだとされる。この三年間の内戦は、国力を疲弊させた。

一九世紀第三・四半期から二〇世紀初頭にかけて、コロンビア特有の「ビオレンシア」（多数の死傷者を出す政治的暴力の連鎖で、コロンビア独特の〈内戦状況〉を指す）の歴史がはじまったのである。

米国は、混乱に乗じ砲艦外交でコロンビアにパナマ運河建設工事認可を迫り、ついにはパナマ地方の独立派を後押しして一九〇三年、パナマを独立させる。だが独立とは名ばかりで、パナマを属領化し、運河地帯を獲得し運河建設に乗り出した「パナマの真の独立は、運河返還と米軍撤退が成った一九九九年大晦日。パナマが独立後長らく中米の一国として認められていなかったのは、パナマがコロンビア領だった時代に、中米に中米連合があって、独自の歴史を築いていたためだ」。

パナマを失った悔恨は、コロンビアに国家統合の必要性をあらためて痛感させ、中央集権主義が強まっていく。この点で保守党の長期支配は、時代の流れに沿っていた。米国がパナマ独立の代償として支払った巨額の資金（二五〇〇万ドル）やコーヒー産業の隆盛によって、コロンビア経済は持ち直し、これも保守党の安定支配を促す要因となった。だが米国は同資金支払いの条件に石油採掘権獲得を加えており、以後、コロンビア経済における米資本の参入が拡大していく。

❹ 労働争議激化

メキシコ革命やロシア革命の影響で、コロンビアでは一九一八年以降、労働者のストライキが活発になり、一九年、社会党が登場する。二四年、ボゴタで第一回労働会議が開かれ、二六年には革命社会党（ＰＳＲ）が発足した。同党は二八年に第三インターナショナル（コミンテルン、一九一九—四三）に加盟し、三〇年にコロンビア共産党（ＰＣＣ）となる。

ＰＳＲの指導で労働運動が活発になり、コロンビアの石油、鉱山、バナナ産業に進出していた米国企業への攻勢を強めていく。とくにサンタマルタ雪山《せつざん》麓でバナナ産業を牛耳《ぎゅうじ》っていたユナイテッドフルーツ社に対する農民運動が激化し、労組は一九二八年、賃上げと居住条件改善を求めてストライキに出た。バナナ農場の労働者をストに駆り立てたのは、同社が運営する物資販売店の値上げだった。労働で搾取したうえ、報酬さえ吸い上げてしまうのが、帝国主義時代の大企業のやり方である。

当時のアバディア保守党政権は米国の意向に沿って、ストを〈共産主義の陰謀〉と宣言し、紛争地域に戒厳令を発動して軍隊を送り込み弾圧した。弾圧で数百人から最高一〇〇〇人のバナナ労働者が虐殺されたとされ、「一九二八年のバナナ農場虐殺事件」として歴史に赤黒く刻印されている。

この事件で、労働者・農民・学生の怒りが高まる。その怒りを受けて議会で政府を攻撃したのが、自由党のホルヘエリエセル・ガイタンだった。ガイタンは、政治的に寡頭体制の枠外に置かれていた労働者・農民と学生の支持を集め、社会派政治家として台頭する。自由党内のガイタンのような社会性を帯びた勢力や路線は〈新自由主義〉と呼ばれ、八〇年代のルイスカルロス・ガランにつながっていく。

一九三〇年には、前年の世界恐慌で保守党政権の経済政策が行き詰まり、労働運動が激化し、保守党は分裂していた。自由党は労働者階層の支持を取りつけて、エンリケ・オラヤ政権を発足させる。自由党政権は一九四六年まで続く。

オラヤは八時間労働制を確立し、次のアルフォンソ・ロペスプマレホ大統領（第一期一九三四—三八）は、農地法を施行して小農の土地所有権を確立し、大土地所有制の拡大に歯止めをかけようとした。また一九三六年、コロンビア労働者連盟（CTC）の設立を認めた。ロペスプマレホは人気をかって一九四二年に再選されるが、政策が挫折して四五年辞任する。人民大衆は、ロペスプマレホ路線を一気に〈社会化〉する政治家として、ガイタンの登場を待ち望んでいた。

一九四五—四六年は、自由党のアルベルト・ジェラスカマルゴ（セマーナ誌創刊者で後の米州機構初代事務総長）が暫定大統領を務めた。一九四六年の大統領選挙では、自由党が公認候補ガブリエル・トゥルバイと反主流派に回ったガイタンの両陣営に分裂し、保守党のマリアノ・オスピナが漁夫の利を占めて当選する。

❺ ビオレンシア

ガイタンは、貧困救済を唱え寡頭支配体制《オリガルキア》を攻撃し、都市部の労働者や農村労働者から圧倒的に支持されて、大衆の広範な支持基盤をつくるのに成功した。伝統の二大政党による寡頭支配体制の枠組みからはみ出した人民主義《ポプリズモ》（大衆を権力基盤に取り込む政治手法）こそ、政治家ガイタンの作風だった。

寡頭支配勢力はガイタンに脅威を感じ、とりわけ富裕層を代表する保守党はガイタンを敵視していた。次期大統領選挙にガイタンが出馬すれば、大衆の熱烈な支持を得て当選するのは疑いなかった。貧者には希望の星であり若者には変革の象徴であったガイタンだが、寡頭勢力には消し去るべき危険な人物だった。

オスピナ政権初年度の一九四六年、保守党員は、一五年間の自由党政権下で自由党員に所有権が移っていた土地や利権の奪回を求め、〈窮民制圧隊《コントラチュスマ》〉という私兵団を使って、ボジャカ州でビオレンシア（政治的暴力）を起こした。自由党員の農民は武装して対抗する。この血なまぐさい社会的状況が、徐々にガイタンの身に迫っていく。

当時のコロンビアでは、二〇haまでの小規模・零細地主は地主全体の八五%を占めながら、その合計土地面積は可耕地全体のわずか一五%にすぎなかった。二〇―一〇〇haの中堅地主は、それぞれ一二%、二一%で、一〇〇―五〇〇haの大地主は三%、三三%、五〇〇ha以上の特大地主は〇・五%、三一%だった。小規模・零細地主の下には、多くの土地なし農民がいた。ビオレンシア（政治的暴力）は、土地闘争の激しい農村地帯で激化したのである。

一九四八年三月末から、米州諸国連合（一九一〇年発足）の総会がボゴタで開かれた。同連合は、「米州全体で共産主義騒乱を防止する」決議などを採択し、米州機構に改組された。米州諸国がコロンビアに注目し、各国の要人がボゴタに集結していた四月九日、ボゴタ市内でガイタンが暗殺された。犯人フアン・ロアも、周辺にいた一群の男たちに私刑で殺害され、暗殺の動機は歴史の闇に葬られてしまった。暗殺事件の背後に、保守党もしくは寡頭体制の意向があったのは疑いない。

希望を奪われた貧困大衆や自由党員は激怒し暴徒となって殺傷、放火、略奪をつづけ、保守党員は反撃する。騒乱はボゴタ一帯で二日間つづき、数千人が殺害された。このビオレンシアは、コロンビア史上、「ボゴタソ（ボゴタ大暴動事件）」と呼ばれる。だがビオレンシアを全国に波及させ、今日まで影響を及ぼしている大事件であるため、〈コロンビアソ（コロンビア大暴動事件）〉と呼ぶ方がふさわしいかもしれない。

現在のキューバ元首フィデル・カストロ国家評議会議長は、事件当時、ラテンアメリカ学生会議の主催者の一人としてボゴタにいて、事件に巻き込まれた。カストロはボゴタソの人民蜂起に参加した経験と、ボリビア革命（一九五二年の鉱山労働者の武装蜂起による体制変革）に学び、キューバ革命の原点となる一九五三年のモンカダ兵営襲撃蜂起を決行する。

「米政府が、〈ラテンアメリカに対する共産主義の脅威〉という強迫観念に支配されるようになったきっかけは、ボゴタソだった」（ゲイリー・リーチ『キリング・ピース』イノタ、二〇〇二年）という興味深い指摘がある。米国としては、一九二八年のバナナ労働者争議からボゴタソに至る過程を分析して、そのような強迫観念を抱いたのだろう。

ガイタンを失った自由党は一九四九年の大統領選挙をボイコットし、保守党のラウレアノ・ゴメスが当選して、翌五〇年就任する。ゴメスは強権で自由党員や反対者を弾圧し、独裁を敷く。警官や極右市民は〈窮民制圧隊《コントラチュスマ》〉のような武装弾圧部隊（今日の極右準軍部隊の走り）を組織して、自由党員を殺戮《さつりく》する。その反動として農村部には、自由党系のゲリラ（武装自衛組織）が出現する。ゲリラは計四五〇〇人程度だったが、その後のゲリラ組織の走りとなる。

共産党は一九四九年、武装自衛行動の開始を宣言するが、いくつかのゲリラ組織は共産党の影響下にあった。共産党系ゲリラと自由党系ゲリラとの戦闘がしばしば起きたが、共産党系ゲリラの存在は、ゴメス政権にとって重要だった。朝鮮戦争が勃発し、東西冷戦が一層激化するなかで、米国ではマッカーシズム（一九五〇―五四）の〈赤狩り〉の嵐が吹き荒れていた。ゴメスは弾圧の口実に、反共主義を最大限に利用するのである。

ゴメスは病気治療のため政権を一年半離れた後、復帰するが、ここに至って、軍統合司令部議長グスタボ・ロハスピニージャ（以下、ロハスと略す）将軍が一九五三年、クーデターで政権に就く。ロハスは陸軍司令官時代、朝鮮戦争にラテンアメリカ諸国中唯一連合軍に出兵したコロンビアの派遣軍司令官を務め、それゆえに英雄だった。

ロハスは、軍隊を出動させて武装行動を鎮圧したり、左翼ゲリラを恩赦と引き換えに武装解除したりして、ボゴタソを契機に全国に拡大していたビオレンシアを抑え込む。一方で、表面的ながら社会改革を手掛ける人民主義《ポプリズモ》で人気を博し、一九五四年には議会で大統領に選出される。だが人民主義《ポプリズモ》が行き詰まり強権政治だけが目立つようになると五七年、クーデターで追放された。寡頭体制は、強権排除という目的とは別に、ロハスに対しても、ガイタンに対して抱いていたような脅威を感じていた。ロハスがガイタンに似た人民主義の政治手法をとり、失脚後、二大政党の枠組みの外で新しい政治勢力「全国大衆同盟《アナポ》」（「人民民族同盟」とも訳す）を組織したからだ。ビオレンシア（政治的暴力）はロハスの強権をもって、ようやく下火となったが、ボゴタソ以来一〇年間に、全国で最大二〇万人が犠牲になったと推定される。だがビオレンシアは〈癌〉となってコロンビア全土に転移し、不治のまま同国は二一世紀にもつれ込むのである。

❻ 国民戦線

寡頭勢力は四年間のロハス独裁に驚愕《きょうがく》し、二大政党間の抗争に起因するビオレンシア（政治的暴力）の連鎖を断ち切り、寡頭支配を制度化する二大政党体制《システマ》を維持強化するため、一九五八―七四年の期間、四代の政権を自由・保守両党でたらい回しにする「国民戦線《フレンテ・ナシオナル》」を結成する。〈管理された民主制〉とも言うべき両党新体制は一九五七年の国民投票で、女性参政権とともに承認された。こうして政権は一九五八年以降四回の大統領選挙で両党統一候補を出馬させて勝ち、アルベルト・ジェラスカマルゴ（自由党、元暫定大統領）、ギジェルモ・レオンバレンシア（保守党）、カルロス・ジェラスレストゥレポ（自由党）、ミサエル・パストゥラナ（保守党）と四代の大統領が続くことになる。

国民戦線体制は、一九五八年にペレスヒメネス軍事独裁を脱した隣国ベネズエラで、民主制度強化のため同年発足した二大政党体制（プント・フィホ協定体制。当初は三大政党連立だったが間もなく民主共和連合が離脱し、民主行動党とキリスト教社会党の二大政党体制となる）と呼応しあう。

だが一九七〇年四月一九日実施の大統領選挙は、様相が違った。ANAPO《アナポ》のロハス将軍が、左翼勢力や学生の支援も得てミサエル・パストゥラナに挑み、事実上、勝ったとみられたのだ。国民戦線体制は開票集計作業を中断させ、それが再開した結果、パストゥラナが当選したことになっていた。

当時、サッカーW杯メキシコ大会の取材準備でメキシコ市を離れられなかった私に、ボゴタで選挙を取材した友人の記者から、笑い話《チステ》のような〈実際にあった話〉が伝わってきた。「開票集計作業の停止中、パストゥラナ陣営は、全国各地の投票所でなりふり構わず投票箱にパストゥラナ票を詰め込んだ。このため、ある村では、有権者数をはるかに上回るパストゥラナ票が出た！」

絶望した大学生、労組指導者ら青年左翼勢力は、〈勝利を奪われた四月一九日〉にちなんで、「四月一九日運動」（M19）というゲリラ組織を結成し、武闘を開始する。

国民戦線が終わった一九七四年大統領選挙からは、以前のような自主選挙となった。以後、アルフォンソ・ロペスミケルセン（自、一九七四―七八）、フリオセサル・トゥルバイ（自、一九七八―八二）、ベリサリオ・ベタンクール（保、一九八二―八六）、ビルヒリオ・バルコ（自、一九八六―九〇）、セサル・ガビリア（自、一九九〇―九四）、エルネスト・サンペル（自、一九九四―九八）、アンドゥレス・パストゥラナ（保、一九九八―二〇〇二）と、七代の大統領が続く。二〇〇二年八月七日、現在のアルバロ・ウリベ（自系、二〇〇二―〇六）が就任した。

自由党が圧倒的に優勢だが、それは自由党支持層に、寡頭体制に不満で人民主義《ポプリズモ》になびきやすい大衆のかなりの部分が組み込まれているからだ。しかし自由、保守二大政党には、「経済は自由主義、政治は保守主義」と協調しあって巧みに運営してきた寡頭支配体制を崩す真剣な意思はなく、植民地時代の延長として都市部で政治と経済を支配し、農村部では〈永代資産制〉の最たる大土地所有制を維持してきた。

両党体制は一九六一年にコロンビア農地改革庁（INCORA《インコラ》）を設立し、ビオレンシアの原因の一つである土地所有制の不平等を是正するため、遊休地買い上げによる農地改革に着手する。だが、土地闘争を抑え込むほど十分な成果を挙げるには、ほど遠い状況だ。

保守党の中央集権主義と、地方自治を強化する自由党の連邦主義のいずれも実効ある形では実らないまま、広範な地域で〈意図的に〉維持されてきた無法状態こそが、寡頭体制を存続させる基盤となっている。貧困大衆の社会参加に真剣に取り組めば、必然的に寡頭支配の基盤を崩すことになるからだ。両党とも体質は極めて保守的であり、そのために貧困大衆の不満を吸収する社会変革ができず、無法地域が生まれる。

そこにゲリラ、麻薬組織、極右準軍部隊《パラミリタレス》が入り込んで、国土の六〇%が〈群雄割拠〉の無政府状態となる。ビオレンシアは寡頭体制を打ち破れないまま、複雑な〈低強度内戦〉（激烈な戦闘が恒常的でなく断続的に起こる内戦）に変質していく。

◆将軍元首ロハス

私は、グスタボ・ロハス元大統領に、チリ軍事クーデター取材後の一九七三年一〇月、ボゴタ市内の自宅でインタビューした。当時七三歳だった将軍は全国大衆同盟（ANAPO《アナポ》）党首を、長女で上院議員のマリアエウヘニア・ロハス・デ・モレーノに譲っており、翌年四月の大統領選挙に長女を出馬させ、前回選挙での〈奪われた勝利〉の屈辱を晴らそうとしていた。

——将軍、一九七〇年選挙の勝敗の真相と、ANAPO〈善戦〉の理由を説明してください。

「自由・保守両党によって、〈五万票の小差〉というでっち上げで勝利を盗まれたのです。ANAPOが善戦、いや勝利した理由は、私が大統領時代にやった貧困救済などの善政を忘れていない人民大衆がそろって支持してくれたからです」

——大統領時代に独裁者と言われたのはなぜですか。

「大衆のための政治をやろうとしたところ、政敵が議会で妨害したので、やむなく独裁的に政令で政治をしたが、これは合憲です。私が憲法を犯したのは、辞任するとき、五人の軍人を選び軍事評議会をつくって、これに政権を渡したことだけです」

——コロンビア政治におけるANAPOの存在意義は何ですか。

「独立から一世紀半も続いてきた自由・保守二大政党支配《システマ》に楔《くさび》を打ち込んだことです。ANAPOは、伝統政党に飽き足りないコロンビア人のつくる政党です。こうした第三政党としてのANAPOの登場は、コロンビア政治史上最大のセンセーショナルな出来事になったのです」

——次回大統領選挙の展望はいかがですか。

「娘は必ず勝ちます。庶民が、世界最初の女性大統領の誕生を待ち望んでいるからです。彼女は私の政権で社会保障の仕事を率先してこなしたが、そんな個人的努力と実力で有権者の尊敬を勝ち得たのであって、〈親の七光り〉ではありません」

——しかし一九七二年の地方選挙では、ANAPO退潮と二大政党の復調が目立ちました。これは、大統領選挙に向けての不利な趨勢《すうせい》ではないでしょうか。

故グスタボ・ロハス大統領の肖像画の前で、娘のマリアエウヘニア

「有権者は、対象があいまいで、どんな仕事をするのかわからない地方選挙には興味がないのです。有権者の関心は、決定的な権力を握る大統領を選ぶことに集中します」

——大統領選挙が前回のようにもめた場合、軍部が蜂起するとの懸念があるようですが。

「クーデターは不可能だと思います。選挙がもめるとすれば、それは伝統両党の内紛や相互の対立からであり、そうなればANAPOが有利になるだけです」

——ラテンアメリカでは軍政が真っ盛りですが、軍政は〈解決の便法〉と言えますか。

「軍政への評価は、経済面の成否次第です。ブラジルの軍政はその意味で評判がいいようですが、あれは実際には米国が指揮しているのであり、見当違いでしょう」

——軍人としての思い出を語ってください。

「大統領だったとき、将軍大統領に対する〈将軍元首〉という称号を創り、私がその第一号となったのですが、次の政権がこの称号を廃止したため、この称号を持つのは歴史上、私だけという事実があります。また朝鮮戦争時、ラテンアメリカでただ一国コロンビアは参戦しましたが、国連軍側で最初に大砲を撃ち放ったのは、コロンビア軍部隊を率いていたこの私なのです」

八〇年代末の麻薬戦争を機に、コロンビアと米国の軍事協力関係が強化されたが、その基盤にあるのが、コロンビア軍の朝鮮戦争参戦という両国間の絆だ。

娘のマリアエウヘニアは、七四年の大統領選挙で大敗することになる。彼女にもインタビューしたことがあるが、父親にあったようなカリスマに欠ける平凡な政治家という印象を受けた。将軍は、すでに鬼籍に入っている。

第2章

ゲリラ登場——寡頭体制への挑戦

❶ コロンビア革命軍（FARC）

一九四八年のボゴタソ以後、ビオレンシア（政治的暴力）は疫病のように全国に拡大する。ジャノ（オリノコ川流域の大平原）の小規模な牧場主や自営農民には、自由党支持者が多かった。彼らは党本部から資金援助を受け、保守党員による殺戮《さつりく》と土地奪取に対し自衛するため、武装して〈リベラル派（自由党系）ゲリラ〉となる。共産党もゲリラを育成した。

リベラル派ゲリラ集団は当初、弾圧に対抗するための自衛組織で、民族主義を掲げていた。だが五九年元日にキューバ革命が成功すると、民族主義から社会主義、共産主義に衣更えする集団が増えていく。農村部では新たに、土地を持たない貧しい農業労働者のゲリラ集団が登場する。

そんな無産者集団の支配地の一つに、トリマ州南部のウイラ山（標高五七五〇メートル、ボゴタ南西二五〇キロ）裾野《すその》のマルケタリア集落を拠点とする〈マルケタリア独立共和国〉がある。その中核は、ソ連派共産党系ながらキューバ革命の影響を強く受けた〈自衛農民運動〉で、マヌエル・マルランダらが率いていた。彼らは、政府・州政府の権限が及ばない同集落一帯で、自治権を行使していた。

マルランダは自由党員を経て、五三年に共産党に入党した。貧農出身ではなく、公共事業省勤務経験のある、爆破技術の専門家だった。〈ティロ・フィフォ〉という渾名《あだな》をもつが、「定量の火薬を用いて目標を確実に爆破する者」を意味する。常に戦闘服をまとい、貧者を象徴する黄色いタオルを右肩にかけている。

マルランダの組織は、ロハス政権崩壊後の五八年、国民戦線政府との間で武装解除（和平）協定に調印するが、政府を信用せず、武闘はやめなかった。六〇年半ば、マルランダは組織の最高幹部になり、六二年には陸軍による包囲攻撃を切り抜ける。

何年も国家のなかの小国家として治外法権を享受していたゲリラ集団だったが、保守党の有力な上院議員アルバロ・ゴメス（ラウレアノ・ゴメス元大統領の息子）が一九六三年末から六四年初めにかけて、「国内には政府の主権が及ばない一六の〈独立共和国〉があり、これを一掃しなければならない」と議会で演説し、武力で討伐する運動をはじめる。

これを受けて時のレオンバレンシア政権は六四年五月、マルケタリアに陸と空から兵力を投入し、ゲリラ支配地域を押しつぶした。この時、今日まで四〇年つづき推定二〇万人の死者を出してきた内戦〈長引いた戦争《ゲラ・プロロンガーダ》〉がはじまり、それがビオレンシアの中心を占めるようになる。

カケター州に敗走したマルランダら幹部は同年五月二七日、他のつぶされた〈共和国〉の残党と組んで、ブロケ・ゲリジェロ・スル（南部ゲリラ集団＝ＦＡＲＣの前身）を結成し、農地改革を政策として打ちだす。このゲリラ組織が一九六四年武闘を開始し、六六年コロンビア革命軍（ＦＡＲＣ＝ファルク）名乗る。ＦＡＲＣと、政府軍であるコロンビア軍（ＦＡＣ）との違いは、「Ｒ（革命的)」の一文字があるかないかであり、この一文字にゲリラのアイデンティティーがある。

FARCの正式名称はFARC―EP(コロンビア革命軍―人民軍)で、マルランダは政治部門(書記局)の事実上の書記長と、軍事部門の最高司令官を兼務している。

マルランダは、拠点マルケタリアを攻略された苦い経験を教訓として、一カ所に短期間しか留まらず神出鬼没の展開ができる〈機動ゲリラ《ゲリージャ・モビル》〉戦術を編み出す。ボリビア・アンデス山中に拠点を構えて戦い全滅したエルネスト・チェ・ゲバラのゲリラ戦の失敗(一九六七年)にも学んだ戦術だった。マルランダは、大衆を基盤とする広範な諜報網を築き、その情報を基に、ゲリラを多くの抜け道《トローチャ》伝いに絶えず移動・行軍させた。川伝いの移動には、軍用犬や警察犬の嗅覚を効かなくする狙いもある。食料は、セルバ(アマゾン川流域の大密林)や大平原ジャノの動植物で補う。

FARCは、一貫してマルランダを最高指導者として仰ぎ、九〇年代以降ラテンアメリカ最大のゲリラ組織として、コロンビアの政府権力と対峙してきた。戦力は、本拠地であるメタ州マカレナ山地から南のセルバを中心に全国に七〇戦線(部隊)を持ち、兵力は一万七〇〇〇人。兵員確保のため一八歳未満の少年・少女をも兵士にしている。

人権団体「ヒューマンライト・ウオッチ」(本部ニューヨーク)の〇三年九月の報告書によると、FARC、民族解放軍(ELN)、コロンビア統一自衛軍(AUC)に計一万一〇〇〇人の未成年戦闘要員がいる。

理想は、伝統的な〈システム（寡頭支配体制＝二大政党支配体制）〉に代わる人民民主主義の〈ヌエボ・システマ（新体制）〉を確立すること。ここに「R」の文字の意味がある。スローガンは、「マルケタリアから勝利へ」。

コロンビアでは長年の戦闘で、二大政党に対抗できる〈本物の野党〉の形成が不可能になっている。この意味で内戦状況は、二大政党制の存続を助けていることになる。FARCは八五年、システマ切り崩しを狙って愛国同盟（UP）を結党するが、極右準軍部隊《パラミリタレス》の統合組織コロンビア統一自衛軍（AUC）と当局が結託したテロで幹部多数が殺害され、公然活動停止に追い込まれる。

FARCの九〇年代までの戦略は、兵力を三万人以上に拡大させ、農村部を主戦場として、国軍と正面戦争をすることだった。二一世紀に生き延びたFARCは、出撃・防衛拠点の農村部で〈陣取り合戦〉をつづけながら、人口の八割方を占める都市部での活動を激化させている。政治的影響力を及ぼすためには、大都市を震撼させ、存在を示すのが早道だと、戦略の一部を変更したのだ。都市人口の六五%（全人口の五二%）と、農村人口の七〇%（同一四%）は貧困層（同六六%）であり、FARCは、この〈潜在的支持基盤〉の開拓を戦略に組み込んでいる。

戦術は、正面の敵である治安部隊（軍・警察）、および側面の敵であるAUCとの農村部での戦闘、都市部での治安部隊施設に対する爆弾テロ、社会基礎構造《インフラストラクチャー》破壊のほか、身代金目当ての拉致・誘拐、〈革命税〉奪取、麻薬生産地での〈安全保障料〉徴収など。〈革命税〉とは、企業や有産層に対する〈共存保障料〉のようなものだ。脅迫され身の危険を感じて米国に亡命したコロンビア人は、数十万人に及んでいる。
ウリベ政権の発足した〇二年以降は、爆弾戦術を柱とする都市での無差別的破壊活動を激化させている。

❷ 民族解放軍（ELN）

サンタンデル州都ブカラマンガにあるサンタンデル工科大学（UIS）に、キューバ革命の指導者たち、とりわけチェ・ゲバラに心酔する一群の教授・学生たちがいた。彼らは一九六三年、ホセアントニオ・ガラン旅団というゲリラ集団を結成し、翌六四年、ゲリラ訓練を九カ月間受けたキューバのハバナで、民族解放軍（ELN）に改組する。

初代最高指導者は、いち早く〈解放の神学〉を実践しようとしたスペイン人神父ファビオ・バスケス、二代目も同じくスペイン人神父マヌエル・ペレス（マラリア治療中のキューバで一九九八年死去）、三代目が現在のニコラス・ロドリゲスである。

コロンビアの富裕層出身の司教カミーロ・トーレスは、解放の神学を支持していたが、これに飽き足らず、一九六五年司教を辞めて〈俗人《ライコ》〉に還り、ELN《エエレエネ》に参加する。だが翌六六年二月、サンタンデル州パティオセメントに近い山中で陸軍巡視隊への待ち伏せ攻撃に加わって、兵士に射殺された。解放の神学を超えて、〈革命の神学〉に身を投じたのだ。エリート育成機関であるカトリック系大学（日本の旧帝大に相当）に学んだトーレスのゲリラとしての戦死は、社会に強い衝撃を与えた。

ＥＬＮの初期の戦略は、本拠地サンルカス山地のあるボリーバル州、および同山地の南のアンティオキア、サンタンデル両州を〈コロンビアのマエストラ山脈〉に見立てて拠点とし、革命を起こすことだった。マエストラ山脈とは、キューバ革命戦争中、カストロ指揮下の反乱軍がたてこもった、キューバ島東部の難攻不落の山岳陣地のことだ。

ＥＬＮの戦術は、ＦＡＲＣと似ているが、際立つのは、送油管爆破作戦である。ベネズエラとの国境をなす国際河川アラウカ川（オリノコ川支流）の南側に広がるアラウカ州の大平原ジャノには、無数のカニョ（大河の支流のまた支流の川）が流れる。リモンというカニョの一帯には、カニョリモン油田がある。この油田から国境沿いに北上し、ベジャビスタを西に折れ、アヤクーチョを経て、カリブ海岸のスクレ州コベニャス港まで、全長八〇〇キロの送油管が八五年に完成した。

ＥＬＮは同年から一〇年間に計五〇〇回、送油管を爆破した。近年は二〇〇〇年九九回、〇一年一七九回、〇二年四〇回、と爆破しており、油田と送油管を運営・管理する米国のオキシデンタル石油とコロンビアの国庫に打撃を与えてきた。〇一年、同社は二六六日間、操業停止を余儀なくされ、国庫は四億三〇〇〇万ドルの収入を失った。

冷戦終結後のいまもＥＬＮは、送油管を〈米帝国主義の象徴〉と捉えている。少なくとも、建

ELNに爆破された送油管から流出した原油による汚染を確認する兵士（エル・ティエンポ紙提供）

前上はそうだ。送油管が目の前にあるかぎり自分たちの存在理由もありつづけると、自らを納得させることができる。

ＥＬＮは、企業側に〈バクシーナ（ワクチン＝革命税）〉を定期的に要求する。「ワクチンを接種すれば、病気（送油管爆破や企業幹部誘拐）にかからない」と持ちかけるのだ。それは数千万ドルから数億ドルの巨額な〈ワクチン〉であり、ＥＬＮの最大の財源となってきた。企業が応じなければ、爆破や拉致を実行する。身代金が支払われなければ、人質を容赦なく殺害する。カサナレ州内で九四年、日本人牧場主がＥＬＮに拉致され、一カ月半後に解放された。身代金の支払いがあったのは、間違いないだろう。

ＥＬＮはまた、石油企業などが支払う鉱山使用料《ロイヤルティー》を基にした政府交付金のかなりの部分を、息のかかった地方行政組織を通じて〈合法的に〉横取りしている。これはFARCもやっている。だからコロンビア統一自衛軍（AUC）は、自治労幹部を狙い殺す。

カサナレ州内にはクシアナ油田とクピアグア油田があり、英国石油（BP）を中心とする企業連合が原油を生産（一九九七年日量五〇万バレル、二〇〇二年一九万バレル）している。両油田とコベニャス港を結ぶ総延長八〇〇キロのオセンサ送油管がある。企業連合は、油田施設を陸軍に守ってもらうため、生産する原油一バレル当たり一・二五ドルの〈戦争税〉を支払う義務を負う。政府は〈戦争税〉を「国防予算不足を補うため」と説明するが、いったん国庫に納められるや、使途はわからなくなる。企業は、それが不満だ。

だが九五年、BP幹部らを乗せて飛行中のヘリコプターが地上からの銃撃で墜落しそうになったことから、BPは陸軍に、同年から三年間に計五四〇〇万ドルを支払って安全を保障してもらう協定を結んだ。

ところがゲリラは、この措置を「BPが私兵部隊を持った」と受け止め、新たに〈英帝国主義〉相手の反帝闘争をはじめる口実を得た。陸軍は準軍部隊《パラミリタレス》と非公式な対ゲリラ共闘関係にあり、欧州議会でも、BPと陸軍の協力関係を批判する声が出た。

ELNの推定戦力は、五戦線五〇〇〇人程度で、ボリーバル州を中心とするコロンビア北部と中北部に展開する。ゲリラとしては依然、ＦＡＲＣに次ぐ第二勢力ではあるが、政府軍だけでなく、九〇年代後半からＡＵＣに攻勢をかけられて、弱体化が著しい。知識人集団であるがゆえに、麻薬で資金を稼ぐことを長年潔しとしなかったため資金力も劣っている。だが近年、背に腹は代えられず、ＥＬＮの一部は麻薬資金に触手を伸ばしている。

八九年のベルリンの壁崩壊や、Ｍ19など他のゲリラ組織の和平の動きが活発化したことから、路線対立が激化し、九一年に「社会主義改革派」（ＣＲＳ）が分派する。

❸ 四月一九日運動（Ｍ19）

「四月一九日運動《エメ・ディエシヌエベ》」（Ｍ19）は、〈パストゥラナソ（ロハス将軍が大統領選挙の勝利をパストゥラナ候補に奪われたこと）〉から二年後の一九七二年に、反共民族主義および民主社会主義を掲げるゲリラとして登場する。

ボゴタソのきっかけとなった暗殺事件で死んだガイタンと、ロハス将軍に託した変革の夢を寡頭体制に封じ込められた庶民のため、〈正義の武力〉を行使する、という立場だった。

七三年末、ボゴタ中心街にある解放者《リベルタドール》シモン・ボリーバルの記念館《ムセオ》からボリーバルの剣を盗み、コロンビア内外にＭ19の存在と民族主義路線を印象づけた。トゥルバイ政権（一九七八―八二）は、コンドル作戦（米軍・ＣＩＡと連携したラテンアメリカ軍事政権の反体制派抹殺作戦）に連動し、ゲリラ狩りを強化した。本格的に武装する必要に迫られたM19は七八年暮れ、ボゴタ郊外の陸軍武器庫の地下に向けてトンネルを掘り、ライフル銃五〇〇〇丁など大量の武器弾薬を奪うのに成功する。だが軍の逆襲で、一〇〇〇人もの仲間を失った。

その巻き返しのため八〇年二月、ボゴタのドミニカ共和国大使館占拠を決行する。次のベタンクール政権（一九八二―八六）は、作家ガブリエル・ガルシアマルケスら知識人の仲介でゲリラ組織との和平交渉を進め、八四年八月、M19と停戦協定を結ぶ。だがM19は翌八五年六月、軍が停戦協定を破って攻撃を仕掛けたとして、協定を破棄する。

砲弾の跡が残るコロンビア最高裁。内部は破壊され焼け落ちている（手前は筆者）

その年一一月六日、M19はルイス・オテロ以下男女三五人のコマンドで、ボゴタの中枢部ボリーバル広場に面し国会の正面（国会の裏側には大統領政庁「ナリーニョ宮殿」が隣接）に位置する最高裁判所を急襲し、判事一二人と職員ら約四〇〇人を人質にして、ベタンクール大統領に「和平のための直接交渉」を求めた。

大統領はこれを拒否し、戦車まで繰りだして最高裁の建物を包囲、攻撃し、建物は炎上する。二日間わたる戦闘で、ゲリラおよびアルフォンソ・レイエス最高裁長官ら判事一一人、弁護士、職員ら計一一五人が死亡、多数の重軽傷者が出た。麻薬犯に関する書類は焼き尽くされた。得をしたのは麻薬マフィアである。

ベタンクール政権はゲリラとの停戦交渉を進める一方で、メデジンカルテルなど麻薬マフィアの取締を強化し、トゥルバイ前政権が米国と結びながら生かされていなかった組織幹部の身柄を米国に引渡す条約の〈活性化〉を検討していた。メデジンカルテルは八四年四月、ロドリゴ・ララ法相を暗殺した後さらに、身柄引渡を法的に裏付ける責任機関である最高裁を襲撃する機会を狙っていた。

その結果、M19に巨額の資金と大量の武器を供与するのと引き換えに、M19コマンドを通じて最高裁襲撃を実行した、とされている。麻薬マフィアとの結託による最高裁襲撃事件が、M19の最大の汚点であることは疑いない。

コロンビア統一自衛軍（AUC）を率いるカルロス・カスターニョは、『私の告白——カルロス・カスターニョは秘密を明かす』（マウリシオ・アラングレン著、オベハ・ネグラ社、二〇〇一年）のなかで、「八五年五月、パブロ・エスコバル（メデジンカルテルの最高幹部）の農場でエスコバルらと会合していた折、M19のカルロス・ピサロが到着し、その場でエスコバルはピサロに、最高裁長官殺害と身柄引渡に関係する書類の始末を依頼した。ピサロは二三〇万ドルで引き受けた」と述べている。

最高裁襲撃事件から数日後、ボゴタ西方一四〇キロのアンデス中央山脈ネバードデルルイス火山（ルイス冠雪火山、標高五三九九メートル）が大噴火し、泥流が麓《ふもと》の町アルメロを埋め尽くし、住民二万三〇〇〇人が死ぬ大災害が起きた。国際社会は、最高裁襲撃事件と大災害に相次いで見舞われたコロンビアを〈呪われた国〉と呼んだ。

M19は八八年五月、保守党の大物政治家で上院議員のアルバロ・ゴメス（ラウレアノ・ゴメス元大統領の息子）を誘拐し、解放条件として和平交渉開始をバルコ政権（一九八六―九〇）に要求する。M19はゴメスを七月解放し、年末に和平交渉に入り、八九年一一月、和平協定に調印した。これによりM19は合法政党になり、九〇年から各種選挙に参加できるようになった。武闘を終えたM19は、ボリーバルの剣をようやく返還する。

共産主義色を帯びたFARCの政党・愛国同盟（UP）が極右勢力につぶされていくのに対し、反共民族主義のM19は、左翼を非暴力路線に結集させる政党として伝統的支配体制から許容され、期待された。コロンビアでは常に、二大政党寡頭体制への不満から第三勢力やゲリラが登場してきた。堅固な左翼政党が早くからあったとすれば、不満層のかなりの部分を吸収できたことだろう［ベネズエラでは、同国の〈二大政党支配（システマ）〉を切り崩して九九年登場した陸軍出身の大統領ウーゴ・チャベスが、人民大衆と軍部を勢力基盤として、寡頭勢力の権益を浸食しつつあり、激しい闘争がつづいている］。

しかし九〇年四月（大統領選挙の前月）、M19の大統領候補ピサロが暗殺される。カリスマの強いピサロは〈出過ぎた者〉として体制から警戒され、最高裁襲撃事件の責任をもとらされる形で消されたのである。

二〇〇一年には、和平に同意しなかった分派のコマンド「ハイメ・バテマンカヨン（死んだM19司令官の名前）」がキンディオ州で陸軍と交戦し、一四人が死亡した。この分派は二〇〇人程度で、カウカ、バジェデルカウカ両州を拠点とし、〈カフェ枢軸〉と呼ばれるコーヒー産地のキンディオ、リサラルダ両州でも展開している。

❹ 解放人民軍（EPL）

解放人民軍（EPL）は、コロンビア共産党（PCC、革命社会党を一九三〇年に改組し発足）から一九六五年に分派したマルクス・レーニン派共産党（PCML）の武闘部門として、六七年四月にわずか一〇人で発足する。PCCはラテンアメリカ諸国の共産党と同様に、キューバ革命、中ソ対立の余波で路線対立と分裂を繰り返すが、PCMLもそんな過程で生まれた分派党だった。ソ連共産党のフルシチョフ路線を敵視し、後継のブレジネフ路線にも異議を唱え、中国共産党の毛沢東路線に親近感を抱いた。

EPL《エペエレ》は、六七年一二月に組織された愛国評議会（JPL）を指導部として、六八年に武闘を開始する。初代指導者はPCML書記長ペドロ・バスケスだが、六九年にバスケスは殺害される。代わって、アンティオキア大学卒で新聞記者だったペドロ・レオンが指導者になるが、レオンも七五年、カリでの陸軍との戦闘で死ぬ。

EPLは、アンデス西部山脈北端の、シヌー川とサンホルへ川の上流域であるコルドバ州サンホルへ山地を本拠地とし、同州のほか、アンティオキア、カルダス、リサラルダ、バジェデルカウカ、ノルテデサンタンデルの諸州を主要な活動地域とした。農民組織を支持基盤とし、「敵を抱囲し壊滅させる」毛沢東戦術をとった。都市部では、軍事都市部隊（BUM）を展開させたが、同部隊はテロ戦術の失敗で、七一年に活動をやめる。都市部では、女性都市網（RUM）という女性支援組織も活動した。

その後、フランシスコ・カラバジョが党書記長、エルネスト・ロハスがEPL司令官になる。PCMLは八〇年の党大会で中国路線を排除し、民族主義路線に傾斜する。八四年三月、ベタンクール政権と和平交渉に入り、同年八月（M19と同日）、停戦協定に調印した。EPLは最終的にはバルコ政権末期の九〇年五月和平交渉に入り、九一年三月武闘を停止する。

このころボゴタで、EPL最高幹部の一人ベルナルド・グティエレスにインタビューした。話には含蓄《がんちく》があった。

「鄧小平の資本主義に歩み寄る政策が毛沢東思想を押しのけたとき、EPLは路線を失って孤児となった。次にミハイル・ゴルバチョフのペレストロイカで、左翼思想が〈酸化〉（錆びること）し変質して、左翼ゲリラの旗印は無意味になった」

「武闘が意味を失ったいま、ゲリラであることは、ならず者に成り下がることでしかない。政府軍はいまや、たんなる無法者でしかないゲリラを討伐する名分を得たわけで、弱いEPLに明日はない」

「そこで、EPLは合法政党化に際し、従来のE《エヘルシト》（軍）・P《ポプラル》（人民）・L《リベラシオン》（解放）を、E《エスペランサ》（希望）・P《パス》（平和）・L《リベルター》（自由）の意味に変えることにした」

武闘をつづけていた分派は、九四年六月、ガビリア政権と和平協定を結ぶ。だが新生EPLも分派も、その後、FARCの愛国同盟（UP）が見舞われたように、殺戮の標的になっている。

❺ その他の組織

先住民の復権を目指すキンティン・ラメ武装運動（MAQL）は、バルコ政権末期の一九九〇年五月和平政策に応じ、ガビリア政権下の九一年武闘をやめた。

MAQLは、カウカ州の人口の一五％を占める先住民パエス人の組織だった。一九一四—一八年、先住民は指導者マヌエル・キンティン・ラメ（一八八三—一九六七）の下で、土地を奪う入植者、とりわけ大土地所有者との土地闘争を展開した。ラメは「先住民の復権」を言い残して死ぬ。

遺志を継ぐ人々は同州で七一年、カウカ州先住民地域会議（CRIC）を組織する。

だが指導者が相次いで殺害されたため平和路線を放棄し、自衛のためM19の支援を得て、七七年ゲリラ闘争に入る。この自衛武闘集団が八四年、MAQLとなる。

しかし先住民共同体のなかから平和路線復活を求める声が高まり、バルコ政権下の八七年、M19とともにカウカ州内の同共同体の非武装化を政府に提案し、八八年、和平交渉に入る。最終交渉は九〇年五月にはじまるが、MAQLは武闘停止に先立ちM19、EPL、PRT（労働者革命党）とともに連合政党「民主連合・M19」（AD―M19）を組み、九〇年一一月の制憲議会選挙に参加する。翌年、正式に武闘に終止符を打った。

二〇〇三年七月のこと、パエス人社会での学校建設や農業指導に当たっていたスイス人がFARCに拉致された。するとパエス人の集団が、農道を通行していたFARC要員の乗った車を取り囲み、スイス人が帰還するまで帰さないと詰め寄った。その結果、FARCはスイス人を解放し、「間違いを犯した」と謝った。このエピソードは、パエス人の闘争の精神と伝統が生きていることを物語る。

労働者革命党（PRT）は、ソ連派のコロンビア共産党（PCC）の分派であるマルクス・レーニン主義共産党（PCC―ML）の流れを汲む。PCC―MLから分派したマルクス・レーニン・毛沢東主義路線（TMLM）は八一年少数派を排除し、八二年PRTとして発足する。PRTは、カウカ州の農民組織を基盤とし、自衛を主眼とする武闘組織だった。身代金誘拐戦術や麻薬取引関与を嫌う〈潔癖路線〉を掲げた。

八一年に排除された少数派は後に、革命左翼運動・自由祖国《パトゥリア・リブレ》（MIR―PL）となり、その後、ELNに吸収される。ELNはPRTにも合併を働き掛けるが、PRTは路線の違いから、合併を拒否する。

PRTは九〇年五月、EPL、MAQLとともに和平交渉に応じ、九一年武闘を止めた。

過去に存在し消滅したゲリラ組織には、労働者自衛運動（ADO）がある。一九七〇年代のブラジル軍政時代に都市ゲリラ戦に敗れてコロンビアに潜入したブラジル人ジオマル・オベアレが、ファンマヌエル・ゴンサレスの偽名で組織した。オベアレの死が打撃となり、八〇年代半ばに停戦協定を政府と結び消滅した。

左翼政党には、共産党（PCC）から六九年に分派した毛沢東路線の独立・革命労働運動（MOIR）、七五年結党の社会主義革命連合（URS）、七七年結成のトロツキー路線の労働者社会党（PST）などがある。八五年には、FARCの政治部門としてUPが各種選挙に参加したが、党員の殺戮がつづき、九四年に公然活動を止めた。

◇ドミニカ共和国大使館占拠事件

一九九〇年一一月の制憲議会選挙で当選し、翌月開会した同議会の議長になったM19党首アントニオ・ナバロ（「バ」を短く強く発音）に九一年四月、制憲議会内でインタビューした際、八〇年二月のドミニカ共和国占拠事件の内幕を聞いた。以下は、ナバロの話である。

＊

事件のきっかけは、日本赤軍が決行した二つの事件だった。日本赤軍は七五年八月、クアラルンプールで米国とスウェーデンの大使館を占拠し、要人を人質にして、獄中にいた仲間の解放に成功する。七七年九月にはバングラデシュのダッカで日航機を乗っ取り、巨額の資金獲得と仲間の解放に成功する。M19指導部は、日本の公館を占拠して人質をとれば、日本政府は必ず人道的に問題を解決し金を払う、と考えた。

だが当時、日本大使館は大きなビルの上階にあって、M19は長期間これを占拠し籠城するには不適切と判断する。そこで、大通りに面して見晴らしが利く一戸建てのドミニカ共和国大使館に標的を変えた。要人多数が集まる同国の独立記念日を待って、ロセンベルグ・パボン以下一七人のコマンドが大使館を占拠した。

人質は、米国、メキシコ、エジプトなどの大使を含む要人五七人だった。女性ら他の人質は、すぐに解放した。とくに女性を解放したのは、便所を男女別に分けなければならなくなるのを避けるのと、館内の緊張状態がヒステリーによって爆発する事態を回避するためだった。

M19とコロンビア政府の交渉は、キューバと米州機構人権委員会の調停で四月末にまとまり、コマンドは獄中から解放された仲間九人と数百万ドルの資金を得てキューバに亡命する。カストロは到着したM19要員を大歓迎し、コロンビア情勢を細かく聞きだしてから、ゲリラ戦の戦略・戦術を授け訓練を施し、全員を漁船でコロンビアのカリブ海岸に送り届けた。

＊

ここまでがナバロ情報に基づく記述である。

トゥルバイ政権は、キューバのM19などゲリラへの支援を理由に八一年、キューバと断交した。九六年暮れのトゥパク・アマルー革命運動（MRTA）による駐ペルー日本大使公邸占拠事件は、M19のドミニカ大使館占拠事件の流れを汲んでいる。M19とペルーのMRTAはキューバを通じて連絡を取りあい、八六年一月にはゲリラ連合部隊「アメリカ大隊《バタジョン・アメリカ》」を組んだ仲である。

第3章

FARCの南下――辺境で自治支配

❶ カグアン川流域

コロンビア・アマゾニア（アマゾン川流域。スペイン語ではアマソニア）の中央にあるカケター州は、コカイン原料コカ（コカの木）栽培の中心地である。コロンビア革命軍（ＦＡＲＣ）は、政府軍の掃討作戦を逃れ、拠点だったアンデス中央山脈ウイラ山麓《さんろく》から東へ二〇〇キロのマカレナ山地に、年月をかけて移動し、新拠点〈緑の館《カサ・ベルデ》〉を築く。

この山地は南北一〇〇キロの小型の山脈で、アンデス山脈から独立した単独の高地だ。南方に広がるアマゾニアと東北に開けるオリノキア（オリノコ川流域）の間にあって、独特の生態系をもつ動植物の宝庫である。サル学の専門家である伊沢紘生宮城教育大学教授は、この地域で長年、ＦＡＲＣや治安部隊と折衝しながら、〈新世界ザル〉の生態を研究している。

山地の北端から西方に五〇キロ、アンデス東部山脈の裾野には、この地域の戦略拠点メタ州ウリベがあり、ここがＦＡＲＣの前進拠点となっていた。

リオ・アマソナス（アマゾン川。葡語ではリオ・アマゾナス）の主要な支流の一つカケター川のそのまた支流カグアン川の中流域と下流域が、コカの一大生産地だ。カケター川の上流域は、マカレナ山地の西方一〇〇キロ、ウリベの南方一〇〇キロの地域で、ＦＡＲＣ《ファルク》にとっては〈裏庭〉である。上流域に辿り着けば、川伝いに中・下流域に展開することができる。

アンデス山地のコカ畑

カグアン川の上流と中流の間にある最も大きな町サンビセンテデルカグアンと郊外のロスポソスは、アンドゥレス・パストゥラナ大統領時代、二〇〇二年二月まで約三年間、和平交渉のため設けられていた〈デスペへ（治安部隊撤退地域。交渉期間中、軍・警察を撤退させゲリラの自治権を認める地域）〉の中心地として交渉の場となり、FARCの政治的拠点ともなっていた。

カケター州には、六〇年代半ばに内陸部から移民が流入する。ビオレンシア（政治的暴力）を逃れ、土地闘争に敗れ、あるいは都市部で失業した人々が、新天地を求めてアマゾニアのフロンティアに向かったのだ。入植者は、カケター川との合流地点からカグアン川を船で遡り、下・中流域や、無数にある支流沿いに小屋を建て、ベレダ（河川沿岸の集落）をつくっていく。熱帯の過酷な気候条件の下で、マラリアなど疫病を気にしながら密林を切り開き、焼き畑でトウモロコシ、米、ユカ（芋）、バナナなどを栽培し、鶏や豚を飼う自給自足農業は、決して楽な仕事ではない。

そんな入植者が、すぐに金を稼ぐことのできるコカ栽培に飛びつくのは自然な成り行きだった。この地域でのコカ栽培は、先住民が咬んでいた野生種を栽培したのにはじまる。六〇年代後半には、米国のコカイン消費市場が開けつつあり、アマゾニアの辺境に原料コカの需要の波が押し寄せるのも時間の問題だった。

七〇年代に入ると、コカインの需給関係が確立され、七〇年代半ばからカグアン川流域一帯で、コカは組織的に広く栽培されるようになる。コカの葉はパスタ（コカ葉液と化学製品を混ぜた練り粉）に加工されて、域外に搬出される。入植者社会は自給自足経済から貨幣経済に移り、自治や自衛のため共同体組織をつくっていく。そんなところに、ＦＡＲＣの部隊が到着する。

❷ コカイン景気

アマゾニアは、交通手段が基本的には川しかない、絶望的なほど広大な緑の密林地帯である。航空路や幹線道路で比較的大きな町に接近できても、そこから先は自然の水路を進むしかない。だが河川は、雨期（四月―一一月）と乾期（一二月―三月）の水量差が激しい。水量の少ない乾期には、限られた水路しか船は通れない。雨期には大海原のようになり、本来の水路がわからなくなる。迷路のように張り巡らされ、複雑に蛇行し絡み合いながら流れる河川を迷わずに航行するのは、至難の業だ。夜間、三日月湖《メアンドロ》や大きな沼《ラグーナ》に迷いこんだら、出るのが大変だ。

アマゾニア水域の河川は、平原を流れるため水流はゆったりしているように見えるが、そうではなく、流れは速い。長距離の移動や、川幅が広く水量が多く水流の速い大河を航行するには、手漕ぎの小舟では不可能で、大型貨客船以外では高速艇《デスリサドール》ないし、最低限、船外機付きボートが必要となる。燃料も貯蔵しなければならない。

このような航行手段を用意できるのは、まずは国・州権力だが、カグアン川流域に七〇年代前半まで権力は不在だった。カケター州は当時、州（デパルタメント）ではなく、政府直轄地《インテンデンシア》だった。このことは〈政府権力が直接及んでいること〉ではなく、〈政府が州権力さえ確立できないまま放置していること〉を意味した。

この公権力の空白を埋めたのが、ＦＡＲＣだった。入植者の共同体組織や、やがて進出してきた麻薬業者も、ＦＡＲＣを地元の〈自治権力〉として尊重する。ＦＡＲＣは、入植者社会で反寡頭支配、社会変革などの思想教育を施しながら、共同体組織を指導し、自治を任せ、新たに農民自衛組織をつくって、これに治安を担当させた。

コカ葉はもともと南米先住民の自然の嗜好品であり、コカ栽培自体に問題はない。だがパスタ

コカ葉を摘み取る少年

（練り粉）に加工され、コカインに精製され、密輸されるとなると、問題は大きい。コカイン吸引の常習者の肉体と精神には深刻な害が及ぶ。それは、ＦＡＲＣの本来の革命原理である人道主義に反する。コカ栽培の最終目的を熟知しながら、栽培を奨励することはできない。

かといって栽培を取締れば、貨幣経済の末端に取込まれた地域の経済は、一挙に破綻する。そうなればＦＡＲＣは地元民からの絶大な支持を失うことになる。力をつけつつあった麻薬業者に、地元権力の座を奪われることになりかねない。そこでＦＡＲＣは、農民自衛組織にコカ農民の扱いを任せる方策をとった。ＦＡＲＣの思想教育が効いて栽培をやめる者は、ＦＡＲＣの要員として採用された。

七〇年代半ばにコカ栽培が組織的に行われるようになったことは、麻薬組織がカグアン川流域に進出したことを物語る。コカ葉は単にパスタに加工され搬出されるだけでなく、やがては、森林に設けられた大きな掘建《ほったて》小屋のような〈工場〉でコカインに精製されるようになる。麻薬業者はコカインの最大消費市場である米国への密輸路を確立し、これによって七八年にコカ葉、パスタ、コカインの生産は一挙に拡大する。ここに七〇年代末から八〇年代初頭にかけての〈コカイン景気〉が訪れる。まさに麻薬マフィア・メデジンカルテルができた時期と一致する。

コカイン景気は、コカ葉摘み取り作業に従事する労働者の大量入植を招く。それはＦＡＲＣにとっては、収入源と要員確保の拡大を意味した。七〇年代末、ＦＡＲＣは四〇〇〇人の勢力となる。

❸ 合法化協定

ＦＡＲＣは地元権力として、コカイン産業（コカ栽培、化学物資搬入、パスタ製造、コカイン精製、パスタとコカインの域外搬出）の安全を保障する役割を担った。その対価として得た資金は年々急増し、武闘資金としてＦＡＲＣを潤していく。いつしかＦＡＲＣは、〈ナルコゲリージャ（麻薬取引に絡むゲリラ）〉と呼ばれるようになる。

収穫したコカ葉を天日で
乾燥させる農民女性

ＦＡＲＣは要員も増え、武闘開始から一五年たったのを

コカ葉を売る人々

機に一九七九年、カグアン川流域に〈戦線《フレンテ》〉を構築する。マカレナ山地の司令部の下に置かれるが、同流域一帯でコカイン産業を守りながら政治的影響力を拡大させていくのが狙いだった。移動コマンドによる待ち伏せ攻撃という従来の戦術に、陸軍に似た常駐部隊による自衛のための攻撃を加えたのである。

当時のトゥルバイ政権は強硬路線をとり、コカイン産業の隆盛に伴うＦＡＲＣの勢力拡大に神経をとがらせ、カグアン川流域に軍隊を巡回させていた。ＦＡＲＣは、同地域で初めて対抗勢力と対峙することになる。自衛用の陣営である〈戦線《フレンテ》〉の構築には、陸軍部隊に対し常に優位を維

密林につくられたコカイン精製工場（エル・ティエンポ紙提供）

持し、戦闘となれば陸軍部隊を撃破し、自治権力を守る戦略が伴っていた。

八二年に発足したベタンクール政権は、ゲリラに和平攻勢をかけ、八四年三月、ウリベでＦＡＲＣと和平協定に調印し、治安部隊を一帯から撤退させる。これが、その後の〈デスペへ（治安部隊撤収地域）〉を生む前例となる。政府の狙いは、ＦＡＲＣおよび入植者組織とともに現地の行政を担うことで、〈脱コカイン〉経済建設を目指しつつ、政府権力の実質的な浸透を図ることだった。この時点で、ＦＡＲＣは事実上、合法化された。

八〇年を境とするコカイン景気で、高速艇を使う麻薬マフィアと、その配下にある準軍部隊《パラミリタレス》（民兵組織、略称パラス）や、ガモナル（地方ボス）のかかえる準軍部隊も入域し、ＦＡＲＣとの戦闘が起きていた。だが八二年以降、コカイン景気は後退し、治安悪化と相俟って、コカ農民の大量脱出を促す。放棄されたコカ栽培地を買収する大規模所有者が現れ、その所有者が麻薬マフィアやガモナルである場合、ＦＡＲＣとの戦闘が起きる。

一方で、コカイン景気の後退により急速に衰退したカグアン川流域の経済を、コカイン産業中心から商品作物の栽培へと正常化させる必要が生じ、もう一方で、準軍部隊進出で治安悪化が進んでいた。だからベタンクール政権は、ＦＡＲＣと和平協定を結んだわけだ。

ＦＡＲＣはカグアン川流域の共同体、政府代表とともに自治や開発をめぐる会議に出席し、そのための組織づくりに参加する。入植者は、コロンビア市民として教育される。ＦＡＲＣは、治安維持と刑罰決定を担当する。消費税を徴収する市民警戒委員会（ＣＶＣ）が設立される。これらは、ＦＡＲＣ支配下で実施されていた自治形態を踏襲するものだった。

この政府資金の投下は、それまでなかった新しい出来事だった。政府の肝煎《きもい》りで策定された「カグアン川流域共同体開発計画」は、コカ代替農業としてサトウキビ、ユカ（芋）、養鶏、養豚、酪農を奨励した。生態系を大きく変える森林破壊や山火事を招く焼き畑を規制する指導も行われた。

ところが和平協定調印の翌月の一九八四年四月、メデジンカルテルのシカリオ（殺し屋）がロドリゴ・ララ法相を暗殺した。ベタンクール政権は全土でメデジンカルテルの取締を強化し、カグアン川流域の中心村落の一つで、同川沿いの戦略拠点であるカルタヘーナデチャイラに、陸軍機動部隊（高速艇部隊）を駐屯させる。

政府の取締強化で精製工場が破壊され、搬出入路が断ち切られて、コカイン生産は急減し、その価格は急騰する。麻薬業者にとっては、コカイン取引のリスクは増したが、それ以上にうま味が増した。リスクは、コロンビア国内では、官憲に賄賂をたっぷり渡すことで、大幅に軽減させることができた。

ゲリラ、麻薬マフィア、極右準軍部隊《パラミリタレス》の絡む複雑なコロンビアの〈低強度内戦〉が長期化した大きな原因の一つは、コカイン資金による司法・行政・立法の三権の腐敗である。七〇年代半ばには、バジェデルカウカ州都カリを拠点とする麻薬マフィア・カリカルテルがすでに登場していたが、この組織はメデジンカルテルと違い、当局相手のテロを極力控えていた。だが賄賂をふんだんにばらまいた点では、メデジンカルテルと同じである。

❹ 愛国同盟（UP）

ＦＡＲＣは和平状態を謳歌しながら、麻薬マフィアや地方ボス《ガモナル》と敵対しつつ、あるいは休戦しつつ、コカ栽培地を、カケター州の南に隣接しエクアドールとの国境沿いに広がるプトゥマヨ州に広げていく。さらにカケター州の東のグアビアレ州や、その北のメタ州へと栽培地を広げる。組織運営と武闘態勢維持に欠かせない資金の自己調達能力を増強するためにほかならない。

その傍ら、やはり和平の流れに乗ってFARCは一九八五年三月三〇日、政党「愛国同盟」(UP)を結成し、選挙を通じて政治参加することになる。資金源が確立し、武闘戦線が拡大したいま、憲政の枠内で地方自治から国政へと進出を図ったのである。UP結党は、和平協定の一年後の時期であり、ソ連共産党書記長にミハイル・ゴルバチョフが就任したのと同じ月だった。同書記長は、やがてペレストロイカ路線を打ちだすことになる。

陸軍は、カルタヘーナデチャイラの機動部隊基地を拠点に、工兵隊を使って、同地と、西北西のエルパウヒル村落を、カグアン川支流の一つアナヤ川沿いに結ぶ道路の建設に乗りだしていた。同村落は、カケター州都にして州西部の中心地フロレンシアと、カグアン川上流の最大の町サンビセンテデルカグアンと道路で結ばれており、この幹線道路にカルタヘーナデチャイラが結ばれれば、陸軍はカグアン川流域の中心部に陸路で展開できることになる。

そのような状況下の八六年、バルコ政権が発足する。同年実施の地方選挙で、初めて選挙に参加したUPは、かなりの勝利を収めた。カルタヘーナデチャイラの首長、および議会の多数派をUPが握ったが、これは長年、FARCが自治を指導し思想教育をしていた成果だった。UPに票田《ひょうでん》を浸食されたのは、主として保守党だった。保守党極右勢力は、戦略拠点の政治機構をUPに奪われて危機感を募らせる陸軍・警察、および極右準軍部隊《パラミリタレス》と連携し、UP党員や支持者を殺害していく。農場主らが組織する準軍部隊は、独自の麻薬密造密売網を資金源として、八〇年代半ばまでにゲリラと戦う能力を備えた武闘組織に成長していた。

かくして、ウリベ協定に基づく和平体制は崩壊する。バルコ政権はカケター州での政策を大幅に変更し、FARCとの協調関係を打ち切った。

治安部隊と極右準軍部隊によるUP抹殺作戦により、FARCと治安部隊および極右準軍部隊との戦闘が全国に拡大する。麻薬マフィアは、治安部隊とは贈収賄の関係にあり、FARCおよび極右準軍部隊とは麻薬産業の縄張りをめぐる競合ないし部分的協力の関係にあって、実利至上主義で戦闘状況に対応する。北部では、FARCに次ぐゲリラ組織である民族解放軍（ELN）が戦線を拡大させていく。

❺ ゲリラの連携

FARCは、UP党員の大量殺害に怒った。最高指導者マヌエル・マルランダは他のゲリラ組織に直接働きかけて、一九八七年九月、「新しいコロンビア建設を目指して」、シモン・ボリーバル・ゲリラ連絡会議（CGSB）を結成する。FARCのほか、民族解放軍（ELN）、解放人民軍

（ＥＰＬ）、四月一九日運動（Ｍ19）、キンティン・ラメ武装運動（ＭＡＱＬ）、労働者革命党（ＰＲＴ）の五組織が参加した。

コロンビアゲリラが参加したゲリラ連帯組織としては、前年（一九八六年）一月結成の、アメリカ大隊《バタジョン・アメリカ》がある。Ｍ19、ペルーのトゥパク・アマルー革命運動（ＭＲＴＡ）、エクアドールの「アルファロ・ビーベ・カラホ！（ＡＶＣ＝どっこい！、アルファロは生きている）」の三組織が、三国地続きの利を生かして、五〇〇人の一個大隊を組んだ。

大隊はアンデス西部山脈沿いにバジェデルカウカ州まで進み、同年三月、陸軍部隊を撃破し、一時的に州都カリの攻略に成功する。Ｍ19は、最高裁襲撃事件後、治安部隊の猛攻撃に遭って戦闘能力が弱体化していたが、大隊結成には態勢建て直しを図る狙いがあった。だがアメリカ大隊《バタジョン・アメリカ》は、カリ攻略を唯一の戦果として解散する。

ＦＡＲＣ主導で結成されたＣＧＳＢの戦略は、ゲリラ統一軍を組織し、カリブ海岸の戦略地点ウラバーを拠点に、軍に対し通常戦争規模の戦闘〈コントゥンデンテ（有無を言わせない）作戦〉を仕掛け、一気に軍を弱体化させることだった。ウラバーは、アンティオキア州北部のウラバー湾沿岸からパナマ国境のダリエン地峡にかけての広大な低地帯で、周囲の山地とパナマ領内がゲリラにとって聖域の役割を果たす。

ＦＡＲＣは、この大作戦決行のため欧州の武器市場から大量の武器を調達する役目を担い、コロンビア国防省武器調達局の武器購入書類を偽造する。この書類を使ってポルトガルなどから、北大西洋条約機構（NATO）公認の自動ライフル銃、機関銃、迫撃砲、ロケット砲、手榴弾、弾薬類を買いつけ、コパカバーナというパナマ船籍の貨物船に積み込んだ。マイアミでは、中古のDC6輸送機一機を買った。

貨物船コパカバーナは八八年一二月、ポルトガルのセトゥバル港で武器類を積み、ジャマイカのキングストンに向かう。だが英国情報機関に察知され、その通報で動きだしたCIAとジャマイカ警察によって八九年一月、キングストン港で同船は拿捕される。

これでCGSBのゲリラ統一軍戦略は崩壊する。〈総攻撃〉の夢が破れたゲリラ各組織は、政府との和平交渉に応じていく。八九年一一月、ベルリンの壁が崩壊し、翌一二月マルタで、ゴルバチョフ書記長とブッシュ大統領（現大統領の父親）が東西冷戦終結を宣言する。中米内戦は終結に向かい、東欧からの援助を失いソ連からの援助が乏しくなっていた社会主義キューバは、革命以来最大の思想面と経済面の危機に陥る。

このような時代状況の激変が、社会主義革命を信奉していたゲリラ組織に虚脱感を与え、武闘を放棄させることになる。

❻ 冷戦後の戦略

マヌエル・マルランダは一九九九年に、「ＦＡＲＣが九〇年代に大攻勢をかけたことが、パストゥラナ政権を和平交渉のテーブルにつかせた」と語ったことがある。「戦場の勝利が、和平交渉を有利に運ぶための絶対条件」という軍事法則を、ＦＡＲＣも信じている。戦場での勝利こそが、組織の維持・拡大と延命のための最大の特効薬という考え方だ。

九〇年代のＦＡＲＣの勝利は、陸軍に対し装備で勝っていたことによるところが大きい。ＦＡＲＣは、重機関銃、機関銃、自動小銃、自動ライフル銃、迫撃砲、ロケット砲、手榴弾などを密輸入して装備している。そのほか、金属製の導管を利用した破壊力の大きい大小の〈導管銃砲〉や、シリンダーに爆薬、ナパーム（ガソリン濃化ゼリー）、催涙ガスなどを詰め、ドラム缶や金属製の筒で発射する〈シリンダー爆弾〉を開発している。旧ソ連製の携帯式地対空ミサイルも保有している可能性がある。

戦車や軍用機は持たない。絶えず移動し神出鬼没のゲリラ戦を展開するＦＡＲＣには、コロンビアの航行可能な総延長一万六〇〇〇―一万八〇〇〇キロの河川を自由に動き回るのに欠かせない高速艇《デスリサドール》の方が有用だ。

イデオロギー面では、東西冷戦終結で社会主義革命の目標が〈非現実的〉となったことから、内部で論争や対立が激化した。ELNを残して、他のゲリラ組織が和平に応じて解散していったいま、FARCは何のために存在し戦っているのか、という新しい原則の確立が求められている。貧民の武装集団から生まれた組織だけに、革命が望めないならば、貧困大衆とりわけ農民に土地を与える農地改革の実現を目指すのか。

一つ明確なのは、全国一〇七一自治体での支配を広げて、地方支配を固める戦略だ。自治体に勢力を浸透させ、あわよくば選挙を通じて首長や議会を握るという政治戦略は、FARCの進出する自治体が、八五年の一七三から九五年の六二二へと、一〇年間で急増し、成功した。南東部の諸州をはじめ警察不在の自治体が二〇〇三年現在一八〇もあり、FARCは〈治安確保〉を名目に進出していた。

この自治体進出戦略の基盤には、「国家統一は困難であり、群雄割拠状況という現実に適合するのは地方自治（分権）強化だ。コロンビアは多文化、多人種、多民族の諸地方で構成され、中央政府は寡頭支配の道具に利用されているだけだ」という考え方がある。二〇〇二年一二月、FARCは、各地方の代表による〈陰の政権〉樹立の必要を訴えた。

政府にも、「FARCあるいはELNは、分権が強化された自治体で選挙を通じて首長や議会を握ることができるようになれば、武闘を放棄し、社会復帰する可能性がある」とみる希望的観測がある。

ＦＡＲＣには、マルクス・レーニン主義を依然掲げる「新しいコロンビアのためのボリバリアーノ運動」がある。公然活動を止めたＵＰの後身である。八〇年代後半から九〇年代半ばにかけて、マルランダを頭とする古参共産党員で庶民・貧農出身の多い武闘派と、都市型知識人ら共産党員の間に路線対立があったが、ＵＰの失敗で武闘派が以前のように主流派になっている。対立があっても、マルランダの存在が、対立を巧みに覆い隠してきた。

ＦＡＲＣ指導部は、最高司令官マルランダを事実上の書記長とする七人の書記局が握っている。七〇代半ばに近づいているマルランダが、ＦＡＲＣを創設期から一貫して指導してこられたのは、健康、強力なカリスマ、類い希な包容力、思想的柔軟性、戦略家としての能力、武闘路線を掲げつづけてきたこと、麻薬取引関与を含む実利主義などによる。

❼ 反グローバル主義

国際路線としては、ＦＡＲＣは、米国主導の新自由主義市場経済方式の全球化（グローバル化）反対を掲げており、この点で、メキシコのサパティスタ民族解放軍（ＥＺＬＮ）など、現代のさまざまな運動と同時代的共通性をもつ。ブラジルのポルトアレーグレで二〇〇一年から毎年開かれている反グローバリズム路線の世界社会フォーラム（ＦＳＭ。世界経済フォーラム＝ダボス会議＝の対抗会議）にも、代表団を送っている。

反グローバル化は、反米主義と重なりあう。ＦＡＲＣは、コロンビアと軍事協力関係の強化に走る米国の狙いを、アマゾニア（アマゾン川流域）の水利、酸素、生物多様性資源に接近するためと捉え、非難している。

コロンビア内戦の和平交渉には、中米和平を促進したコンタドーラ・グループのような多国間の交渉機関が必要という考え方がある。これは、コロンビア政府の過剰な対米依存度を減らすことにもつながる。ＦＡＲＣは、軍事面で弱体化し、和平しかないと判断すれば、多国間交渉方式を主張したり、受け入れたりするかもしれない。

ＦＡＲＣの弱点は、いくら正義を主張しても、非戦闘分野での殺人、身代金誘拐、麻薬取引という犯罪に深く関与しているため、世論調査でも支持率が五％程度しか得られないこと。二〇〇〇年五月、ＦＡＲＣは、ボジャカ州チキンキラーで、七五〇〇ドルの〈革命税〉支払いを拒否した五二歳の女性酪農経営者エルビラ・コルテスの首に、時限爆発装置をつけた爆薬入りのポリ塩化ビニールパイプを巻きつけ、取り外せないように固定し、爆殺した。パイプを取り外そうと九時間も奮闘していた爆発物処理専門の兵士五人も死傷した。この残虐な事件は、ＦＡＲＣの評判をひどく傷つけた。

ＦＡＲＣは〈ナルコゲリージャ（麻薬取引に絡むゲリラ）〉呼ばわりされて久しいが、麻薬取引をやはり資金源にしているコロンビア統一自衛軍（ＡＵＣ）や麻薬マフィアと同列に扱うのは間違いだろう。

またＦＡＲＣのテロ戦術面だけを取り上げて、〈テロ組織〉と単純に決めつけるのも的を射てはいまい。ＦＡＲＣが、植民地時代から連綿とつづいてきた、後進性を象徴するコロンビアの癌とも言うべき寡頭支配体制を変革しようと武闘をつづけてきたことは確かなのだ。

だからこそ体制《システマ》は、準軍部隊《パラミリタレス》をつくってＦＡＲＣに対抗させてきた。米政府当局者が理解しようとしないのは、ＦＡＲＣに依然残っている社会変革を目指す本質部分である。これに目をつぶっているため、軍事力に頼りすぎて政策上の過ちを犯しやすい。

◇スリナム漁船の遭難

カルタヘーナの港に行くと、スリナム（旧オランダ領ギアナ）で起きた、ある事件のことを思い出し、身につまされる。

一九八五年四月のある日、SUGAM（スリナム・エビ漁業会社）の職員が、コロンビアのカルタヘーナ港の埠頭に一隻の漁船が係留されているのを発見した。それは、七九年末に乗っ取られたまま行方不明になっていた同社のエビ漁船「トラリカ」（一五〇トン）だった。

トラリカは、パラマリボ（スリナムの首都）の東側を流れるスリナム川の川港を出港し、豊富なエビ漁場のある大西洋沿岸に向かったのだが、出港から間もなく無線連絡が途絶えた。SUGAMは、無線機の故障の可能性もあるとみて三日間連絡を待ったが、連絡はなかった。そこで当局に通報し、捜索を開始する。

スリナム川の漁港

漁船には、SUGAMと合弁関係にあった日本のH水産の職員および船長、機関長の計三人の日本人と、スリナム、ガイアナ、スリランカ国籍の漁師計三人、さらに漁師の息子であるスリナム人の少年が一人乗っていた。日本人乗組員がいるため、日本外務省も邦人保護の立場から調査に乗りだした。

トラリカはアフリカのナイジェリアから回航されてきたもので、行方不明になった日が、スリナムでの初出漁だった。当初、漁船二隻で出港したが、一隻が魚群探知機の具合が悪く、引き返したため、トラリカだけで海に向かった。H水産の職員は、引き返した船からトラリカに乗り移って、災難に遭遇した。

こんな事件発生直前の様子が、引き返した漁船の報告でわかった。

年が明け、八〇年一月になった。拉致されていた少年が、コロンビアのバランキージャからパラマリボの父親に手紙を出した。少年は、乗っ取り事件について一切口をつぐむことを条件に、バランキージャで解放されたのだった。父親は早速、当局とSUGAMに連絡し、少年はパラマリボに帰還する。

よほど恐ろしい体験をしたのだろう。少年は、解放の条件を堅く守り、トラリカが乗っ取られてからバランキージャで解放されるまでの経緯を語ろうとはしなかった。トラリカが一隻だけで航行しはじめて間もなく、武装した男二人が乗り込み、これを目撃した少年も無理やり乗船させられた。少年の口から明らかにされたのは、それだけだった。

外務省はやむなく事件を〈遭難〉扱いとし、日本人三人を〈行方不明〉として処理した。それから五年もたってから、カルタヘーナ港でトラリカが見つかったのだ。

七〇年代末にはすでに、カリブ海域から米国に向かう船舶は麻薬捜査の対象になっていた。コロンビアの麻薬マフィアは、米国の沿岸警備隊や入管が信用する日本人が乗り組んでいる漁船ならばコカインや大麻の密輸に使いやすいと判断して、トラリカを襲ったのだろう。カルタヘーナ近海で、日本の漁業会社所属の漁船が危ない目にしばしば遭っていた。マフィアは警戒の緩いスリナムまで行って、トラリカを奪取したのだろう。

トラリカの日本人船長は、気が強かったという。マフィアに抵抗して殺され、海に死体を投げ込まれた可能性が強い。機関長もH水産社員も三人の漁師たちも、秘密を知ったため、同様に葬られたに違いない。だがマフィアは、かすかな〈仏心〉を出したのか、自分たちと同じ南米人の少年だけは殺さずに解放した。少年は、乗組員六人のうちの誰かが殺されるのを目撃させられ、恐怖を心に刻み込まれ、脅迫されてから解放されたのかもしれない。

日本人はエビを好んで食べる。私もエビの天ぷらが大好きだ。だが、日本人の口にエビを運ぶ漁業会社の第一線の現場では、漁船と乗組員は、トラリカが遭遇したような悲惨な運命に巻き込まれる危険と、しばしば隣り合わせている。

スリナム川は、密林を流れる無数の変哲ない泥川の一つだが、トラリカ事件の発生を知ってからは、川面の波さえ不気味に映り、戦慄を覚えるのである。

第4章

麻薬マフィアとAUC——内戦の複雑化

❶ 大麻産業

コロンビア北部に、サンタマルタ冠雪山脈《シエラ・ネバーダ》という、複数の高峰をもつ巨大な山塊がある。山麓《さんろく》はほぼ正三角形をかたどり、一辺は一〇〇キロもある。アンデス東部山脈の北端から五〇キロ西方に隔たっており、南米大陸最大の独立した山塊である。機窓から見下ろすと、恐るべき形相の岩の大山塊が、航空機を引き込むように迫ってくる。万年雪をかぶった頂上部でひときわ高い最高峰ボリーバル岳（標高五七七五メートル）は、雲に隠れて姿を見せることは少なく、見えたら幸運を喜ばなくてはならない。山麓の高地は森林に覆われ、雪解け水の滝が岩盤を落ち、無数の清流をつくっている。

麓《ふもと》の都市サンタマルタ（マグダレーナ州都）は、一五二五年建都の古い港街で、郊外には「解放者《リベルタドール》」シモン・ボリーバルの死んだ家が保存されている。一時期、大麻の密輸出港として有名だったが、コカイン取引が主流になってからの麻薬戦争のさなかには、重要な戦いの場ではなくなっていた。山塊の西側の裾野には、G・ガルシアマルケスが出世作『シエン・アニョス・デ・ソレダー』（邦題『百年の孤独』）で、「マコンド」のモデルにしたアラカタカ町がある。町の入口の標識には、「マコンド」の文字も入っている。町の別名として認知されているのだ。

一九六七年のこと、山塊の東側の山麓（グアヒーラ州）で組織的な大麻の栽培がはじまった。ヒトデのような形の葉に特徴のある大麻草はコカ同様、古来、先住民が野生種を愛用していたのだが、新しい愛用者は、ヴェトナム反戦運動と相呼応した〈ヒッピー現象〉さなかの米国の若者たちだった。

大麻は、たばこのように紙で巻いて火をつけ、深呼吸するように深く一気に吸い、芳《かんば》しい空気をしばらく息を止めて肺の中に漂わせる。すると、陶酔感があって頭が軽くなる。その効果は長続きしないため、深く吸うのを繰り返す。繰り返せば、喉が渇く。大麻を部屋で吸えば、部屋中、焦げくさいような独特の強い匂いが立ちこめる。外部を気にする者は、ドアと壁の隙間に新聞紙や布を詰めて、匂いを外に出さないようにする。

ヒッピーは、大麻だけでなく、ＬＳＤ（幻覚剤・リセルギン酸ジエチルアミド）、〈幻覚キノコ《オンゴス・アルシノヘノス》〉、〈幻覚葉《オハス・アルシノヘナス》〉を好んでいた。大麻を鬱《うつ》病などの精神治療に使う医師もいたし、画家たちは大麻を吸いながらＬＳＤの醸《かも》す幻覚の色調を画布に塗りたくって、〈サイケデリック画〉を描いていた。

一九七〇年代初め、メキシコ・オアハカ州北部のウアウトゥラという山間の小さな街に、〈幻覚キノコ《オンゴス・アルシノヘノス》〉やパストーラ（幻覚葉の一種）を用いて病気の治療や占いをする呪術師として知られるマリア・サビーナスという老婆がいた。私は、メキシコ市から学生数人を連れてウアウトゥラに行き、この老婆の家で幻覚の実験取材を試みたことがある。

カリブ海沿岸でコロンビア海軍に拿捕された麻薬密輸のための小型潜水艦
（エル・ティエンポ紙提供）

「おかしいぞ、自分の体がだんだん大きくなっていく。ああ、もう天井に届きそうだ。巨人になった。人の声がはるか下の方から聞こえてくる。だが待てよ、写真を撮れば、体は普通の大きさにしか写らないはずだ」

「虹のように光り輝く空気と綿の流れのなかにいる。星が何万と降ってくる。顔にぶつかりそうだ」――学生たちは、効き目が確実に出て、幻覚状況を大声で私に伝えつづけた。

コロンビア産大麻は〈コロンビア・ゴールデン〉とか、大麻積み出し港サンタマルタにちなんで〈サンタマルタ・ゴールド〉とか、〈プント・ロホ（赤い点）〉などと呼ばれ、米国で高値がついた。儲けの多い大麻の栽培は、カリブ海沿岸一帯、さらには大平原ジャノやアンデス西部山脈の山麓《さんろく》へと広がっていく。従来、綿花や米が栽培されていた土地が、急速に大麻畑に変わっていった。多くの小農や都会の失業者が、待遇のよさに惹かれて大麻栽培農場の労働者になった。

大麻草は、三—四月から八—九月にかけて収穫される。収穫量は一ha当たり一〇トンで、トン当たり一〇〇万ペソ（当時二万三〇〇〇ドル）で米国に密輸された。〈コロンビア・ゴールデン〉として、ニューヨークやサンフランシスコでは、一キロ八〇〇ドルもの値がついた。米国の麻薬取締局（DEA）の統計では、同国には当時、大麻喫煙者が四〇〇〇万人もいた。コロンビアの大麻密輸は六七年に一〇〇〇トンだったのが、七七年には六〇〇〇トンに増えた。

こうして栽培の元締めたちは、〈ブルゲシア・マリンベラ（大麻ブルジョア）〉と呼ばれる大成金となった。〈マリンベラ〉とは、大麻の隠語である〈マリンバ（本来は、アフリカから伝わりカリブ沿岸諸国で発展した音響箱付きの大型木琴）〉の形容詞で、「野暮な」という意味ももつ。〈マリンベロ〉といえば、大麻栽培者ないし大麻成金を意味する。大麻を指す隠語には、〈雌猿《モナ》〉というのもある。

❷ コカイン産業

大麻は米国から欧州や日本にまで市場を広げ、今日でも依然、人気は衰えていない。その理由は、効き目が弱く短時間しかつづかないが、常習しても肉体に及ぼす害が少ないことや、比較的入手しやすく、しかも安価であるためだ。だが商品としては、七〇年代半ば儲け頭に躍り出たコカインが、大麻を凌駕《りょうが》する。

麻薬は、肉体の苦痛や重さから感覚と理性を一時的に解き放ってくれる。コカインは、とくに効果がある。自分の肉体が完全に健全で生気にあふれ、あまりに健康であるがゆえに、思考だけあって肉体がまったく意識されなくなる、という状態は、私の場合、二〇歳前後のほんの数年だけだった。

子供のときは、子供の病気につきまとわれる。成人すれば、油断がたちまち病気を招く。生きているということは、死ぬまで病気やけがを危惧《きぐ》しつづけるということだ。そんな危惧、憂鬱《ゆううつ》、肉体のだるさや苦痛を一時的に忘れさせてくれるのが、麻薬だ。

コロンビアでコカインが生産されたのは、一九六九年のこと。七一年には、カリブ海岸のバランキージャ（アトゥランティコ州都）の空港からマイアミに空輸された。米政府は早くも翌七二年、ボゴタでラテンアメリカ諸国代表を招いて、麻薬密輸取締会議を開く。七四年には、コロンビアのカリブ海岸地方で三〇〇もの秘密の滑走路が発見された。これは、コカインが密輸品の花形にのし上がったことを物語る。

コロンビア大統領府直轄の公安庁（DAS）と、国家秘密警察F2は、コカイン取締の最前線に立つ。だが高官や幹部が、相次いでコカインマネーに毒されて腐敗していく。米国当局も例外ではなく、税関の腐敗などが摘発されている。七〇年代半ば、麻薬取締局（DEA）のボゴタ支局長が殺害された。彼はキューバ系米国人で、以前マイアミにいたころから麻薬絡みの人物だったらしい。

DEAによると、七七年当時、米国のコカイン消費者は四八〇万人だった。コロンビア産コカインは、バランキージャで小売価格が一キロ三〇〇〇ドルだが、米国に密輸されると卸売価格が七万三〇〇〇ドル、末端価格は二五万ドルに跳ね上がった。米国税関での押収量は、六一年にはわずか一六キロだったが、七一年八〇〇キロ、七六年二二五〇キロと急増する。

七〇年代後半には、ペルー、ボリビア、エクアドール、コロンビアのアンデス四カ国で、計二万二〇〇〇haのコカ栽培地があった。コカ葉は一ha当たり二・三トン収穫され、コカ葉一トン当たり五キロのコカインができる。コカ葉は主としてコロンビアに輸送され、年間二五〇トンのコカインが生産された。国連麻薬取締計画によると、同国では二〇〇一年六一七トン、〇二年四八〇トンのコカインが、それぞれ生産された。

コロンビアの闇社会は、コカイン、ヘロイン、大麻で年間四〇億ドルを稼ぐようになっている。膨らんだ麻薬産業は、資金洗浄《ラバード》を通じて正常な経済活動に紛れ込み、すっかり不可分の関係になってしまった。

メデジンカルテルの首領
だったパブロ・エスコバル

コロンビア南西部のバジェデルカウカ州都カリに七〇年代初め、ヒルベルト、ミゲルのロドリゲスオレフエラ（以下ロドリゲスと略す）兄弟が、コカイン密造・対米密輸組織をつくった。これが七〇年代半ば以降、〈カリカルテル《カルテル・デ・カリ》〉となる。カリカルテルやメデジンカルテルの呼び名は、米当局や米メディアが好んで使いはじめたもので、コロンビア人が呼びはじめたのではない。このころラテンアメリカ諸国と米国では、コカイン取引が大きな政治・社会問題になりつつあった。

一方、アンティオキア州都メデジンでは七〇年代前半に、ファビオ・オチョア当主以下のオチョア一家（ホルヘルイス、ファンダビー、ファビオの息子三兄弟および娘三人。オチョアは「チョ」を短く強く発音）がコカイン密造・密売組織をつくっていた。そこにパブロ・エスコバル（一九五〇―九三）の率いる組織が七六年に登場し、相互に独立した両組織を中心に八〇年代初め〈メデジンカルテル《カルテル・デ・メデジン》〉ができる。やがてカルロス・レデルや、メキシコ好きのため〈メキシコ人《エル・メヒカーノ》〉の渾名《あだな》をもつゴンサロ・ロドリゲスガチャ（一九四九―八九）が、エスコバル（「バ」を短く強く発音）の仲間となる。

二大カルテルに、アマゾニア（アマゾン川流域）の要衝レティシア（アマソナス州都）を拠点とするレティシアカルテル、カリブ海岸に根を張る大西洋岸《コスタアトランティカ》カルテルなど中小カルテルが加わって、コロンビアのコカイン生産と密輸は一大産業にのし上がる。

森でコカの木を見つけると、闇夜で小判を拾ったような、欲にまみれた気持になる。カルテル化したマフィアこそ、コカ葉を本物の黄金に変えた、現代の錬金術師《アルキミスタ》である。

カルテルは、大麻密輸も扱い、エメラルド鉱山の利権に関与し、後には価格が最も高いヘロインの密造と取引に関わることになる。〈年商〉六〇〇億ドルとされる最大の麻薬消費市場米国のDEAをはじめ麻薬取締当局と、コロンビア麻薬マフィアとの戦いは激化していく。

❸ コカイン学

コカインの原料となるコカ葉《オハ・デ・コカ》は、榊《さかき》の葉に形と色が似ているが、ずっと軟らかく、裏側中央の葉脈の両側に白く細い線が縦に一本ずつ走っているのが特徴だ。コカの木は、高さが一―二メートルの、幹の細い灌木。昔の先住民語で「コカ」は「木」を意味し、コカを、まさに「木」（英語ならば「ザ・トゥリー」）と呼んでいたことから、コカの名前ができたという。日本で「花」と言えば桜を指すが、先住民の間では「木」と言えば「コカの木」のことだったわけだ。コカの木は、二五〇種類にも及ぶ。

アンデス山麓《さんろく》の標高五〇〇―二〇〇〇メートルの盆地は、亜熱帯性気候で湿度が高い。こんな気候風土が、コカの木の栽培に適している。コロンビアではカウカ州南部の標高二〇〇〇メートル台のアンデス中央山脈山麓地帯サンホルへ川流域で、プレコロンビーナ時代（コロンブス到着以前、つまりスペイン植民地時代以前）からコカ栽培が伝統的に行われていた。コカ葉は、先住民の自給自足・物々交換の経済で、他の作物や品々との交換性が高い、通貨のような重要な作物だった。

先住民は、コカ葉を〈神の葉〉と呼び、毎日咬んでいる。葉を数枚ずつ口に入れ、咬みながら一方の頬と歯茎の間にたくわえて、ためて時間がたったものから地面に吐きだしていく。労働のための活力を生みだし疲れを癒すため、〈飢餓を欺く《あざむ》（飢餓を和らげる）〉ため、高地の寒さに耐えるため、睡魔を取り払うために咬む。あるいは祭祀の折、祭壇に掲げたり、呪術に用いたりする。「マスカール」、「マスティカール」という「咬む」を意味するスペイン語は、アンデス高地では必須の単語である。さらに、ずばり「コカ葉を咬む」を意味する「アクジカール」という単語もある。

コカ葉を咬む習慣は、アンデス高地では先住民社会を中心に今日でも広く受け継がれている。もちろん、合法である。コカ葉を咬むときには、必ず周囲にいる人たちにもすすめなければならない。他人がいるときに独り咬めば、礼儀知らずと見なされ軽蔑されてしまう。コカ葉は、社交や仲間意識の確認のための重要な手段なのだ。親切な人ならば、独り咬む人がいれば、その人が軽蔑されるのを防ぐため、私にも咬ませてくださいと所望するのである。南米南部諸国でマテ茶を回し飲みする習慣と似ている。

家々では、熱湯にコカ葉数枚を入れたコカ茶を入れた人みなで飲む。これも居合わせた人みなで飲む。ホテルでは、コカ葉の粉袋を使うインスタントのコカ茶が客に振る舞われる。

私もアンデス高地での取材時には、とくに高山病《ソロチ》予防のためにコカ葉を買って袋に入れ、少しずつ取り出しては咬みつづける。九〇年代でも、一キロ五〇円もしない値段で、一度に二―三キロ買ったものだ。私のような訪問者には、安すぎる価格だ。頬にためるにはこつが要り、コカ葉の養分を唾液とともに胃に流し込みすぎると胃が荒れてしまう。喉も渇く。

コカ葉の養分を用いた合法商品として最も有名なのは、清涼飲料コカ・コーラだ。コカ・コーラ社はペルーやボリビアから大量にコカ葉を買っている。

八〇年代半ばからは、高山病用のコカ茶、チューインガム、コカ葉の養分を混ぜて作る栄養剤、洗髪剤、歯磨き粉、傷薬、胃腸薬、美容液、さらには糖尿病、高血圧、肥満、内臓疾患、アルコール依存症などに効くという液体飲料《ハラベ》と、ざっと三〇種類の商品が、小規模ながら生産、販売されるようになっている。

いわば、コカ葉の〈平和利用〉だ。ボリビアのラパスやサンタクルスには、これらの商品の専売店がある。胃腸薬は効き目が強く、たいがいの下痢は治ってしまう。同国コチャバンバのコインコカ社は、コカ葉利用の商品を製造販売している。

「極めて有益な植物であるコカを広く利用しない手はない。十年来（八〇年代半ば以降）、科学的

コインコカ社の社長と製品

な実験をつづけ、薬事当局の許可を得て生産販売してきたが、偏見、資金と宣伝の不足、脅迫などで、計画は思いどおりには進まない」

同社のレイナルド・モリーナ社長から、楽ではない経営状態を聞いたことがある。

政府は一九四七年、コーヒー栽培促進と、先住民を物々交換から貨幣経済に導入する目的で、コカ栽培、コカ葉所持・商売を禁止する。そこで先住民は、コカをひそかに栽培したり、他の地域で栽培したりするようになる。禁止によって商品価値が高まり、かえって生産は拡大する。ある米国人は四九年に、「コカ葉咬みは、アンデス住民の精神の弱さと後進性の元凶」と、先住民の伝統を無視した論文を書いた。

それから二〇年たった六九年、カウカ州南部で最初のコカインが精製される。「エクアドール人が精製した」という説と、「米平和部隊の要員二人が精製技術を地元民に教えた」という説の二説がある。アンデス山地に現れた〈悪魔の白粉〉の情報は、たちまち国際麻薬市場に広がり、コロンビア産麻薬の主流は、大麻からコカインに移行していく。

コカインは、見かけが砂糖に似た植物塩基《アルカロイド》の結晶体。一八五五年、ドイツ人科学者が発見したとされる。一九世紀末には、コカ葉のパスタ（練り粉）を吸うのが欧州ではやった。吸引は、気管支炎や喘息に効くとされた。一九二〇年代、ベルリンが最大の消費地となる。シーグムント・フロイトは、精神治療に有用と考えた。

コカイン一キロを生産するのに、コカ葉二〇〇キロからできるパスタ一キロが要る。まずコカ葉を細かく切り、石灰水、灯油とともにゆでてパスタとする。パスタに硫酸、過マンガン酸カリウム（もしくは二酸化硫黄）、水酸化アンモニウムを混ぜ、濾《こ》して、コカイン塩基とする。これにアセトンを加え、コカイン塩基酸（ＣＨＣｌ）の沈殿物とする。これを濾過して不純物を除去し、乾燥させ、固形物（アルカロイドの結晶）とする。これがコカインだ。

コカイン塩基酸にパン粉、ソーダ、水を混ぜてつくる固形物を割《クラックし》って、純コカイン塩基酸の結晶にし、さらにエーテル処理で純度を高めると、〈クラック〉になる。

最も一般的な摂取法は、鼻から吸引するやり方だ。コカインだけ、もしくはコカインに乳糖、澱粉《でんぷん》、砂糖、ヘロインなどを混ぜた固形物一グラムを二―三センチの長さで細長く切り、これを鼻の粘膜につける。〇・一グラムも吸引すれば、効果が出る。頭がすっきりし、快感、軽快感、興奮、多弁、自己の存在の明確な確認意識などを伴って気分が盛り上がる。こうした陶酔効果は三〇—四〇分つづいてから、急速に消えてしまう。常習者には、効果が切れた直後の違和感を和らげるため阿片を使う者がいる。最近では、カプセルで飲むのがはやっている。

常習者は禁断症状に陥り、覚醒剤の場合と同じように、新たなコカインを求めて暴力的になることがある。コカイン業者は、常習性に目をつけ、まずコカインを安く売って常習者を増やしてから値段をつり上げ、常習者を心身ともに支配する、というやり方をとる。

常用しすぎると、鼻腔《びこう》の粘膜に不快な刺激がつづく鼻炎になったり、鼻腔の隔障に穴があいたりする。性的快感を高めるため、歯茎、喉頭、膣などにコカインを接着させる方法もある。興奮の持続時間が長くなり、若者が好む。だが、この種の常習が過ぎると、勃起不能になったり、女性のオーガズムが得にくくなったりすることがあるという。

静脈注射による方法もある。覚醒剤のように快感を得るための即効性があり、持続性もある。コカインにモルヒネ、ヘロイン、アンフェタミン（中枢神経刺激剤＝覚醒剤）などを混ぜて注入する〈スピードボール〉が、米国で九〇年代から大流行している。パスタからコカイン塩基酸を抽出した後の残滓《ざんし》を、たばこや大麻と混ぜて吸う〈バスーコ〉は、強烈な刺激をもたらす。

❹ ヘロイン産業

ケシ（罌粟。アドルミデラ、アマポーラ）がヘロイン生産のためにコロンビアで作付けされたのは、一九七八年、二人のメキシコ人がカウカ、ウイラ両州で農民に委託栽培させたときとされる。

ヘロインの製法は、ケシの実の乳液に石灰水を加えて沸騰させ、白色の沈殿物を採取する。これをアンモニアとともに過熱させ、濾《こ》してから、ゆで、茶色のパスタにする。これが阿片。阿片を天日で乾し、阿片の主成分であるモルヒネ塩基とし、さらに無水酢酸を加え沸騰、混合させ、炭酸ナトリウム（ソーダ灰）を入れて混合物にする。これをエーテルと塩化水素酸（塩酸）で純化させ、ヘロインにする。ヘロインの鎮痛・陶酔効果は、モルヒネをはるかに上回る。

八四年には、純度六五％のヘロインが生産され、その後、コカイン密輸路を通って米国市場に運ばれるようになる。ボゴタで八八年七月、モルヒネ密造工場が摘発された。この種の工場がコロンビアで見つかったのは初めてだった。麻薬マフィアは、すでにヘロイン生産を重視するようになっていたのだ。

ヘロインの生産は九二年に四トン、九七年六・五トン、九九年八トン（世界生産の三％弱）に達した。九〇年代には「北バジェデルカウカ・カルテル」が、コロンビアのヘロイン業者を牛耳《ぎゅうじ》っていた。ホワイトハウス国家麻薬取締政策室（ＯＮＤＣＰ）によると、コロンビアで二〇〇一年一五トン、〇二年一一トンが、それぞれ生産された。

九〇年代後半、カリカルテルは、メキシコ経由で米国に密輸するコカインの利益が、メキシコのカルテルから大幅に奪われるため、ヘロイン密売を一層重視するようになる。カリカルテルは、アフガニスタン人や華人の化学者を雇って生産を進め、九〇年代末には純度九六％のヘロインを作るまでに至る。高純度ヘロインは、常習者には注入するよりも、嗅いだり吸ったりする方が好まれるという。

米国のヘロイン常習者は二〇〇二年、六〇—七五万人。米国で消費されるヘロインの六二％はコロンビア産で、ニューヨークをはじめミシシッピー川以東の地域が主要な市場。同川以西の地域では、メキシコ産が多く出回っている。〈卸値〉は一キロ二〇万ドルで、同二万五〇〇〇ドルのコカインの八倍の高値だ。コロンビアとメキシコの麻薬マフィアが、合意の下に米国市場を分け合っているらしい。

ヘロイン供給市場へのコロンビア参入で、メキシコ、東南アジア、アフガニスタン、パキスタンなどを含めた競争が激化する。九九年には、コロンビアのヘロインマフィアの大物ハイメ・ララが逮捕され、米国に引渡された。

コロンビアでは阿片、モルヒネ、ヘロインとして消費され、常習者は六〇〇〇—一万人。ケシ栽培畑は九九年、コロンビア本土三二州中二一州に広がり、計九〇〇〇ha。栽培農民は、ケシの抽出液一リットル当たり八〇〇—一二〇〇ドルを受け取る。政府は、ヘロインの代替作物としてコーヒーの栽培を促進しているが、農民は儲けの多いケシ栽培を止めない。ケシ栽培畑は取締強化で、二〇〇一年六五四〇ha、〇二年四九〇〇haに減少している。

政府資料によると、ＦＡＲＣはコロンビア国内で九九年、ケシ畑一ha当たりの〈グラマヘ（みかじめ料）〉として四二〇〇ドルを徴収していた。コカ畑の同五三ドルと比べると、八〇倍近い額だ。ケシ栽培はペルーでも盛んなため、ＦＡＲＣが同国に侵入し、ケシの委託栽培をしている可能性が近年指摘されている。

❺ メデジンカルテル

コロンビア革命軍（ＦＡＲＣ）と民族解放軍（ＥＬＮ）が登場した一九六四年、当時のレオンバレンシア政権は、ゲリラと戦う軍と警察を支援するため民間防衛組織の存在を認める「市民防衛法」を制定し、民間の武装組織を公認した。同法はバルコ政権下の八七年に廃止されたが、二三年間有効だった同法の下で、民兵や殺し屋集団によって構成される極右準軍部隊《パラミリタレス》が育った。

八一年のこと、メデジンカルテルをパブロ・エスコバル一派とともに支えていたオチョア一家の娘マルタニエベスがＭ19に誘拐された。巨額のドル資金を蓄えている成金集団である麻薬マフィア上層部は、高額の身代金を支払う能力を十分に備えている。したがって誘拐の標的になりやすい。エスコバルらカルテルの幹部たちは、自分たちを〈誘拐される可能性のある者たち《ロス・セクエストゥラーブレス》〉と呼ぶようになる。

メデジンカルテルはオチョアの娘の誘拐事件を契機に、〈ムエルテ・ア・セクエストゥラドーレス〈MAS＝誘拐者たちに死を〉〉というシカリオ（殺し屋）部隊を組織する。カルテルは潤沢《じゅんたく》な資金で情報を集めては、M19のアジトにMAS《マス》を差し向けて、ゲリラを抹殺した。メデジンカルテルの凶暴性は、〈バロン（幹部）〉たちが、底辺の貧困層から犯罪を重ねながらのし上がった成金ばかりであることと無関係ではないだろう。

一方のカリカルテルのバロンには、薬剤師上がりのヒルベルト・ロドリゲスのように、中産層や中小企業経営経験者がいる。麻薬成金であるのは同じだが、地域の当局者を広範に買収して、武闘をせず平和裡《へいわり》に強大な権力者になるという、ずる賢さを持ちあわせている。

マルタニエベス誘拐事件は、当時、ベネズエラの前大統領だったカルロスアンドゥレス・ペレスが仲介して決着し、娘はオチョア一家に還った。事件を経てメデジンカルテルとM19は〈休戦〉し、両者の間に〈一定の関係〉が築かれる。エスコバルは、自分の身辺警護隊に、従来の底辺出身で冷酷なシカリオ（殺し屋）だけでなく、M19でゲリラ戦略・戦術を学んだ高学歴の元ゲリラを雇い入れる。こうした事情が、M19による一九八五年の最高裁襲撃事件の背景にある。

シカリオ（殺し屋）部隊MASは、カルテルの本格的な武闘組織として育っていく。その指揮者は、メデジンカルテル・エスコバル一派序列第二位《ナンバー2》の〈メキシコ人《エル・メヒカーノ》〉ことゴンサロ・ロドリゲスガチャだった。八〇年代に入り、政府がカルテル幹部の身柄を米国に引渡す可能性が出てくる。MASは八六年一一月、〈身柄を引渡される可能性のある者たち《ロス・エストゥラディタブレス》〉と自虐的な名前を名乗りはじめ、「米国の刑務所に入るくらいなら、コロンビアの墓場を選ぶ」と声明を発表し、本格的なテロ・暗殺組織に変身する。自らの立場が〈セクエストゥラーブレ〉から〈エストゥラディターブレ〉に変わったことを認識したメデジンカルテルには、それなりに強い危機感があった。

メデジン市中心街

麻薬犯の大物が米国に引渡されれば、終身刑か長期刑に処せられるのは間違いない。司法当局者への脅迫や買収も利かず、刑の軽減化や脱獄は不可能だ。人生は獄中で終わってしまう。だから必死に抵抗する。

エスコバルは八二年の総選挙前に〈アンティオキア自由刷新〉という政党をつくり、傀儡《かいらい》のハイロ・オルテガ下院議員候補とともに、スプレンテ（議員が職務を果たせなくなったときの代行者）として出馬し当選した。議員・代行者として国会審議に影響力を行使でき、その身分がある間は不逮捕特権をもつ。メデジンカルテル序列第三位のカルロス・レデルもキンディオ州都アルメニアで〈民族ラテン運動〉という疑似政治運動を興し、〈キンディオ・リブレ〉紙を発行して、身柄引渡政策を攻撃した。

〈身柄を引渡される可能性のある者たち《ロス・エストゥラディターブレス》〉は八四年、身柄引渡に熱心だったロドリゴ・ララ法相が、脅迫も買収も通じないと判断するや、同法相を暗殺する。翌八五年には、当時一四〇億ドルだったコロンビアの対外債務の返済を肩代わりするのを条件に、免罪と麻薬取引の黙認を政府に持ちかけて拒否される。その年、M19コマンドを使った最高裁襲撃を決行し、次のバルコ政権時代に本格的な〈麻薬戦争〉に突入する。

❻ コロンビア統一自衛軍（AUC）

ビオレンシア（政治的暴力）が断続的に続いた一九四〇―六〇年代、〈ガモナル（地方ボス）〉にして保守党幹部であることの多い農場主・牧場主など大土地所有者は、〈窮民制圧隊《コントラチュスマ》〉のような私兵団を組織していた。ゲリラ活動が激化すると、大土地所有者らは治安部隊と組んで、規模の大きな私兵隊を持つようになっていく。

私兵隊は、寡頭支配体制を農村部で支えるガモナルから反共・反ゲリラ教育を受けた極右であり、ゲリラや左翼を容赦なく殺していく。一九七八年には、マグダレーナ川・中流域《マグダレーナ・メディオ》地方でラモン・イササを首領とする極右私兵隊が活動を開始する。

一九八〇年、コルドバ州で小さな牧場を営んでいたカスターニョ一家を悲劇が見舞う。その当主をFARCが拉致し、身代金二五〇万ペソ（当時約五万ドル）を要求した。しかし一家は一五〇万ペソ（同三万ドル）しか集めることができず、当主は殺害された。これらの金額は当時の現地情報に基づく。だが前掲書で、カルロス・カスターニョは「身代金は五〇〇〇万ペソ（当時約一〇〇万ドル）、集めることができたのは三〇〇〇万ペソ（同六〇万ドル）」と語っている。ほかに、「五〇万ドル要求されたが、一五万ドルしか集められなかった」という説がある。

コカイン精製工場の内部（エル・ティエンポ紙提供）

フィデル、カルロスのカスターニョ兄弟は父親の死への復讐を誓い、メデジンカルテルのパブロ・エスコバルがマグダレーナ川・中流域地方で運営していた軍事訓練学校で、陸軍教官やイスラエル人教官の指導の下で訓練を受け、「コルドバ自警団」を八五年に組織して、ゲリラやその支援者に対し武闘を開始する。

カスターニョ兄弟は、エスコバルとの結びつきもあって、軍資金集めのためコカイン密売に関与していく。世界各国の優秀な武器をパナマの闇市場で買い、パナマ国境（二六六キロ）に近い戦略地域ウラバーから運び込む。

アンティオキア州北西端に位置するウラバーには、アト

ウラバー地方で焼き払われるコカイン精製工場（同）

ウラト川流域の肥沃《ひよく》な平野とウラバー湾がある。平野は、コロンビア産バナナの七五%を生産する一大集散地。だが住民の圧倒的多数は、貧しい黒人系だ。ウラバー湾の数ある港も、武器や一般物資の密輸に使われている。ニカラグアの東方沖に南北に連なるコロンビア領サナンドレス諸島（サンアンドレス諸島。ニカラグアが領有権を主張している）と、パナマ運河のカリブ海側の開口部にあるコロンの自由貿易地域から、さまざまな密輸品がウラバー湾伝いに入る。コロンビアの麻薬は同湾から、中米（パナマからグアテマラまで）、メキシコ、カリブ海を経て、北米へと流れていく。

ウラバーに勢力を張り、ゲリラと対決する準軍部隊《パラミリタレス》と組むことは、エスコバルにとっても意味が大きかった。

だがカスターニョ兄弟は、九〇年にカリカルテルと組んで〈ロス・ペペス（LOS・PEPES。パブロ・エスコバルから迫害されている者たち）〉という武闘組織を結成する。兄弟と関係のあったコカインマフィア幹部三人が、儲けの分配をめぐってエスコバルと争い殺害された事件を契機に、

押収したコカの木を焼き払う兵士たち（同）

兄弟がエスコバルと対立したのが、〈ロス・ペペス〉結成の理由だという。〈ロス・ペペス〉は、エスコバルの部下たちを襲撃したり資産を爆破したりする一方、カリカルテルと連携し、公安庁（DAS）に情報を渡した。その結果としてエスコバルは追い詰められ、九三年一二月、不用意な通話でアジトを察知されて、命を落とす。

その年、兄弟は、コルドバ・ウラバー農民自警団（ACCU）という二〇〇〇人の私兵隊を組織する。ACCUは軍・警察と連携して、農民、労組幹部、愛国同盟（UP）党員らをゲリラシンパと見なし、電動鋸《のこ》で彼らの頭部を切断する〈モチャカベサ（頭部切断）〉をはじめ凄まじい殺人法で、虐殺をしたい放題にする。捕虜をとらない皆殺しが戦術だからだ。ウラバー地方のバナナ労組（六万五〇〇〇人）や、武器密輸に使われる港の港湾労組には、共産党員やＦＡＲＣ要員が多く、ＡＣＣＵの標的となる。

カルロス・カスターニョは九四年一月、兄フィデルがアンティオキア州サンペドロデウラバー近郊で解放人民軍（ＥＰＬ）の残党に射殺されると、ＡＣＣＵの首領になる。「兄をしのぐ残虐さを示し、一回数十人ずつ、年間一〇〇〇人にも及ぶ虐殺を繰り返す。電動鋸《のこ》で体や首を切断して殺すのは、ごく普通の手口となっている」というような報道が頻繁になされた。

ＡＣＣＵを率いるカルロスは九五年、全国の主要な私兵隊に呼び掛け、コロンビア統一自衛軍（ＡＵＣ）を九七年四月結成する。ＡＵＣは、麻薬マフィアと連携し、治安部隊から非公式な庇護を受けつつ、ＦＡＲＣ、ＥＬＮを主要な敵として激しい殺戮戦を展開していく。ゲリラ支持者には大学人が多い。ＡＵＣは大学に情報員を潜入させ、〈左翼〉と判定した教授、学生らを血祭にあげた。


一方、アンティオキア州都メデジンでは、アルバロ・ウリベ（現大統領）が同州知事時代（一九九五―九七）に、〈コンビビール（共生）〉という自警隣組組織をつくった。同組織は治安部隊と連絡しあいながら、治安の末端として情報活動や巡視活動に当たっていた。知事ウリベは、ウラバー地方のバナナ農場主らの意を汲み、治安対策の柱として〈コンビビール〉を組織したのだった。

自警隊や私兵隊はバルコ政権時代に非合法化されていたのだが、サンペル政権（一九九四―九八）は〈コンビビール〉を制度化する。全国計四〇〇あまりの自警隊や私兵隊は新たに〈合法〉の衣を纏《まと》うことになり、ＡＵＣの傘下に入っていく。〈コンビビール〉制度はパストゥラナ政権下の九九年に廃止されたが、ＡＵＣは寡頭体制の強力な前衛に育っていた。

◆気難しいガボ

ガブリエル・ガルシアマルケスは、一九六七年に物語小説『シエン・アニョス・デ・ソレダー』（邦題『百年の孤独』）を発表し、一躍有名作家となった。この本は世界で二千数百万部売れたという。金満家で有名人となったことから職業誘拐団に狙われ、極右勢力は、カストロと親交をもつ〈ガボ〉（ガブリエルの愛称）の〈左翼傾斜〉を槍玉に挙げた。

ガボが活動拠点とするメキシコ市は、身の安全のためにも好都合だった。六〇年代の同市は社会主義キューバに向けて開かれたラテンアメリカ唯一の航空窓口であり、ハバナとの往復に便利だった。ボゴタでは、テケンダマホテルの近くに事務所を置いていた。

私が最初にガボに会ったのは一九七〇年、メキシコ市のキューバ大使館で催された革命記念日祝賀会の場だった。このときは、キューバの砂糖大増産計画の成否が話題の中心だった。以来、東京を含む何カ所かで会ったが、彼は、インタビューのしにくい人物だ。

ガボは、カリブ海に近いサンタマルタ雪山《せつざん》麓の寒村に生まれ、少年時代から苦労した。青年時代はバランキージャで送り、やがてエル・エスペクタドール紙、プレンサ・ラティーナ（キューバ国営通信）などで記者として働き、これを足がかりに作家になる。

「自分の創作の基盤はジャーナリズムだ」と言い切る。自分は依然ジャーナリスト、それも〈最高の部類のジャーナリスト〉と信じているはずだ。自分がいちばんだと思い込むのは、多くのジャーナリストの性《さが》であり欠点だが、この点では、大作家もさして変わらないようだ。八二年にノーベル文学賞を受賞すると、ガボの名声は頂点に達した。

若き日の労苦が、世の中を斜めに見るように仕向けたのだろうか。彼の難しい性格は、私のように親交がなく、したがって信頼関係が築かれていないジャーナリストには、ときとして対処しにくいものがある。〈インタビューしにくい〉とは、そういう意味だ。

私の印象では、ガボは、ライターでなくリポーターでしかない記者を低くみる。自分が若いころから、長文の調査報道記事執筆に携わってきた自負からだろうか。インタビューを求めて群がるリポーター群に、やれやれというか、軽蔑の眼差をそそぐようにさえ見受けられる。

「自分の孤独の深さは、自分を取り囲む人の数の多さによってはかることができると言えるかもしれない。大勢に囲まれれば囲まれるほど、自分がどんどん小さくなる」（ワシントン・ポスト、一九九四年四月一七日付）と語ったことがある。礼賛するファンやリポーターの群に取り囲まれると、気が滅入るのだろう。

ただし、女性には優しい。九〇年九月、国際交流基金の招きで、四年ぶり二度目の来日を果たした折、東京でインタビューしたときのこと。私が五つくらいの質問をこなしていたとき、女性記者たちがやってくるや、私の新たな質問をさえぎり、「あなたはすでに一七もの質問をしたから、彼女らに質問の機会を与えよう」と言った。五つの質問を「一七」にしたところは、まさに魔術的だ。私は、彼女たちとガボのやりとりを通訳する形で、インタビューを続行することができたからよかったのだが。

私は質問で、南米のもう一人の文豪マリオ・バルガスジョサが、同年のペルー大統領選挙に出馬しアルベルト・フジモリに敗れたことについて感想を求めた。ガボとバルガスジョサは〈ライバル視〉されており、その〈好敵手〉の大統領選挙出馬という思い切った政治的関与について、面白い意見が引き出せるかもしれないと考えたからだ。

ところが「あなたは〈昨年の記者〉か（なぜ古い問題で質問するのだ）」と、見事にはぐらかされてしまった。

当時最大の国際問題だった前月（九〇年八月）のイラク軍によるクウェート侵攻について訊ねると、「的確な意見を述べることができる人が、いったいいるのか。極めて謎めいた出来事だ」と答えた。


ガボの日本に対する最大の関心は、黒澤明と一緒に自作の物語を映画化することだった。このときの来日は、『予告された殺人の記録』、『迷宮の将軍』あたりを映画にする話を黒澤に持ちかけるためだった。そこで富士山麓の黒澤邸を訪ねて共同製作を打診したところ、黒澤の反応はいまひとつだった。映画の巨匠と大作家の組み合わせが実現すれば、素晴らしかっただろう。だが両者の間には、感性の開きがあるように思えてならなかった。この話は結局、実らなかった。

ガボは、メキシコ市を拠点に、ロサンジェルス、ハバナ、カルタヘーナ、ボゴタ、バルセローナなどを移動しながら、一貫して筆で政治・社会状況にアンガージュマン（積極的関与）してきた。コロンビア政府とゲリラの間で仲介の労をとったこともしばしばだ。九二年には、コロンビアの知識人と連名で、ゲリラに対し「ゲリラの歴史的役割は終わった」というメッセージを送った。雑誌を発行して、政治的キャンペーンを張ったこともある。迫害されている人を保護し亡命させたり、貧しい学生への奨学金に充てたりする資金をつくるためとして、日本人を含む富裕国のジャーナリストに対し、インタビューの際、高額の謝礼金を求めることもあった。

二〇〇三年四月には、在米キューバ系極右組織、ブッシュ米政権、これに同調するＥＵ諸国が展開するカストロ体制不安定化運動に対し、反対の立場をとり、「世界の良心へ」という文書に、リゴベルタ・メンチュー、アドルフォ・ペレスエスキベル、ナディーン・ゴーディマー、ハリー・ベラフォンテらとともに署名した。

ガボはジャーナリストという分身で状況に関わりながら、作家の名声をもって、その関与に影響力をもたせてきたように思える。〇二年に発表しはじめた自伝『語るために生きる』は、そのあたりをどう記すのだろうか。

第5章

米国の戦略——陰謀の八〇年代

❶ 麻薬対策

米国は一九〇六年、ドイツをはじめ欧州で流行していたコカインを麻薬と捉え、その消費を禁止した。〇九年には上海での国際阿片会議を主導し、一四年に阿片、ヘロイン、コカインを取締る麻薬輸出入法、三七年に大麻を取締る大麻税法、五六年にヘロイン未成年販売規制法を、それぞれ制定した。だが麻薬の大量消費が深刻な問題となったのは、六〇年代の大麻とヘロイン、七〇年代以降のコカインと、二〇世紀後半になってからである。

ニクソン政権は六九年、メキシコ産大麻の大量流入に業を煮やし、米墨国境三二〇〇キロの各地に開かれた出入国管理所の税関での入国貨物検査を厳しくする〈国境遮断〉作戦をとり、七三年、麻薬取締政策を統合的に遂行するため、連邦捜査局（FBI）の部局として麻薬取締局（DEA）を創設した。

メキシコの大麻産地はシエラ・マデレ（母なる山脈）の連なる北西部、中西部、中北部のシナロア、チウアウア、ドゥランゴ、ハリスコ、ゲレロの諸州である。メキシコは七〇年代半ば、ニクソン、フォード両政権の要請に応じて大麻農場に除草剤パラコートを空中散布し、生産を大幅に減らした。この時期に、コロンビア産大麻が米市場で幅を利かせることになる。また同国産コカインも、米国でかなり出回るようになっていた。

当時の大統領ジェラルド・フォードは、コロンビア大統領アルフォンソ・ロペスミケルセンに、麻薬生産・密売の取締を要請する。カーター政権も、ロペスミケルセン政権に同じ働きかけをした。後継のトゥルバイ政権は七九年九月、カーター政権と犯罪人身柄引渡条約に調印し、条約は八〇年批准される。ワシントンでの調印式で条約に署名したコロンビア代表は、後の大統領ビルヒリオ・バルコ駐米大使だった。

八五年二月、メキシコ第二の都市グアダラハーラで、メキシコ系のDEA駐在捜査官エンリケ・カマレナが、同市に根を張る麻薬マフィア〈グアダラハーラカルテル〉の幹部《バロン》の一人ラファエル・カロキンテロ一味に拉致・殺害された。この事件を契機に、米政府はラテンアメリカの麻薬問題を深刻に受け止め、対策を強化する。

八〇年代のレーガン政権は、ラテンアメリカではニカラグアとエルサルバドールの中米二カ国での内戦介入政策に集中していた。同政権の麻薬取締政策を担当したのは、CIA（中央情報局）長官を経験した副大統領にして後の大統領ジョージ・ブッシュ（現大統領の父親）だった。

八五年当時、米国人麻薬経験者は二三〇〇万人で、うち一四〇〇万人は麻薬をときおり使用する者だった。八八年には八〇〇万人がコカインを使い、うち一〇〇万人は常習者だった。

ブッシュは八九年、大統領になると、コロンビア、ペルー、ボリビアのアンデス・コカイン生産三国を〈麻薬取締の第一戦線〉と呼び、同三国を対象とする〈麻薬戦争〉に力を入れる。九〇年二月カルタヘーナで開かれた、同三国と麻薬最大消費国米国の〈麻薬サミット〉でブッシュは、米国が五年間に二二億ドルを供出する「アンデス計画」を発表する。

米国の麻薬取締の最前線はカリブ海だ。フロリダ州キーウエストの海軍航空基地に本部を置く「東部諸官庁合同機動部隊（JIATF—EAST）」は、同西部部隊（カリフォルニア州アラメダ）、同南部部隊（パナマ運河地帯。一九九九年以降はホンジュラスが中心）、税関国内飛行禁止連絡調整センター（カリフォルニア州マーチ空軍基地）、第六合同機動部隊（テキサス州エルパソ）、海軍艦船、対潜哨戒機、沿岸警備艇、空軍空中早期警戒管制機（AWACS）、および、カリブ海に展開する英仏蘭三国海軍と協力関係にある。

後継の大統領ビル・クリントンは九七年、米国にとり世界第四位の原油供給国ベネズエラと同第一〇位のコロンビアの、カリブ海沿岸の両産油国を〈死活的に重要な地域〉と位置づける。同大統領は二〇〇〇年八月、カルタヘーナを訪問し、当時の大統領アンドゥレス・パストゥラナが打ち出した「社会再生開発総合計画」（通称「コロンビア計画」）に、米国が一三億ドルを供出することを正式に発表した。

❷ パナマ侵攻

パナマの最高実力者オマール・トリホス将軍は一九八一年、不可解なヘリコプター〈事故〉で死ぬ。代わって最高権力者の地位についたのは、国防隊司令官マヌエル・ノリエガ将軍だった。ノリエガは、トリホスの部下だった七〇年代の士官時代からCIAの重要な情報提供者だったが、コロンビアの麻薬密売組織とつながりをもち、八〇年代にはメデジンカルテルと持ちつ持たれつの関係になる。麻薬組織がパナマを重視するのは、同国が隣国であるうえ、通貨が米ドルであるからにほかならない。

　CIAがノリエガを重視していたのは、トリホス政権時代に国交が復活しパナマと良好な関係になったキューバが、コロン（パナマ・カリブ海岸の都市）の自由貿易地域を、非共産圏諸国産物資買いつけの窓口にしていたため、キューバ情報が得やすいからだった。

　またパナマは、中米内戦で使用された武器類の補給地の一つであり、武器密輸の動きを把握するのに、将軍の情報は貴重だった。コロンビアの麻薬組織の動向や麻薬資金の流れ、パスタ（練り粉）およびコカイン生産用の化学物資の密輸、さらには同国および他の南米諸国のゲリラの武器調達を察知するためにも、将軍は重宝な存在だった。

　メデジンカルテルは、もう一つのカリカルテルと同様、パナマを密売の中継地とし、パナマの銀行を麻薬資金の預金・洗浄に使っていた。将軍は、カルテルの密売・資金洗浄《ラバード》を黙認する〈元締め〉役の見返りに巨額の賄賂を受け取り、〈陰の大富豪〉になっていた。

米政府の最大の利権は、パナマ運河の安全確保と、運河地帯にある米軍基地の返還までの安定使用にあった。この利権が脅かされる可能性を察知すれば、腕ずくでパナマの指導者を排除したり政権を交代させたりするのをいとわない。

レーガン政権は将軍に、麻薬組織との関わりをひそかに警告していたが、八六年六月ニューヨークタイムズ紙が、将軍の麻薬資金蓄財、M19への武器供与、キューバへのCIA情報提供、ウーゴ・スパダフォラ（トリホス政権の保健相）暗殺関与の疑惑を明るみに出す。リーク情報に基づく重大報道を受け、米議会は真相究明を求めて動きだした。スパダフォラは反ノリエガの野党政治家で、ノリエガと麻薬組織との協力関係を暴いたが、八五年九月、パナマ西部国境に近いコスタリカ領内で他殺体で発見される。

一年後の八七年六月、退役した国防隊序列第二位のロベルト・ディアス大佐（トリホス将軍のいとこ）が、ノリエガと麻薬組織の関係を暴露し、さらに「トリホスの死はノリエガの陰謀による事故に見せかけた爆殺であり、スパダフォラもノリエガの命令で暗殺された」と言ってのけた。将軍はディアスを逮捕するが、反ノリエガの市民運動が高まっていく。米政府は、反ノリエガのパナマ世論を煽《あお》り、それを盾にノリエガ体制不支持を宣言し、経済援助を打ち切る。米議会は、ノリエガ退陣要求を決議した。

八八年二月一八日、パナマのエリックアルトゥロ・デルバイエ大統領は、マイアミでエリオット・エイブラムス米国務次官補（ラテンアメリカ担当）と秘密会談をする。六日後の八月二四日、フロリダ州のマイアミ、タンパ両連邦大陪審は、ノリエガが麻薬密輸に関与し四六〇万ドルの賄賂を受け取ったとして、将軍を起訴した。その翌日、デルバイエはノリエガを国防隊司令官から解任する。マイアミ会談の筋書き通りに事は運んだが、将軍は議会を動かして翌日大統領を罷免し、マヌエル・ソリス大統領代行を置く。

これに対し米国は、デルバイエ政権を正統政府と主張し、パナマの在米資産凍結、パナマ運河通行料支払い停止、パナマへの特恵国待遇停止を相次いで打ちだす。米国は、ノリエガに見切りをつけたのだ。ソ連は、ペレストロイカ路線のゴルバチョフ書記長の下で大きく変化しつつあり、ソ連からの援助を失いつつあったキューバは〈脅威〉ではなくなり、中米内戦も終結への展望が開けていた。ノリエガは米国にとり、いまや利用価値よりも〈害悪〉の方が上回る、〈排除すべきお荷物〉となっていた。

八九年一月就任した大統領ブッシュは、五月のパナマ大統領選挙で当選したとみられた親米派のギジェルモ・エンダラ候補の当選が否定されると、ノリエガ排除に傾く。ブッシュ政権は、バルコ・コロンビア政権に六五〇〇万ドルの麻薬対策緊急援助を八月供与し、九月にはカリブ海域麻薬取締特別部隊を設置するなど、麻薬対策を進める一方、ノリエガ締めつけ政策をとりつづける。ＦＢＩは七月、「在外犯罪人を当該国政府の事前承認なしに逮捕できる」と一方的に決め、これを司法省が一一月公認する。

ノリエガは一二月一五日、元首級の政府主席に就任し、一六日、〈対米戦争状態〉を宣言するが、その翌日、「パナマ軍兵士が米兵を乗せた車に発砲し、米兵一人が死亡する」陰謀めいた事件が起きた！　米軍はすかさず、パナマ運河地帯に駐留する南方軍部隊と米本土からの増強部隊で二〇日パナマを急襲侵攻し、エンダラを大統領に就任させ、バティカン大使館に亡命を求めたノリエガを九〇年一月三日逮捕、マイアミに連行し、四日法廷に立たせた。ベルリンの壁が八九年一一月崩壊し、米国の暴挙に本気で異議を唱える余力はソ連に残っていなかった。唯一目立ったのは、ガルシア政権のペルーをはじめとするラテンアメリカ諸国の強い対米抗議だった。

❸ 消えた〈魔女の巣窟〉

パナマ運河地帯に接するパナマ市西部のエル・チョリージョ地区に、ノリエガがいた国防隊司令部があり、その近くには〈魔女の巣窟〉《カサ・デ・ラス・ブルハス》と渾名《あだな》された、低所得者家族が群居する古い大型の木造集合住宅が幾棟も並んでいた。一九七三年一〇月、トリホスの案内で、ここを訪ねたことがある。

トリホスは、〈魔女の巣窟〉を取り除き、跡地に新しい住宅街を造る「総合住宅計画」を改革政策の看板の一つとして掲げていた。将軍が、学校、厚生・スポーツ施設、公園、駐車場などを備えた新住宅街構想の立体模型を見せながら淡々と説明するのを、群がる住民たちは見守っていた。将軍が群衆に目をやると、たちまち「トリホス万歳」の叫びが起きた。この計画は、トリホスの死で立ち消えとなる。

米軍はパナマ侵攻で、実験段階にあったステルス爆撃機を初めて実戦出動させ、威力を試した。侵攻軍は二万四〇〇〇人に達した。

当時、リオデジャネイロにいた私は、米軍空爆の一報で真っ先に懸念したのは、〈魔女の巣窟〉はどうなったのか、ということだった。米軍機が国防隊司令部を爆撃すれば、近くにある大きな木造住宅群が無傷であるわけがない。木造だから攻撃されれば、すぐに破壊され炎上する。そうなれば、住民に死傷者がどれだけ出るかわからない。

米侵攻軍撤退後の九〇年に現場に行ったところ、なんと〈魔女の巣窟〉は広大な平地になっていた！　信じ難い光景だった。懸念していたとおり、米軍の爆撃で廃墟となり、残骸は片づけられてしまっていた。おびただしい数の死傷者が出たに違いない。米政府は、二〇〇一年の9・11事件の犠牲者の数を自国の開戦論理を押し通すため最大限に細かく集計し発表したように、自国に都合の良い場合は死傷者（殺傷者）数を発表するが、不利になる場合は発表しない。対米追随のパナマ政府はもちろん発表しないし、だいいち、死傷者数を把握していたかどうかさえわからない。

私は、国家保安隊に改組されつつあった旧国防隊、警察、新聞社、外国公館などを回って、侵攻による死傷者数を確認しようとした。だが情報はまったく得られなかった。私は空しい気持で

パナマ市内にあった「魔女の巣窟」の一部。米軍の侵攻で破壊された

リオに戻った。

米軍はその後、イラク攻撃（湾岸戦争）やバルカン半島の戦争でステルスを出動させた。ノリエガを強引に逮捕し米国に連行したように、二〇〇一―〇二年にはアフガニスタンを空爆し、アルカイダやタリバンの要員を逮捕して、キューバ東部のグアンタナモ米海軍基地に連行した。さらに〇三年には、イラクを侵攻する。

米軍あるいはNATO軍による攻撃がある度に、市民・住民の死傷者数が気になる。人間には、なかなか産まれにくい難産があれば、簡単には死なないという意識した〈難死〉がある。この〈難死の権利〉を奪うのが、戦争であり兵器である。

パナマ侵攻から一二年たった二〇〇二年初め、グアテマラのマヤ人リゴベルタ・メンチューが、共同通信とのインタビューで「米軍パナマ侵攻の死者は八〇〇〇人」と語った。メンチューは、ノーベル平和賞受賞者にふさわしく、パナマ侵攻時のパナマ人の死傷者数を確認する作業をつづけ、その結果、「死者八〇〇〇人」という数を得たのだろう。たぶん、その大部分は〈魔女の巣窟〉の住民だったに違いない。

米軍は、トリホス、ノリエガら指導者の人民主義《ポプリズモ》を支えた〈魔女の巣窟〉の声なき貧しい人々を、計算して抹殺したのではなかったか。パナマの中・上流階層が住む地区であったならば、攻撃することはなかったはずだ。米国人の業《ごう》は深い。

❹ イラン・コントラス事件

メデジンカルテルは、コカイン密造密売拠点拡散の一環として、サンディニスタ政権のニカラグアに目をつけていた。ニカラグアは、レーガン政権が組織した反革命勢力（コントラレボルシオナリオス＝略称コントラス）の部隊に内戦を仕掛けられており、武器や武器購入資金を必要としていた。エスコバル一派やオチョア一族のカルテル幹部は、サンディニスタ政権の弱みと、米当局の影響力が及ばないニカラグアの利点を計算し、同国内にコカイン精製施設を建設する。

オチョア一族は八〇年代初め、航空機販売業から麻薬輸送に転じた山気《やまっけ》の多い米国人操縦士バリー・シールに高額の報酬を約束し、中米・カリブ・メキシコ方面へのコカイン輸送を担わせた。

シールは米国の麻薬取締局（DEA）にかぎつけられ禁固一〇年の実刑判決を受けるが、控訴中にDEA本部に接近し司法取引して、カルテルの行動を通報するスパイとなる。

一九八四年六月のこと、シール操縦の輸送機〈ファットレディー〉はニカラグアの軍用空港に着陸する。地上で待っていたエスコバルらが、機内からコカインの袋を担ぎ出した。その様子を、DEAが同機に仕掛けていたカメラが撮影する。写真は、ワシントンのDEA本部を通じて、ホワイトハウスやCIAに送られた。

この写真に人一倍注目する人物がいた。国家安全保障会議（NSC）の軍政治部長オリバー・ノース海兵隊中佐である。ノースは、レーガンの反共主義に共鳴し、CIAと連携しながら、サンディニスタ政権打倒のためのコントラス支援に集中していた。サンディニスタ政権・軍部とメデジンカルテルとの結びつきを示す写真は、ノースにとって、米国のコントラス支援の〈正当性〉を宣伝するための、願ってもない証拠だった。

当時、レバノンの首都ベイルートでは、親イラン派武装組織による米国人拉致事件が続発していた。ホメイニ体制下のイランは、サダム・フセイン大統領のイラクと八〇年から戦争をつづけていた。米国の同盟国イスラエルは、レーガン政権に八四年半ば、レバノンの米国人人質の解放と引き換えに兵器をイランに供与する極秘作戦を持ちかける。

米国は、七九年発生の在イラン米国大使館占拠事件以来、イランへの武器禁輸を維持していたが、レーガンはイスラエルの提案を了承し、イスラエル経由で対戦車ミサイルTOW二〇〇〇基、地対空ミサイル・ホーク二三五基などが数次に分けてイランに空輸されることになる。レーガンは八六年一月には、対イラン武器禁輸を極秘裡《ごくひり》に解除する。

そのころ、シールがDEAのスパイだったことが米議会や報道によって明るみに出され、シールは八六年二月、米ルイジアナ州都バトンルージュで、カルテルの送り込んだシカリオ（殺し屋）に射殺される。シールは生前、輸送機〈ファットレディー〉をCIAに売却していた。ノース中佐は、米空軍退役少将リチャード・シーコードと組んで、同機を使って、サンサルバドールのイロパンゴ空軍基地からニカラグアのコントラス部隊に向けて武器を送り込む〈エンタープライズ作戦〉を展開した。

だが八六年一〇月、同機はニカラグア南部でサンディニスタ軍に撃墜される。乗員四人のうち生き残った米国人ユージン・ハセンファスは、飛行がCIAによるコントラス支援の任務であったことを自白する。これでノースの秘密作戦の一端が暴露された。

それから間もない一一月初め、ベイルートのシリア系週刊誌アッシラーが、米国のイランとの極秘取引を暴露する。後でわかったことだが、同誌は、イラン最高指導者ルホラムサビ・ホメイニの後継者に指名されていたフセインアリ・モンタゼリ筋情報として、極秘工作をすっぱ抜いたのだった。

窮地に陥ったレーガンは秘密取引を認め、ノースらを解任するとともに、イランへの兵器売却代金から原価などを差し引いた一〇〇〇万ドルないし三〇〇〇万ドルがスイスの銀行のコントラス口座に振り込まれたと明らかにした。ノースは、兵器をイスラエル経由でイランに輸送する傍ら、代金のかなりの部分をコントラスに渡し、買わせた武器をコントラスに送り届けていた。またサウディアラビアの秘密提供資金が、スイス口座を通じてコントラスに流れていたことも判明した。

ノースはさまざまな事情聴取の場で証言を拒否し、ノース個人が暴走した事件の詳細は公式には解明されていない。事件は米国で〈イランゲート〉と呼ばれ、レーガンの威信は大きく傷ついた。ニカラグアの法廷は、ハセンファスに禁固三〇年の実刑を決めたが、サンディニスタ政権は八六年一二月、恩赦で釈放した。

◆トリホス将軍への質問

パナマで一九六八年一〇月、国家警備隊（当時の名称）によるクーデターがあり、最高司令官オマール・トリホス将軍が政権に就いた。トリホス将軍の悲願は、米国にパナマ運河地帯を返還させる新運河条約を結ぶことだった。将軍は、対米攻勢を意識した国際世論づくりの一環として、外国メディアの記者と接触するのを好んだ。だがパナマ市に支局や通信員を置く外国メディアは少ない。そこでメキシコ・中米・カリブを広域カバーしているメキシコ市駐在の記者たちをパナマに招くプレス作戦を展開した。

当時メキシコ市にいた私は七一年二月、七二年一〇月の二度、訪問記者団の一員としてパナマに行き、トリホス将軍との合同会見や国内取材旅行をする機会に恵まれた。七一年の最初の会見時、将軍は私の顔を見据えて「第二パナマ運河建設について日本に協力を要請する」と言った。対米牽制と日本に協力を仰ぎたい本音が入り交じった発言だった。このニュースは直ちに、私たち記者団の手で世界中に伝えられた。

二度目の訪問のころ、将軍の実兄モイセス・トリホス駐スペイン大使がヘロイン取引に関与した嫌疑が、麻薬取締局（DEA）を情報源とする米国のメディアで報じられていた。七〇年代初め、ヘロイン取引はコカイン取引とともに、

ダリエン地峡に立つオマール・トリホス将軍

ラテンアメリカ諸国ですでに問題化していた。

　太平・大西両洋を結ぶ運河と南北両米大陸の地峡が交差するため〈世界の十字路〉と呼ばれるパナマには、各種の麻薬が運び込まれる。コロンビアの麻薬業者が頻繁に往来することもあり、パナマは世界の麻薬取引の中心地の一つである。最高権力者の身内が取引に関与しても不思議でない状況だった。だが、新運河交渉をめぐる駆け引きをつづける米政府が情報をリークしたのは、明らかにトリホス体制を揺さぶる狙いからだった。

　しかし、当時大きなスキャンダルとなっていたモイセス疑惑を、トリホス将軍を前にして質問しないとしたら、記者の名に恥じることになる。私はそんな気持で、疑惑の真相を将軍に尋ねた。将軍は、私をにらみつけるように見つめながら、「調査中だ」とだけ答えた。米政府を刺激せず、身内にも打撃を与えない回答だった。後で私は、仲間の記者たちから肩をたたかれ、「はらはらした」と言われたものだ。

　将軍は五年後の七七年九月、新運河条約の調印にこぎ着け、九九年大晦日に運河はパナマに還った。だが将軍は悲願達成を見ることなく八一年七月、暗殺事件の疑いが濃厚なヘリコプター爆発墜落〈事故〉で死亡した。

第6章

麻薬戦争——恐怖と腐敗の極致

❶ メデジンカルテルの挑発

一九八六年五月のコロンビア大統領選挙で、自由党のビルヒリオ・バルコが保守党のアルバロ・ゴメスに一五〇万票の大差をつけて当選し、バルコは八月就任する。私は、この大統領選挙をボゴタから報じたこともあって、バルコ政権に強い関心を抱いていた。

バルコは少年時代に馬で農村部を旅行したとき、二つのことを学んだという。一つは馬を上手に乗りこなすこと。もう一つは、農民生活の貧しさと農地改革の必要性だった。だが大統領就任に際して打ちだした優先政策は、ゲリラ勢力との和平と、失業対策を柱とする経済政策であり、農地改革は含まれていなかった。

農地改革こそ、植民地時代からの寡頭支配体制を延命させてきた大土地所有制《ラティフンディズモ》に打撃を与える決定的な方策だが、寡頭体制の両輪の一方である自由党の総裁から大統領になったバルコに、本物の農地改革が実行できるはずはなかった。寡頭体制が庶民の社会的上昇を阻む厚い障壁になっている頭打ちの現実こそが、貧者を絶望させ、ゲリラや麻薬組織を生み、極右準軍部隊をも生みだした。寡頭支配と内戦状況は、不可分の関係にある。

優先政策の和平は、相手がコロンビア革命軍（FARC）のように強力な勢力であれば、和平が実現したとしても、ゲリラの社会変革の要望が政策に生かされないかぎり、和平は長続きしない。ベタンクール前政権はＦＡＲＣとの和平には一応成功したが、ＥＬＮ、Ｍ19、ＥＰＬなどとの和平には至らなかった。バルコの狙いは、それらの組織との和平を実現させ、併せてＦＡＲＣとの和平を堅固にすることだった。バルコがゲリラとの和平を重視したのは、メデジンカルテルによる八四年のララ法相暗殺以来、米国の強い要請もあって、同カルテルの取締が急務となっており、ゲリラとの戦闘に精力を注ぐ余裕がなくなっていたからだ。

メデジンカルテルは八六年一一月、国家警察麻薬取締特殊部隊の司令官ハイメ・ラミレス大佐をボゴタで暗殺する。パブロ・エスコバルがララ法相暗殺事件の黒幕だった事実を、ラミレスが細かい証拠を挙げて証言したことへの報復だった。次いで一二月、ボゴタの有力紙エル・エスペクタドールの編集長ギジェルモ・カノを暗殺する。カノが本気で、麻薬マフィア取締を訴える論陣を張っていたからだ。バルコは、この〈大物暗殺《マグニシディオ》〉を受けて同月、自ら七九年に署名した対米犯罪者身柄引渡条約の関連法に大統領として署名し、引渡を可能にする。

エスコバルは八七年一月ハンガリーの首都ブダペストで、同国駐在のコロンビア大使エンリケ・パレホをイタリアマフィアから雇った殺し屋に襲撃させ、殺害には失敗したが、重傷を負わせた。パレホはベタンクール政権の法相だったとき、麻薬組織の中堅幹部らの身柄を米国に引渡す書類に承認の署名をしていた。これが襲われた理由だった。この事件は、メデジンカルテルが、ＫＧＢ（旧ソ連の秘密警察）ばりの〈長い手〉を持っていることを証明し、国際社会を驚かせた。

ラミレスとカノの暗殺とパレホ暗殺未遂は、バルコ政権を揺さぶり、バルコはメデジンカルテルに対し強硬政策をとらざるをえなくなった。そんな状況下の八七年二月、メデジンカルテル序列第三位のカルロス・レデルがメデジン近郊で突然逮捕され、バルコが署名して間もない引渡法に基づいて、その日のうちに身柄を米軍用機でマイアミに送られた。

レデルは、八〇年代から今日まで身柄を米国に引渡された麻薬マフィアのうちの最大の大物だが、〈突然の逮捕〉は政府とメデジンカルテルの取引の結果だったようだ。これについては、「M19を実行部隊とする八五年の最高裁襲撃事件を発案し、積極的に推進したのがレデルであり、責任をとらされた」との分析がある。

保守党極右勢力、極右準軍部隊、治安部隊が連携した愛国同盟（UP）党員抹殺や左翼狩りは、八七年に入り激化する。同年一〇月には、UP党首ハイメ・パルド上院議員がボゴタ南方五〇キロのパティオボニートで暗殺される。パルドは八六年の大統領選挙に出馬し、五〇万票（得票率四・四％）を挙げていた。

政府は、麻薬組織がパルドを殺害したと発表する。コロンビア統一自衛軍（AUC）のカルロス・カスターニョは、「ゴンサロ・ロドリゲスガチャ（メデジンカルテル武闘部門責任者）がパルド暗殺を命じた。ロドリゲスガチャは以前、所有していた大量のコカインをFARCに奪われ、以来、FARCの政治部門UPの党員皆殺し作戦を開始した」（前掲書）と述べている。コロンビア世論はパルド暗殺を、FARC主導で前月発足したシモン・ボリーバル・ゲリラ連絡会議（CGSB）に対する極右側の対抗措置と受け止めていた。

❷ 優柔不断のバルコ

バルコ（船の意味）大統領は優柔不断で、麻薬マフィア取締でも煮え切らなかった。国内世論とレーガン米政権からの外圧のはざまで、決断を避けながらのらりくらりと動く様は、嵐の海で沈没を避けながら巧みに航行する船《バルコ》に例えられた。要人の暗殺事件が相次いでも、レデルの身柄引渡をもって一段落、これでよしとする程度だった。理由の一つは、与党自由党のかなりの国会議員が、麻薬資金に汚染されているという深刻な事態があった。

一九八七年秋、メデジンカルテル・オチョア一家の長男ホルヘルイスを逮捕しながら、脱獄を許した。下級判事と刑務所当局が脅迫されて買収に応じ、逃がしたのだ。身柄引渡を求めていた米国は八八年一月、コロンビアからの全旅行者と輸入貨物に対し、税関で厳しい麻薬検査を実施する。傷みやすい生花、バナナ、エビなどの輸出業者は、時間のかかる検査で大打撃を受けた。

バルコはやむなくメデジンカルテルの幹部《バロン》五人の逮捕と引渡を約束し、米政府に税関検査を緩めてもらった。だがその直後の同月末、カルロス・オヨス検事総長がメデジンカルテルに暗殺される。ララ法相暗殺につづく司法最高責任者の殺害だった。バルコは「民主主義防衛法」を施行し、要人暗殺に最高三〇年の禁固刑を設け、軍隊を従来のゲリラ掃討戦に加えて麻薬組織取締にも出動させることにした。

しかし、バルコはまだ煮え切らない。官僚、軍、警察、検察、判事、国会と地方議会の議員、刑務所、税関と、国の中枢部門に加え、麻薬組織と密接な関係にあったエメラルド業界はもちろんのこと、花卉《かき》輸出業者、旅客機飛行士、ジャーナリストなど民間にまで、麻薬資金による汚染が広がっている。このように国中がどっぷりつかった絶望的な腐敗状況を生んだ麻薬組織は、この世の春を謳歌していた。この絶望感の深さに対し、政治は無力だった。

米国に煽られてやるだけで一貫性のない麻薬組織取締は、焼け石に水だ。さらにコロンビアには、コカイン消費市場・米国があるからコカイン密造密売があり、コロンビアはむしろ〈被害者〉だという認識がある。だから〈麻薬戦争〉は第一義的には米国の戦争であって、コロンビアの戦争ではない、という考え方が支配的だった。また麻薬資金が、金融、不動産、観光、自動車販売、スーパーマーケット、飲食業などへの投資を通じコロンビア経済の一角を支えているという、最も重要な実利面の理由があった。

そのうえ信じ難いことだが、バルコにはアルツハイマー病という噂が流れていた。優柔不断なのは、そのためということだった。上院議員イングリッド・ベタンクールは、著書『それでも私は腐敗と闘う』（草思社、二〇〇二年。原題『心の怒り』）で、「バルコはアルツハイマー病だった」と明言する。ベタンクールは、大統領候補だった二〇〇二年二月以来、ＦＡＲＣに拉致されたままになっている。

❸ ガラン暗殺

メデジンカルテルはバルコ就任三年目の一九八九年、政府に対し大攻勢をかける。三月、自由党のエルネスト・サンペル上院議員（その後の大統領）をボゴタ空港で襲撃し重傷を負わせた。七月、アンティオキア州都メデジンでアントニオ・ロルダン知事がメデジンカルテルに爆殺されたのに続き、八月上旬、同市で上院議員ルイスカルロス・ガラン（「ラ」を短く強く発音）が暗殺未遂事件に遭うと、様相は違ってきた。さらにボゴタで判事が殺害され、メデジンではアンティオキア州警察長官が殺された。ガランに本当の危険が迫っていた。

ガランは、翌九〇年の大統領選挙で当選確実とみられていた自由党大統領候補で、麻薬組織取締を公約に掲げていた。四八年に暗殺されたガイタンの遺志を継ぐ政治家であると公言し、人気抜群で、バルコの後継大統領となるのは疑いなかった。私は、ガランの暗殺未遂事件が起きたことから、ガランの直接取材を急がなければならなくなり、次のボゴタ取材でインタビューを申し込むことにしていた。

バルコは、暗殺未遂事件を受けてついに動きだし、メデジンカルテル取締政策を練り、八月一八日、これを発表する。だが、その直後に悲劇が起きた。

ボゴタ周辺には、住宅、商店、工場などが混在する街が雑草のように伸び広がっている。日本の街々の、商品広告や看板がやたらに幅を利かせている殺風景な景観と似て、味気ない。そんな街の一つに、ボゴタの西南西一〇キロのソアチャがある。ユーカリプスが眠そうに立ち並ぶ、小さな埃っぽい広場《プラサ》の中央には、キオスコ（小型で屋根つきの演奏場）の代わりに、コンクリート製の演壇がある。

バルコがメデジンカルテル取締政策を発表してから間もない同一八日、遊説《ゆうぜい》中のガランは、警護態勢を強化してソアチャの広場に行き、演壇に登った。その瞬間、演壇下の群衆や広場周辺の建物の中に隠れていたらしいシカリオ（殺し屋）が一斉に銃撃し、ガランは倒れた。病院に運ばれたが、出血多量で死亡する。ガラン暗殺で、四一年前のガイタン暗殺とボゴタソの悪夢が、バルコ政権中枢部の脳裡をよぎったに違いない。

バルコは、暗殺の報を受けるや、陸海空三軍と警察を総動員して全国でメデジンカルテルを主対象に一斉取締政策を実施に移し、戒厳令（ララ法相暗殺事件以来発動中）に含まれる非常大権を用いて、麻薬組織幹部を米国に引渡すと宣言する。バルコの〈麻薬戦争〉は、ようやく本格化する。

私は事件の数週間後、ソアチャを訪れた。広場の演壇の、ガランが狙撃された場所には、真新しい大きな花籠が手向けられていた。そこは、貧困大衆や変革を求める人々が凶弾で希望の芽を強引にむしり取られた、絶望の地点だ。ガランの死で歴史は、従来どおり腐臭を発しつつ、残虐だが単調で代わり映えしない路線を退屈な顔をして再び走りはじめている。脇で、〈暴力の文化〉が高笑いする。

暗殺されたルイスカルロス・ガランの墓と、訪れた人々

「ガランは、私たち貧しい庶民の輝く星でした。彼は自由党員でしたが、自由・保守二大政党《ビパルティズモ》体制を超えて、歴史上初めて全コロンビア人のための大統領になる人物だったのです。麻薬だ、コカインだと非難されていますが、私たちコロンビア人の大多数は麻薬とは無縁で、真面目に働いているのです」

演壇の写真を撮っていた私に、地元の男が話しかけてきた。誠実そうな人物で、言葉には真剣味があった。私は彼に、あなたの声を記事に書き込む、と約束した。

ボゴタの中央墓地には、歴代大統領の大きな墓が一列に並んでいる。その列のいちばん手前に、ガランの墓が造られていた。大統領待遇で埋葬されたの

死後もボゴタの街に残るルイスカルロス・ガランの選挙用大ポスター

だ。その日も、墓は花束や花輪で埋まり、周りを人々が囲んでいた。失われたガランへの希望と暗殺の衝撃を思い思いに心に置いて、祈りの気持をささげているのだ。私は、墓に向かって合掌し、頭を垂れた。

「ほら見て、あの外国人もガランに祈りをささげているのよ」

囲みの中にいた女が、連れの男にささやいた。人々は一斉に私を見た。どの眼差しも、東洋人に対する好奇心よりも、祈りの仕草を見せた異教徒への好意の方がまさっているように思えた。私は会釈して、その場を離れた。


ガラン暗殺の六日後、容疑者五人が逮捕された。メデジンカルテルに雇われたシカリオである可能性があったが、保守党や治安部隊、諜報機関の極右が絡んでいる可能性を否定できなかった。逮捕者は一三人に増えるが、結局は身元や黒幕が解明されないまま釈放されてしまった。この恐るべき無処罰《インプニダー》決着は、政官界の闇の深さが、ガイタン暗殺事件当時と変わっていないことを物語り、麻薬戦争がどこまで真剣なのか、強い疑念を残した。

イングリッド・ベタンクールは前掲書で、ガラン暗殺事件の目撃者だった、ベダンクールの実母ヨランダの話を基に、事件の模様を再現している。「(ガランに対し)上から撃っている」という叫び声がした後、「ガランが倒れた」。「ガランは死んではいなかった。(ヨランダは)そこに停車していた救急車に乗り込んだ。ガランは、現場からいちばん近いソアチャ病院に搬送されたと思われたが、同病院にガランはいなかった。慌てて情報を集め、サイレンを鳴らして、ようやく目的の病院(ケネディ病院)に辿り着いた。ヨランダだけが立ち会い、大急ぎで輸血が行われたが、数分後、ガランは意識を回復しないまま息絶えた」と描写している。

最寄りの病院に行かなかったことが、最大の謎として残っている。数年後、明らかにされた権威筋情報によると、事件現場には公安庁(DAS)要員がおり、重体のガランをDAS《ダス》が(救急車でなく)乗用車で、不可解なほど長い時間をかけて離れた病院に運んだ。ガランの側近たちは、その車への同乗を求めたが、DASは拒否したという。その情報は、当時のDAS高官が事件に関与していた疑いが濃厚なことを示唆している。

だが、こうした事件発生時の重大な疑惑は、バルコが開始したメデジンカルテルへの一斉攻撃で、内外の人々の認識、記憶、印象に刻み込まれないまま、時代の裏面史に埋もれてしまう。G・ガルシアマルケスの『ある誘拐のニュース』(邦題『誘拐』)でメデジンカルテルのパブロ・エスコバルは、「誰もがガランを殺したがっていた。私は、殺害を決定した場に居たが、反対さえした。だが多くの人々が関わっており、決定された以上、反対できなかった」と語っている。〈誰もが〉と〈多くの人々〉が、意味深長だ。

❹ 爆弾攻撃

当局は、一斉取締で月末までに全国二〇〇〇カ所を捜索し、容疑者一万二〇〇〇人を逮捕し、巨額の現金（額は未発表）、コカイン五トン、銃火器一〇〇〇丁、自動車一三五〇台のほか、ヘリコプター・軽飛行機三五〇機、小型船舶三三隻、多数の通信機器を押収した。

またエスコバル一派、オチョア一家をはじめとするメデジンカルテル幹部《バロン》らの邸宅、農場、私設動物園、滑走路など不動産五五〇カ所および美術品など総額五億ドルの資産を差し押さえた。これらの資産が、麻薬マネーを〈ラバード（資金洗浄）〉した結果であることが疑いないからだ。

私設動物園は奇妙な印象を与えがちだが、「アフリカから輸入する野獣の糞尿が、税関で警察の麻薬捜査犬の鋭い嗅覚をごまかすのに役立つ」という説が有力だった。例えば、「コカインを隠し込んだ荷物に百獣の王ライオンの尿を塗っておくと、犬は脅えて嗅覚が鈍る」と、ある当局者は真顔で言った。私は、この〈効果〉の真偽は確認していない。だが、麻薬成金たちの間で一九七〇年代から農場の一角に動物園を造るのが流行していたのは事実だ。

政令で、押収物や資産は、所有者が一〇日以内に出頭し所有権を申し出ないかぎり接収されることになる。接収の決済や容疑者の法定審理を担当する判事には、匿名性《とくめい》と身の安全が保障される。接収は、麻薬戦争がつづくかぎり継続される。

カルテル幹部《バロン》は、出頭すれば逮捕され、身柄を米国に引渡されてしまう。だから資産は自動的に接収されてしまう。接収された農場や家畜は貧農に分配され、邸宅など建造物は孤児院に充てられる。現金と自動車は、司法職員の労働環境改善に回され、航空機、船舶、銃器類は軍と警察が引き取る。実際に、そのとおりになったか否かは検証が必要だ。

メデジンカルテルは、八九年八月二四日、政府、政財界要人、ジャーナリスト、判事、労組幹部、その家族に対し、暗殺と爆弾による資産破壊で反撃する〈全面戦争〉を宣言する。身柄引渡をはじめ取締の責任者である法相は、バルコ政権八人目の、七月に就任したばかりの三二歳の女性弁護士モニカ・デグレイフだった! これぞまさに、〈魔術的リアリズム〉（ラテンアメリカ文学でよく用いられるメタファー）ではないか。

デグレイフは前任者たちと同じように一家皆殺しの脅迫を受け、安全確保のため一時、米国に逃れる。まさに〈筋書きどおり〉だ。八〇年代にはララ法相、オヨス検事総長ら司法関係者が二〇人も殺されている。デグレイフがコロンビアに居つづければ、暗殺されるのは疑いなかった。だがこの〈筋書き〉は、米政府によって、大型のコロンビア援助を米議会・世論に納得させる材料に使われた（本章❻参照）。つまり、〈か弱い法相〉が必要だったのだ。

メデジンカルテルに爆破されたメデジン市郊外の列車型レストラン

メデジンやボゴタなど主要都市では、爆弾事件が連続的に起きていた。メデジンでは同日に、カフェ銀行（政府とコーヒー業者が共同出資で運営）の支店七カ所がダイナマイトで爆破された。その二日後には、アンティオキア州営酒類販売公社倉庫など六カ所が爆弾で破壊された。

メデジンカルテル・オチョア一家の総帥ファビオは、バルコに〈和平交渉開始〉を呼びかける。たまりかねたメデジン市長は、〈和平交渉〉に応じると回答するが、政府に遮られた。政府は、メデジンをはじめアンティオキア州内の九都市に夜間外出禁止令《トケ・デ・ケダ》を発動する。メデジンには治安部隊八〇〇〇人が投入された。

❺ エスコバルの聖母

メデジンカルテルの本拠地メデジンは、アンデス中央山脈のアブラ盆地に一六一六年建設された古い街である。

空港から市街地までは外輪の山間を四〇キロ走らねばならず、その道は三本ある。私はタクシーで、三本の道をすべて試走した。二本は、麻薬成金たちの邸宅や農場が連なる田園地帯を走る。平時に殺人や拉致事件が起きる。昼間でも、シカリオ（殺し屋）に車を狙われ殺害される危険がある。その点、山の崖道である三本目の国道は遠回りだが安全だ。しかし大型トラックが絶えず行き交い、衝突事故や崖下への転落事故が多発する。

だから要人は、空港と市内空港の往復に、ヘリコプターのシャトルサービスを利用する。私は麻薬戦争中、急襲される危険度の高い夜間の走行だけは避けた。だが、日中の走行でも落ち着かない。ハンドルさばきの巧みな運転手も、マフィアの邸宅や農場の前を通過するときは、運転と状況判断に集中し、口を利かない。

市内空港は、カルロス・ガルデル（アルゼンチンタンゴの王様）の最期の地だと知る人は知る。コロンビア公演中だったガルデルは、最後の公演地カリに向かって飛び立ったが、機が空港上空で別の飛行機と接触して墜落し、死んだのだった。一九三五年のことだ。ちなみにコロンビア人はラテンアメリカで、アルゼンチン、ウルグアイ両国人に次いでタンゴ好きとされている。

中心街に古いホテルがある。ここに部屋をとった。「カルテルの息がかかったホテルだから、電話をかけたりロビーで待ちあわせをするときは用心しなくてはならない」と、コロンビア人記者から釘を刺されていた。

夜間外出禁止令《トケ・デ・ケダ》があるため、夜はホテルに閉じ込められてしまう。最初の夜、ライフル銃の発射音を近くで耳にした。カーテンの隙間から路上を眺める。人影はない。誰かが誰かを狙撃したのだろう。外出すれば、治安部隊かシカリオに、さもなければ強盗に射殺されるのは疑いない。

遠くで爆発音がする。ラジオニュースで、街の出口にある米国系ホテルが爆弾事件に遭ったのだと知る。翌朝、タクシーで現場に出かけると、ロビーが爆破されていた。市内を回る。陸軍地区司令部一帯は、完全武装の兵士が二、三メートルおきに立つものものしさだ。地元のエル・ムンド紙本社を訪ねたが、警備が厳しく、社屋に入るのが大変だった。

市内には爆破され、応急措置が施されている建物がざっと二〇カ所あった。日本政府の肝煎《きもい》りで導入された交番も三カ所やられている。タクシー運転手、レストランや酒場の主人と給仕らは、夜間外出禁止令《トケ・デ・ケダ》で社交が途絶え、収入が激減したと嘆く。

低所得者の居住地域に入る。昼間から若者や中年男がたむろしている。酒場はどこも、そんな男たちでにぎわっている。街角や酒場では、質の悪いコカインが平然と取引されている。だが質は悪くても、買うには金が要る。麻薬中毒になれば、労働意欲は殺がれる。そこで収入がなくなるから、金欲しさの犯罪に走る。

麻薬カルテルの最大の稼ぎ場は、外国の密売市場だ。だが自国内の市場も無視できない。良質、低質の麻薬を売って、麻薬産業を支える地元の消費市場を固める。常習者が増えれば増えるほど、産業とカルテルの足場は強くなる。それは無法者が増え、麻薬犯罪の裾野が広がることを意味する。

常習者のなかで〈優秀な〉若者は、〈シカリオ学校〉で二人一組で銃撃訓練を施されてから、オートバイを与えられる。たいがいは日本製だ。一人が運転し、他の一人が後部座席から標的を撃つ。狙った獲物は必ず仕留め、素早く逃走する。これがシカリオである。コカインの快感にまたひたるため、命じられるままに殺人を犯し、報酬の金でまた快感を買う。

麻薬戦争は、エスコバルら最高幹部だけで遂行できるものではない。幹部《バロン》の命令で動く無数の無名の麻薬常習者たちの下働きがあってこそ、成り立つのだ。肉体が健康回復への望みを失い、滅びの坂道を転げ落ちるのを知りながら、短時間であっても快感に溺れたい。この誘惑に抵抗するのは難しい。だから、下働きは絶えない。

「危険だ。早くここを出よう。この先は、シカリオたちの巣だ」

エスコバルの聖母

たむろする男たちから注視されているのに気づくや、運転手は車を急旋回させ、アクセルを踏んだ。

住宅街の一角に、パブロ・エスコバルが所有していた〈モナコ〉と名付けられた建物がある。外部は堅牢だが内部は豪壮な装飾が施され、高価な美術品が置かれ、車庫と庭にはクラシックカーや最新型の高級車がずらりと並んでいた。まさに成金趣味の展示場だった。正面には、〈田園クラブ〉というメデジンの有産階級の社交場がある。エスコバルは度重なる入会申請を拒否され、金にまかせて〈モナコ〉を建てた。それでも気がすまないエスコバルは、麻薬戦争になるとクラブを爆破する。その結果、〈モナコ〉は装飾品や乗用車ともども接収され、廃屋と化した。

メデジンの南方郊外にあるエンビガードという街は、メデジンの衛星都市の一つだが、エスコバルが麻薬資金を投じて整備した、いわば〈カルテルの城下町〉だ。

「この道も、あの住宅棟も、すべてセニョール・エスコバルが造ってくれた。仕事もくれた。誕生日にも葬式のときも、お金を届けてくれる」

雑貨屋の主人が淡々と話す。周りの人たちが、一言一句にうなずく。

「麻薬戦争ね、政府が間違っていると思うがね」――進行中の戦いの話になると、主人の口は重くなった。

酒場でも、住民はみなエスコバルを礼賛した。

街外れの道路の端の岩場に、聖母の像が祀られている。〈聖母ルールデス〉で、エスコバルが創った自身の守護神である。この希代のお尋ね者も、カトリック信者なのだ。家族とともに、折に触れてぬかずいていた。

エスコバルは数え切れないほど犯した罪を聖母の前で懺悔《ざんげ》し、我が身と家族の安全を祈願したに違いない。エスコバルを崇拝する貧しい人々が、蝋燭《ろうそく》の灯を絶やさず、花を手向けつづけている。

❻ 金庫番逮捕

一斉摘発の逮捕者のなかに、メデジンカルテルの金庫番エドゥアルド・マルティネスと、エスコバル派幹部《バロン》で武闘（爆弾・テロ攻撃）の指揮者であるゴンサロ・ロドリゲスガチャの一七歳の息子アルフレドが含まれていた。バルコは、マルティネスの身柄引渡を米国に通告する。報復テロを警戒する米政府は、ボゴタの大使館をはじめコロンビア国内の自国公館の職員の家族や留学生

治安維持のためボゴタ市内に出動した陸軍の装甲車（エル・ティエンポ紙提供）

ら米市民に対し、早期出国を促した。

爆弾攻撃はメデジンとボゴタを中心に激しさを増す。夜間外出禁止令《トケ・デ・ケダ》でホテルに居ざるをえないとき、重く響く爆発音と、ビーンという音のする窓ガラスの振動をしばしば味わった。爆弾は、鉱山用のダイナマイトを束ねたごっつい代物だが、スマートなロケット弾やザクロの形をした手榴弾も使われる。〈二四時間ラジオ〉をかけっ放しにしていると、先ほどの爆発音はどこどこの建物に仕掛けられたもの、とわかる。

ブッシュ（現大統領の父親）米政権は一九八九年九月五日、総額八〇億ドルを投入する「総合麻薬対策戦略」を打ち出し、その枠内でコロンビア支援強化にかかる。六五〇〇万ドルの緊急軍事援助として、米軍教官一〇〇人と、C130輸送機二機、UH1ヘリコプター、A37戦闘機、防弾チョッキ、通信機器、ロケット砲、自動ライフル銃、手榴弾、機関銃、弾薬類をコロンビアに送り込んだ。サッチャー英政権は、SAS（空軍特殊部隊）要員をコロンビアに派遣するとともに、カリブ海に海軍艦船一隻を展開させ、海上警備に協力した。

バルコ大統領は、マルティネスを米国に引渡すと、メデジンカルテルのエスコバル、ロドリゲスガチャ両幹部《バロン》逮捕につながる情報提供者に一億ペソ（当時約三五〇〇万円）の報償金を贈る、お尋ね者広告をメディアで盛んに流しはじめる。これには深い意味があった。

バルコ政権は、両幹部を逮捕し身柄を米国に引渡すことで、麻薬戦争に区切りをつけようと考えていた。不可解なことに、メデジンカルテルのオチョア一家とカリカルテルのロドリゲス兄弟は、お尋ね者になっていない。それは当局が、オチョア一家とカリカルテルを〈暴力度が低い〉とみて、彼らとエスコバル一派を区別し、一派を追い詰める戦術だったからだ。

麻薬戦争を収拾するうえで、もう一つ重要な動きが外交面であった。ペルー大統領アラン・ガルシアが九月八日ボゴタでバルコと会談し、麻薬対策のためコロンビア、ペルー、ボリビアの〈コカイン前線諸国〉（生産国）と消費国米国の四カ国首脳会議を開こうと提案したのだ。麻薬戦争が世界中に報じられたことで、「麻薬問題が国際問題であり、生産国だけでなく消費国にも問題がある」との認識が国際社会に広がった好機をとらえて開く首脳会議は時宜《じぎ》を得ており、外側からの麻薬戦争収拾策ともなる。バルコは飛びついた。

❼ 記者たちの奮闘

ある夜、エル・エスペクタドール紙の記者ヒメナから電話が入った。

「いまさっきの爆弾は、ボゴタのノルテ（北部。高級住宅街、ホテル・商店街がある）でスペル（スーパーマーケット）がやられたのよ。今夜、スペルはあっちこっちで合計五軒やられたようね。死傷者も出ているけれど、警察はまだ把握していない。ともかく、危険よ。マフィオソス（マフィア。メデジンカルテルを指す）はジャーナリストも標的にしているから。外国人記者だって例外じゃないのよ。気をつけてね」

ヒメナは名の知られた政治記者で、ゲリラや麻薬問題にも通じている。一度だけ訪日取材をしたことがあり、少しだけ知日派だ。何度か、死の脅迫を受けている。ガラン暗殺後、朝刊紙面にぎりぎりまでニュースを盛り込もうと、編集局に泊まり込むことが多くなっている。「シカリオ（殺し屋）はアパートよりも、ここの方が狙いにくいから」と、笑う。

だが九月二日、エル・エスペクタドール紙の本社社屋が車爆弾で爆破され、一人が死亡し七九人が負傷するという大事件が起きてしまった。自由党進歩系、つまりガランのような政治家の路線を支持する論調を掲げる有力紙であり、反麻薬キャンペーンを長期間つづけてきただけに、メデジンカルテルの標的になるための資格が十分にあった。カルテルは一九八六年に社主の一族で編集主幹のギジェルモ・カノを暗殺したが、今度は本社を爆破したのだ。

現場に急行すると、爆発地点の路上には、大きな穴があいていた。後片づけをしていたヒメナの姿があった。彼女は無事だったのだ。

「事件の二時間後には、破壊を免れた輪転機を使って臨時編集局を設置した。新聞は間違いなく出る。こうなったら、コロンビアの民主制度を守るためと大きく構えて、徹底的に戦うしかない。みんな覚悟ができているのよ」

見上げた新聞人魂だ。三日朝、「緊急特集号」が見事に出た。その社説は「爆弾テロの真の犠牲者は言論の自由だ。だがテロは多くを破壊できても、ペンだけは破壊できない」と強く訴えていた。全国各紙はそろってエル・エスペクタドールに連帯する論調を掲げた。エル・ムンド紙は、「今回の爆弾テロは、コロンビア人が民主社会建設を望んでいることを示す反面教師の意味をもつ」と論じた。

それから九年後の九八年、エル・エスペクタドールは経営困難に陥り、所有権はカノ家から、サントドミンゴ財閥傘下のグループ、バローレス・ババリアに売却された。だが九九年の景気大幅後退で、経営は一層厳しくなる。しかし記者たちはひるまない。

二〇〇〇年四月ボゴタの刑務所で、コロンビア統一自衛軍（AUC）の協力者一人が他の受刑者集団に殺害されたため、ＡＵＣの受刑者集団が反撃し二六人が死亡、一八人が負傷する事件が起きた。

ヒネス・ベドヤ記者は「警察がＡＵＣ受刑者に武器所持を許している」と暴露記事を書いたところ、死の脅迫を受けたため、ＡＵＣ側の言い分を取材しようと刑務所を訪れた。ところが刑務所前で守衛たちが見守るなか、拉致されて車に乗せられ、縛られて麻薬を盛られた。三時間ボゴタ市内を連れ回され、拷問、強姦されてから、解放された。しかし、気丈にも職場に復帰し、同僚たちと防弾車に乗って通勤し、取材をつづけた。

経営難は収まらず、同紙は延命策として二〇〇一年八月末、日刊紙から日曜発行の週刊紙に移行する。一八八七年創刊のこの国最古の日刊紙に、過酷な転機が訪れた。

二〇〇三年六月、同紙調査報道の責任者ファビオ・カスティージョが馘首《かくしゅ》された。ウリベ政権の最重要閣僚で、ウリベの強硬路線を支えるフェルナンド・ロンドーニョ内務・法務相が、「高級官僚向けの貸付基金（公金）の一部を、国営ガス会社の株買い付けに用いた疑いがある」と暴露したため（インターナショナル・ヘラルドトゥリビューン紙論説、二〇〇三年七月三日付）だった。馘首の背後に、政府からの圧力があったのは疑いないだろう。

❽ カリの街

メデジンカルテルのエスコバル一派は、ライバルのカリカルテルに対する政府の〈特別扱い〉を察知し、カリでロドリゲス兄弟が所有する家屋や、薬剤師出身の長兄ヒルベルトが経営する「安売り《ラ・レバハ》」という薬局チェーンの店舗を爆破の標的にした。このチェーン店経営も、麻薬資金洗浄《ラバード》のありふれた手口の一つと見なされている。

当局には、メデジンカルテル・オチョア一家とカリカルテルの情報網をエスコバルら二人の逮捕に利用したい思惑があった。オチョア一家とカリカルテルは、エスコバル一派が消滅すればコカイン市場の占有率が大幅に増えるという共通の利益をもつ。連携して一派の情報を当局に提供するのと引き換えに、自分たちへの捜査を大目に見てもらおうと計算しても不思議はない。

バジェデルカウカ州都カリは、広大なカウカ平原に開けた一五三六年建都の大都会で、市内にはカリ川が、市外には大河カウカ川が流れている。美しく平和そうに見える街だが、麻薬戦争のあおりで、緊張が支配していた。メデジンカルテルに爆破された豪邸の焼け焦げた残骸や、破壊された薬屋の店舗が、いくつか目についた。市庁舎や警察本部は、土嚢《どのう》を積み上げた銃座に囲まれ、完全武装の部隊が厳戒態勢をとっていた。

カリカルテルは、当局者の徹底買収を武器として、勢力を伸ばした。武闘は控え、無用な殺傷は極力避ける。この〈平和戦術〉によって、メデジンカルテルとは明確な一線を画していた。メデジンカルテル相手に麻薬戦争を戦うバルコ政権にとって、カリカルテルの平和戦術は好都合だった。だからエスコバルは怒り、カリに攻撃を仕掛けたのだ。

カリカルテルは、九〇年代になって、メデジンカルテルがつぶされた後、一九九四年の大統領選挙に巨額の麻薬資金をもって介入したのが明るみにでて、墓穴を掘ることになる。だが、麻薬市場の一定の支配権を温存させたまま生き延びている。


カリ一帯には、二五〇人の日本人移住者と、その家族五五〇人の日系社会がある。農場の経営で成功した人が多い。ところが、そこにカリカルテルの中堅どころが目をつけ、日系人に死の脅迫をもって、農場の売り渡しを迫る。農地や土地を潤沢《じゅんたく》な資金で地主の言い値どおりに買い、資金洗浄を進め不動産を築く。その結果、〈地上げ〉現象が起き、農地を拡充したい日系人やコロンビア人のまっとうな農場主は、手が届かなくなる。拉致され身代金を奪われた日系人もいる。これも、土地を手放させるための圧力だ。

「小学生や中学生には、紙を舌でなめながら、それをあちこちに張り付ける遊びがはやっているが、麻薬マフィアは、その紙にコカインの成分を混ぜ込む。子どもたちはそうとは知らずなめ、遊びながら、体内に麻薬を少しずつ入れてしまう。危険な事態だ。カルテルは麻薬の消費者を増やすため、若年層さえ狙っているのです」――ある日系人が話してくれた。

八九年一一月、カリと、近郊のパルミラで日本人コロンビア移住六〇周年記念行事が催された。日本政府は一九二六年コロンビア移住事業を決め、二九年、福岡、山口、福島三県から五家族二五人が初めてカウカ州北部コリント郊外に入植し、陸稲《りくとう》とトウモロコシを栽培した。以来、日本人移住者は機械化農業で成功し、ボゴタ、バランキージャ、メデジンなどに商業進出した。いまは全土に四世まで一七〇〇人の日系人がいる。その八五%は、福岡県出身者とその子孫である。

❾ 公安庁爆破

麻薬戦争は最初の一カ月で、主な爆弾事件七〇件、死傷者一二〇人、暗殺一〇人、麻薬犯六〇〇人逮捕と、大量の動産・不動産接収という結果が出た。暗殺された人物には、元メデジン市長で日本企業との合弁の缶・ブリキ製造会社オラサ社のパブロ・ペラエス社長が含まれている。

爆弾事件はその後も続き、自由党支部や保守党（当時、保守社会党と改名）本部が破壊された。上流社会の社交クラブや、閑古鳥の鳴く高級ホテルも狙われた。だが最悪のテロは、一九八九年一一月二七日、ボゴタのエル・ドラード空港離陸直後に空中爆発してボゴタ郊外のソアチャ（ガラン暗殺現場）近郊に墜落したボゴタ発カリ行きのアビアンカ航空国内線ボーイング727旅客機の事件だ。乗客・乗員一〇七人全員が命を奪われた。

前年八八年三月には、同社国内線の同型機がククタ―バランキージャ間でアンデス山脈に激突して爆発し、機内の一四七人全員が死亡する事故があった。だがこれは、操縦士が友人の乗客を操縦室に招き入れて歓談中、前方不注意で山腹に激突した人災だとわかった。あきれた話で、今

メデジンカルテルに爆破された公安庁本部。
手前の外壁と内部は完全に破壊された

回も人災かと疑念が出たが、メデジンカルテルが犯行を名乗る。カルロス・レモス内相（デグレイフの後任）は、客室内に仕掛けられた爆発物が空中爆発の原因と発表した。

麻薬戦争がはじまってからエル・ドラード空港では、検問が厳しくなっていた。駐車場入口でまず兵士から検問され、空港ビルの入口でトランクや手荷物の中身を細かく検査され、トランクは硬質プラスチックの帯で封印される。次に搭乗手続きの際、トランクはX線検査にかけられてから、機内に運び込まれる。乗客は出入国管理所で、服を着たままの身体検査と手荷物検査を受ける。最後に搭乗直前に、同じ検査が繰り返される。

この一連の検査過程は、搭乗の三時間前に開始され、完全武装の兵士、特殊部隊の警官、警察犬、空港警備員、航空会社職員の立ち会いと見張りの下で行われた。それがアビアンカ機爆破事件で、さらに厳しくなった。「どこに何しに行くのか」、「パスポート以外に身分証明書（記者証）を見せろ」などと、尋問まがいの質問が各段階でなされるようになった。

メデジンカルテルが魔の手を休めることはなかった。航空機爆破につづけて、バルコ大統領が訪日中の一二月六日、ボゴタ市内の公安庁（DAS）本部をトラック爆弾で爆破したのだ。朝の通勤時だったため、通行人ら四〇人が死亡、一〇〇〇人が負傷した。

すさまじい現場だった。爆弾トラックの駐車していた辺りの地面に大穴が開き、本部の建物は爆発した側のすべての外壁が崩れ落ち、各階の内部もほとんど破壊されていた。周辺の建物の壁や窓も破損していた。この大事件は、航空機爆破事件後、DAS《ダス》とカルテルの間に抜き差しならない対立が生じていたことを示唆する。

麻薬戦争当時の公安庁長官ミゲル・マサマルケス（話すとき目をつぶるくせがある）

私は、破壊を免れたDAS長官室で、一見、鈍重な感じがするミゲル・マサマルケス長官にインタビューした。この本部爆破事件と麻薬戦争全般をめぐり、麻薬資金による当局者の腐敗やカルテルと警察が通じていることなど、かなり際どい質問をしたのだが、長官は、こちらが知りたい秘密事項を決して口にすることはなく、大統領が発表ずみの方針や、差障りのない話をするだけだった。

それでも長官は、「メデジンカルテルは、麻薬サミットに合わせて一斉テロを計画している。カルテルは、ＥＴＡ《エタ》（スペイン・バスク州の独立派武闘地下組織「バスク国と自由」。〈バスク祖国と自由〉は誤訳）のテロ専門家を雇っている」と断言した。そのうえで、メデジンカルテルつぶしに本腰を入れる覚悟だけは明確に示し、翌年二月に迫っていた〈麻薬サミット〉の安全は絶対に守る、と言い切った。

⑩ 武闘指揮者の最期

面目をつぶされたマサマルケス長官は、メデジンカルテル武闘部門の指揮者ゴンサロ・ロドリゲスガチャの逮捕もしくは殺害を決意する。同長官の意向に沿って、ミゲル・ゴメス国家警察長官は、一斉逮捕で捕まったロドリゲスガチャの息子アルフレドを釈放し、尾行をつけた。

アルフレドは警察の思惑通り、カリブ海沿岸に警察を導き、最終的にはスクレ州トルーの父親の農場に辿り着く。警察特殊部隊と海軍海兵部隊は農場を包囲し突入して、ロドリゲスガチャ父子ら七人を殺害した。一九八九年一二月、米軍パナマ侵攻の三日前のことだった。ロドリゲスガチャの遺体の前頭部は、銃弾でえぐり取られていた。海兵部隊が作戦に参加したのは、ロドリゲスガチャが、麻薬資金を賄賂として軍部に贈っていた事実を少し前に暴露していたことと無関係ではなかったはずだ。これで、首に賞金が懸けられたお尋ね者は、パブロ・エスコバルだけとなった。

ロドリゲスガチャは、麻薬戦争で政府が倒した最大の大物だった。メデジンカルテルは凶悪な牙をもぎ取られ、エスコバルには大きな痛手となった。事実、爆弾とテロの攻撃は急速に減っていく。ロドリゲスガチャの人生を讃える歌のレコードがメデジンで発売され、生まれ故郷のクンディナマルカ州パチョ村では村民たちが、政府と治安部隊に抗議する集会を開いた。

パチョは、ボゴタの北方九〇キロの、アンデス山脈の盆地にある小さな村である。ボゴタから雨上がりの三〇〇〇メートル級の山中の暗い悪道を車で、崩れた土砂や、ぬかるみにはまり込むのを避けながら難渋しつつ三時間半かけて行き着くと、街外れの丘の上に、ロドリゲスガチャが故郷に錦を飾った証拠の「チウアウア農場」がある。チウアウアとはメキシコ北端の州の名前であり、この農場名は、彼が〈メキシコ人《エル・メヒカーノ》〉と渾名《あだな》された理由の一つである。

本人はこの農場で、メキシコから取り寄せたチャロスタイル一式（チャロはメキシコのカウボーイ。正装一式は大型のソンブレロ、特徴ある上衣とズボン、保弾帯つきの太い皮ベルト、大型拳銃、拍車付きの超長ブーツで、いずれもきらびやかな刺繍など飾りがついている）を身につけて愛馬にまたがり、テキーラを

「メキシコ人」こと、ゴンサロ・ロドリゲスガチャが所有していたラ・チウアウア農場の住宅とプール

飲み、ランチェラ（メキシコ北部の農場や田園生活を描く民俗歌謡）を楽しんでいた。農場周辺はシカリオ（殺し屋）が固め、パチョの街中には、〈不審者〉の来訪をいち早く探知する密偵が放たれていた。

私が農場を訪ねたのは、麻薬戦争開始後、ロドリゲスガチャが逃走中だったときで、農場は政府に接収されていた。農場内の豪奢《ごうしゃ》な邸宅は、接収後の管理と警備に当たる陸軍部隊の臨時司令部になっていた。

「麻薬マフィアを短期間で壊滅させるのは不可能で、軍事攻勢を半年ぐらいつづけてから、経済と社会の両面でマフィアの影響力を殺《そ》ぐ作戦に移らないといけない。なにしろマフィアは、蛸のように脚が多い。わが軍は、この農場のような拠点、シカリオ部隊、武器庫、通信・交通手段、コカイン精製工場など、敵の脚を一つ一つ切り落としている。この戦いは、軍が勝つに決まっている」

ハイメ・ウスカテギという名の駐屯部隊司令官が、勢い込んで説明する。司令官はインタビューが終わると、部下を私の案内役にし、農場内を見せてくれた。シカリオの部屋、馬小屋、武器庫、食料貯蔵庫があった。プールもある広い庭からは、農場内のあちこちに通じる細い道が迷路のように走っていた。

パチョのさらに北方の山中には、ムソをはじめとするエメラルド鉱山が点在する。ロドリゲスガチャはコカイン取引と並行して、エメラルド鉱山の縄張り争いにまで参入し、一帯を〈緑《エメラルド》の戦争〉に巻き込んで、流血事件を繰り返していた。最大の競争相手は、〈エメラルド王《レイ・デ・エスメラルダ》〉と呼ばれたヒルベルト・モリーナだったが、八九年二月、ロドリゲスガチャはシカリオを動員してボゴタ北西郊外ササイマのモリーナの農場を襲撃し、モリーナと部下一六人を殺害した。

この戦いは、麻薬戦争の〈劇中劇〉のようなものだったが、エメラルド原石を狙う山賊の出没や、鉱山近接地域でのゲリラと軍の戦闘と縦横に絡み合って、事態は複雑かつ危険だった。パチョから再び危険な悪道を走って、夜、ボゴタの灯を見たときは、救われた気持ちになったものだ。

モリーナとロドリゲスガチャの死で、〈エメラルド王〉の地位を継ぐ番になったのはビクトル・カランサだった。私は、〈外国人エメラルド王〉早田英志の案内でボゴタのカランサ宅を訪れ、インタビューを申し入れたが、カランサは、シカリオを恐れて国外に身を隠してしまっていた。

⓫ 麻薬サミット

バルコ大統領は一九八九年一〇月一〇日、リマ南方のイカでペルーのアラン・ガルシア、ボリビアのハイメ・パスサモラ両大統領との三者会談に臨み、三国間の麻薬取締政策調整を決定し、「麻薬問題は生産国・消費国双方の責任であり、九〇日以内に米大統領との四カ国首脳会議（麻薬サミット）開催を提唱する」という共同声明を出す。ジョージ・ブッシュ大統領は、同意した。

この声明は、生産・消費国双方の「共同責任」を初めて公式に明記する文書となった。四カ国首脳会議には、共同責任論を定着させる狙いがある。それが定着すれば、生産三国は、長年の肩身の狭い思いが半減することになる。続いて一一日イカで開かれた第三回リオグループ（当時はラテンアメリカ八カ国。ノリエガ体制末期のパナマは資格停止中）首脳会議は、共同責任論を支持した。

バルコは一一月訪日する。これに先立ちインタビューを申し込んだが断られ、質問を提出し文書で回答をもらう書面インタビューとなった。

「私の訪日で、両国関係が新時代に入ることを期待する。コロンビアも太平洋沿岸国として、日本など沿岸諸国との経済関係拡大を図っていく。新しい国際コーヒー協定締結実現のため、世界第四のコーヒー消費国日本にも協力してほしい」

大統領は「訪日の重要性」に触れてから、麻薬戦争について回答した。
「麻薬によって損なわれる生命や人間の尊厳を守るため戦っているが、前例がないほどの成果を挙げている。私は九月国連総会で、麻薬マネーの洗浄を禁止するよう国々に協力を訴えた。有効な国際協力があれば、麻薬問題は解決できる。コロンビア経済は決して〈麻薬経済〉ではなく、経済成長への麻薬資金の貢献度は小さい」

一九九〇年が明けた。米海軍の空母とミサイル巡洋艦が一隻ずつコロンビア沖のカリブ海に展開する。ボリーバル州都カルタヘーナで二月に開かれる麻薬サミットを控え、テロ戦術に出る可能性のあるメデジンカルテルに対し〈米軍の決意〉を示すためだが、ノリエガ体制を倒したばかりの米侵攻軍がとどまっているパナマに、にらみを利かせる狙いもあった。

バルコ大統領（手前）とボリビアのパスサモラ大統領

カルタヘーナは、スペインが〈新世界領土〉の海岸に築いた城砦のなかで最も規模が大きい城砦のある、美しい港街。スペインは、度重なる英仏両国軍の侵攻や海賊の来襲に対抗するため、城砦を築いた。いまは、カリブ海岸の代表的な観光名所になっている。

二月一五日、厳戒態勢のカルタヘーナで一日だけの麻薬サミットが開かれた。四首脳は、共同責任論を確認し、さらに共同責任を〈人類全体の責任〉として、日欧など国際社会に責任を担わせる〈国際社会責任論〉に拡大するカルタヘーナ宣言を採択した。この〈責任のグローバル化〉は、米国が同年七月テキサス州ヒューストンで開かれたG7サミットで持ちだし、受け入れられる。

宣言には、コカイン生産に使われる化学物資や、麻薬組織が買う武器類や航空機・船舶などの輸出入管理強化を含む、コカイン取引一掃を目指す取締強化、生産国経済の非コカイン化促進ための援助拡大の必要性などが盛り込まれた。

ブッシュは首脳会議へのお土産として、麻薬取締のため五年間に二二億ドルを供出する「アンデス計画」を打ちだした。

四人の大統領は宣言への調印を終えてから、報道陣の前に笑顔で現れた。だがブッシュとガルシアの間には、冷たい空気が流れていた。前年末の米軍のパナマ市空爆・侵攻の際、ガルシアは、ラテンアメリカ民族主義・連帯主義および、反米主義ないし、嫌米主義（アンティパティア・アシア・ノルテアメリカ）の立場から、パナマ侵攻非難の旗頭となった。ブッシュは、ガルシアとの犬猿の仲を和らげる好機と捉えてサミットに臨んでいたが、二人の間は、いかにもぎこちなく見えた。

麻薬サミットは終わった。宣言がコカイン撲滅の特効薬だと信じる者はいなかった。しかし宣言調印という儀式によって、麻薬戦争は開始から半年で一段落したのである。

公安庁（DAS）長官マサマルケスはサミット終了後、私に「メデジンカルテルのテロ要員を逮捕し、フランス製ロケット弾一〇発と発射装置を押収した。エスコバルの命令で主要空港の管制塔を含む全国の重要施設を標的にしていたのだが、警備があまりにも厳重だったため手が出せなかった、と彼らは自供した」という情報をくれた。

私がテロ要員とETA《エタ》（スペイン・バスク州の武闘地下組織）との関係を訊ねると、これには答えず、「例のアビアンカ機空中爆破事件は、ETAが指導した疑いがある」と明かした。長官は九四年の大統領選挙になぜか出馬し、敗れることになる。


アラン・ガルシアをめぐる後日談だが、九二年半ば、フジモリ政権下で汚職を追及されたガルシア前大統領はコロンビアに亡命する。ガルシアはペルーAPRA《アプラ》党（PAP）の指導者だが、APRA（アメリカ革命人民同盟）創設者の故ビクトルラウル・アヤデラトーレは生前、迫害されてコロンビアに亡命し、後に帰国して復権した。ガルシアは〈政治的な験《げん》〉を担ぐとともに、ペルー国民に〈復権〉を目指すメッセージを送るため、師であったアヤデラトーレの亡命方式に倣ってコロンビアに亡命したのだ。

相互に亡命者をかくまいあうラテンアメリカ諸国には、「亡命開始から一カ月は受け入れ国が滞在経費を負担するが、よほどの重要人物でないかぎり、二カ月目からは本人負担となる」という〈慣習〉がある。だがガルシアは、派手なパーティーを何度も開き、名士として振る舞うのをやめなかった。相当の蓄財がないとできないことだ。結局、二〇〇一年に帰国し、PAPから同年の大統領選に出馬、決選投票にまで進出して、アレハンドロ・トレド（現大統領）を脅かした。いまや、〇六年の政権復帰を狙っている。

⓬ 二人の暗殺

バルコ政権末期の一九九〇年三月、FARCの政党・愛国同盟（UP）のベルナルド・ハラミジョ党首が、続いて四月、政党M19党首カルロス・ピサロ（「サ」を短く強く発音）が、相次いで暗殺された。いずれも航空機内で射殺されたのだった。両党首はともに大統領候補で、私はこの二人にボゴタでインタビューしていた。それだけに暗殺の報に驚愕《きょうがく》した。いずれの場合も、「極右準軍部隊《パラミリタレス》の放ったシカリオ（殺し屋）による暗殺」という情報が流された。

しかし、保守党や軍部の極右派、あるいはDASの意向が絡んでいた可能性は、想像に難くない。麻薬戦争で空港警備や搭乗客の検査が厳重だったときに、拳銃を機内に持ち込むのは、当局の了解なしには不可能に近い。この事実が、事件の背後の闇を照らしていた。

ハラミジョには、警備の厳しいUP《ウベ》本部で、暗殺の前月に会った。その時点で前任者ハイメ・パルドをはじめ党幹部一五〇〇人が暗殺されており、私がそのことに触れると、ハラミジョは「自分の身にも凶弾が迫っているのを、日々実感している」と言った。

印象深かったのは、「麻薬問題解決のため、麻薬取引の合法化についても検討する必要がある」と述べたことだ。合法化を主張する根拠として、欧米麻薬消費国に麻薬消費を一部合法化する動きがある以上、麻薬生産国も一部を合法化すべきだ、という考え方がある。また、合法化すれば流血の抗争や官憲の腐敗が減少し、麻薬の消費価格も下がって、麻薬取引のうま味が減るという一般的な見方がある。

暗殺された愛国同盟（UP）党首ベルナルド・ハラミジョ

ハラミジョは細かい説明は避けたが、麻薬カルテルと取引しているFARCの立場を慮《おもんぱか》ったのかもしれない。たった一度の出会いであったが、彼の暗殺は身近な死だった。

M19のピサロの死を私は、四年間の南米生活を終えての帰国途中、サンティアゴデコンポステーラ（スペイン・ガリシア州都）にいたとき、地元紙で知った。彼は、航空機内で着席

暗殺されたM19指導者カルロス・ピサロ
（中央、水を飲んでいる）

していたところを、乗客に混じっていたシカリオによって射殺されたのだった。だが奇妙なことが起きた。ピサロの護衛がシカリオの脚を撃ち、倒れたところを逮捕しようとした瞬間、ＤＡＳ派遣の護衛が犯人を射殺したのだ。口封じと受け止められても仕方のない処刑だった。

　コロンビア統一自衛軍（ＡＵＣ）のカルロス・カスターニョは、「自分がピサロ殺害を命じた」（前掲書）と語っている。カスターニョ自身がＤＡＳと連絡を取り合う関係にあったことを明かしており、ピサロ暗殺の背後にＤＡＳの影があったとしてもおかしくない。だが証拠もなければ、公式証言もない。事実関係からみて、ＤＡＳが暗殺の主体であってもおかしくない。

　ピサロは、野性味のある整った風貌で、欧州メディアから〈ロビンフッド〉の異名をもらっていた。彼が〈義賊〉でもあったのかどうか判断しかねるが、貧しい人々や若い有権者の間で人気があった。少なくともメディアの前では常に微笑を絶やさず、紳士的な態度を崩さなかった。父親は海軍中将で、コロンビア軍統合司令部議長を務めた。軍と戦うゲリラ指導者としてピサロは、父親の存在を気にかけつつ、軍を批判していた。

ピサロに会見したころM19は、社会主義インターナショナルの仲介で、合法政党になるための政府との交渉の最終段階にあって、内外メディアと積極的に接触していた。私は、カウカ州南部のアンデス山中サントドミンゴにあったM19の司令部でピサロにインタビューするよう招待を受けていた。だが日程の都合がつかず、九〇年二月ボゴタで会うことになった。

会見の冒頭、ピサロは、「コロンビアの二大政党体制《システマ》は間違いを犯しつづけてきた。M19は、有権者にとり第三の選択になる」と言った。ロハス将軍のANAPO《アナポ》の発想とさして変わらない。ロハスと、ピサロらM19幹部たちは、反共主義でも一致する。

私は、最も聞きたかった質問に切り換えた。最高裁襲撃事件の際、M19がメデジンカルテルと組んでいたのか否か、という問題だ。彼は微笑して押し黙り、しばらくしてから「悪意に満ちた言いがかりだ。M19は財政上、麻薬資金を必要としない」と否定した。

後年わかったことだが、私がこのインタビューをしていたころ、ピサロは麻薬犯の対米引渡に反対する立場で、エスコバルと接触していた。このことから、メデジンカルテルがピサロ殺しの実行者でないことだけは明らかだった。

大統領選挙出馬を決めていたピサロは、早くも政治家のように、どの質問にも巧みに回答する術を心得ていた。私は、聞きだしたいことが山ほどあり、いずれまた会いたいと申し入れた。彼は、これを受け入れたが、二カ月後に暗殺されたのだ。

⑬ 元法相暗殺

一九九〇年五月の大統領選挙で、ガランの死を受けて自由党大統領候補にのし上がっていたセサル・ガビリア（「ビ」を短く強く発音）が当選する。二位は社会党分派「救国運動」のアルバロ・ゴメス、三位はピサロ後継のM19党首アントニオ・ナバロだった。ナバロは、八月発足したガビリア政権の保健相に抜擢された。この年一一月、制憲議会選挙があり、M19と元ゲリラ組織の連合政党「民主連合・M19」（AD—M19）が保守党を抜き、自由党に次ぐ第二政党となった。七〇年代初頭のANAPO台頭が再現するような予想外の躍進は、弱小ゲリラ組織を刺激し、本気で和平に向かわせることになる。だが同党は、新憲法制定後の最初の総選挙で、第三政党に後退する。

ガビリアは選挙前の公約を破り、麻薬マフィア幹部《バロン》に自首すれば身柄を米国に引渡すのをやめると伝えた。米国は、「アンデス計画」があだになったと怒る。

だが一方で、九一年、両国は麻薬犯罪証拠共有協定を結ぶ。両国間の軍事協力関係も、ひそかに進んでいた。「米政府は、在コロンビア大使館軍事要員、南方軍司令部、国防情報局、CIA

の四者で計一四人の顧問団を組織して、コロンビア軍の諜報網再組織を指導し、対ゲリラ戦の戦略策定を支援した」(前掲『キリング・ピース』)という。

九三年一二月には、一五〇人の米軍工兵部隊がコロンビア入りする。太平洋岸の村で学校、保健所、道路を建設するためと説明された。それは隠れ蓑で、他の場所では、川沿いの軍事作戦基地を建設し、レーダーを設置した。太平洋岸から米国西岸などへ麻薬を運ぶマフィアの動きを探知するのが目的だったようだ。工兵部隊の存在は反米感情を刺激し、議会で物議を醸したが、ガビリアは「麻薬取引取締を強化するため」と弁明した。

セサル・ガビリア元大統領

九一年四月三〇日(ララ法相暗殺七周年の日)、メデジンカルテルは、バルコ政権時代の八七年一〇月―八八年七月法相を務め、麻薬犯の米国への引渡に積極的だったエンリケ・ロウ弁護士を暗殺する。

この事件を五月初め東京で知った私は、強い衝撃を受けた。事件半月前の四月一六日、南米取材中だった私はボゴタのロウ氏の法律事務所で、同氏と中山順子《よしこ》夫人にインタビューしていたからだ。暗殺事件が、こんなに身近に感じられたことはない。

「私は〈コロンビアで最も危険な職業〉と言われる法相を引き受けた以上、法治国家をばかにしているカルテルに対し、身柄引渡を含む強硬措置で臨んだ。しかし、政府のなかで孤立した。引渡は国際法の正当な枠内にあり、私はいまでも、麻薬犯罪取締の有効な手段として実施を主張しています」

毅然《きぜん》とした立場を、柔和な表情を崩さずに語ったロウのたたずまいが忘れられない。

ロウは、コロンビア国立大学法学部を卒業し弁護士資格を得てから、ハーバード大学で経済博士号を取得。帰国して大学教授を務めたり、官庁と民間の経済畑で要職を歴任したりした後、最高裁の司法審議会員だったときに法相に任命された。

エンリケ・ロウ元法相と順子夫人（1991年4月16日撮影）。ロウ氏は同月30日暗殺された

審議会員時代に、M19による最高裁襲撃事件が発生した。軍とゲリラの戦闘で一一五人が死亡したが、ロウは、銃弾で負傷した同僚を助けながら奇跡的に脱出し、生き延びた。

「最高裁事件はテレビで生中継され、軍の激しい攻撃ぶりや法廷の建物が炎に包まれたのを見て、法定内にいる夫は死んだと覚悟した。看護婦は何かが起きる前に準備する訓練が身についており、最悪の事態に備えていた。ところが事件発生の翌日の未明に、なんと、夫が生還してきた！　それから一週間、私たちは連日、事件で死んだ司法関係者たちの葬儀に参列しつづけました」——順子《よしこ》が、事件のエピソードを話す。

二人は、六〇年代初めシカゴで知りあい、結婚した。順子は豊橋市出身で、共立女子大学を卒業し、ニューヨーク市立大学看護学部に留学、産婦人科専門の看護婦となって、ボストンやワシントンの病院で働いた。コロンビアの大学では看護学を教え、法相夫人時代には、未成年用刑務所で囚人の更生に尽力した。

ロウは法相辞任後、スイス駐在大使としてベルンに赴任した。安全確保のためにバルコが配慮した人事だった。「大使夫人として、文化、産業、大自然など、コロンビアの良い面を分かってもらおうと懸命に努めました」と、順子さん。

「しかしカルテルはスイスまで魔の手を伸ばし、ETA《エタ》（スペイン・バスク州の武闘地下組織）を使って、コロンビア大使館の爆破と私の抹殺を計画した。実行前に発覚し事なきを得たが、魔の手が途絶えたわけではなく、いつも用心しています」

夫妻は大使任期の終わった九一年二月帰国し、ロウは弁護士として働く傍ら、ラサール大学で経済学を教えていた。だが同大学の前で、メデジンカルテルのシカリオ（殺し屋）二人に射殺されたのだ。
「息子は死の脅迫を受け、身の危険を感じていたため、スイス駐在の延長か、他の在外公館への転勤を求めて外務省に申請したが、拒否され、やむなく帰国していたのです」――父親のロドルフォ・ロウが明かした。

ハラミジョ、ピサロ、ロウと、私がインタビューした人々のうち三人が相次いで凶弾に倒れた。以前、ボリビア元大統領フアンホセ・トーレス将軍に亡命先のブエノスアイレスでインタビューしたことがあるが、将軍はその三年後に〈コンドル作戦〉によって暗殺された。この事件を思い出したが、コロンビアでの〈身近な暗殺〉は、さらにつづくことになる。

⑭ 米国の思惑

制憲議会によって制定された新憲法は、一八八六年に制定され改定を繰り返していた旧憲法に代わるもので、ガビリア政権下の一九九一年七月公布された。大統領選挙で過半数得票者がいない場合の決選投票制導入、直接選挙による州知事選出、犯罪者の外国への身柄引渡禁止、首都名ボゴタを植民地時代の名称サンタフェ・デ・ボゴタ（二〇〇〇年八月「ボゴタ」に再び戻された）に改称することなどが定められた。八四年のララ法相暗殺以来発動されていた戒厳令も解除された。

新憲法施行に先立つ六月、ガビリアの自首勧告政策を受けていた〈カポ（カルテル幹部）。バロンに同じ〉のうちオチョア三兄弟の長兄と末弟、さらにパブロ・エスコバルが自首する。

エスコバルは、信じ難いことだが、メデジン郊外エンビガードの所有地に自費で別荘のような自分のための豪華な専用刑務所を建設してから自首し、そこに〈収容〉されたのだった。懸念されていた〈ロス・ペペス〉の攻撃や米国麻薬取締局（DEA）の〈工作〉に対し、陸軍部隊が刑務所周辺を警備しており、エスコバルは最も安全な場所で好物を飲み食いし、家族と会い、無線装置や携帯電話で麻薬取引を指示したり、シカリオ（殺し屋）に標的殺害を命令したりしていた。さらに驚くべきことは、エスコバル本人が、好きなときに刑務所と娑婆を往来していた！　刑務官と警備の部隊が、総ぐるみで買収されていたのだ。この〈偉大ないい加減さ〉の総責任者は、言うまでもなく大統領ガビリアである。

イングリッド・ベタンクールは、「ガビリアはエスコバルと協定を結び、エスコバルを豪華な特別の刑務所に住まわせた。さらにエスコバルを護送中に脱獄させてやり、後にカリカルテルなどと謀議して、エスコバルを葬った」（前掲書）という趣旨の重大な暴露をしている。ともあれ、麻薬戦争の一方の首領が自首したことで、バルコ前政権時代にはじまり死者六〇〇〇人を出した麻薬戦争に一応のけりがついた。

だがエスコバルは九二年七月、警備の兵士らを買収し、脱獄する。〈自由で安全な刑務所生活〉を捨ててまで逃走しなければならない、火急の事情があったのだろうか。

エスコバルの捜索には、パナマの南方軍から空路四五分でメデジンに派遣された米軍部隊も参加した。米軍の出動は異常であり、何かを示唆している。エスコバルの身柄をいち早く確保し、強引に米国に連行するつもりだったのではないか。

それというのも、エスコバルの逃走に先立ち、米最高裁が、「米当局は、他国にいる重大な外国人麻薬犯の身柄を確保し、米国に連行することができる」という判断を示していたからだ。これはFBIが八九年七月、ノリエガ逮捕を前に、「在外犯罪人は、当該国政府の事前承認なしに逮捕できる」と決め、これを司法省が認めたのを追認するものだ。米国は、コロンビアの九一年憲法が身柄引渡を禁止したことに不満だった。

米最高裁判断は、コロンビア憲法の一部条項を、侵攻的な措置で強引に打ち破るのを〈合法化〉する。他国の憲法を無視して自国の身勝手な判断を突き付けるとは、帝国主義の強圧政策以外のなにものでもない。

その年秋の大統領選挙で再選を狙っていたジョージ・ブッシュ（現大統領の父親）は、民主党のビル・クリントンと保守独立派の実業家ロス・ペローの両候補に挟まれて苦戦していた。とくに保守票を奪うペローは頭痛の種で、その人気を下げるため、何か派手な手を打つ必要に迫られていた。エスコバルは、ペルーのセンデロ・ルミノソ（ゲリラ組織〈輝く道〉）の最高指導者だったアビマエル・グスマンに匹敵するようなお尋ね者の大物で、麻薬戦争を象徴する〈巨悪〉だった。

そのエスコバルの身柄を米軍が刑務所から奪ってでも確保して米国に連行すれば、ブッシュの人気は一気に高まるだろう。三年前にパナマを軍事侵攻してまでノリエガの身柄を連行したブッシュが、エスコバル拉致・連行の誘惑にかられたとしても不思議はない。米最高裁判断とブッシュの思惑が無関係だったとは、誰も思わないだろう。

エスコバルが、そんな空気を察知して逃走したと考えれば、突然の脱獄が理解しやすくなる。実際、エスコバルがいたエンビガード刑務所の上空を、DEA機らしい飛行機が旋回するのが目撃されていた。

⓯ エスコバルの最期

エスコバルは一九九三年一二月二日、メデジン市内アメリカ地区の二階建ての隠れ家に居るところを探知され、警察特殊部隊に包囲される。ジーンズ姿で裸足のまま屋根に出て拳銃で応戦したが、頭に銃弾を二発受けて死亡した。四四歳になったばかりだった。

これで〈麻薬戦争〉は終息し、メデジンカルテルは実質的に消滅する。エスコバルを追い詰めるのに、カリカルテルのロドリゲス兄弟も貢献した。エスコバルは包囲網が狭まりつつあるのを察知し、当局に何度か、再度〈自首〉するための交渉を働きかけた。だが政府はもはや応じることなく、エスコバルの抹殺に傾斜していた。

ガビリア大統領は、エスコバル逃亡で威信が地に落ち、失地回復には彼の首級《しるし》をとる以外に道はなかった。ガビリアは九一年、軍部と〈市民〉との治安面の協力を促進する〈民間防衛体制〉を強化したが、ロドリゲス兄弟も〈市民〉であることは間違いなく、その強化策は奏功したのだ。


エスコバルの泣き所は家族だった。メデジンカルテルと政府との対立関係が険悪になった八〇年代には家族を、サンディニスタ政権時代のニカラグアと、ノリエガ体制下のパナマに住まわせていた。包囲網が狭められ窮地に陥りつつあったエスコバルは、家族をドイツに亡命させようと一一月試みたが、政府と米国がドイツ政府に亡命を拒否するよう申し入れた。家族は入国できずボゴタに引き返し、当局によってテケンダマホテルに保護されていた。

家族は三九歳の妻マリアビクトリア、一七歳の息子フアンパブロ、九歳の娘マヌエラの三人で、エスコバルは携帯電話で連絡をとっていた。だが殺害された日、なぜか傍受されやすい卓上電話で二分以上通話し、これが命取りになった。

電話を傍受し居所を突き止めたのは、米国から寄贈され、メデジン郊外に設置されていた電波探知装置だった。エスコバルを仕留めた警察特殊部隊は、CIAとDEAが訓練し育てたエリート部隊だ。米国は電子機器、空中探査機、スパイ衛星で得た情報を同部隊に流していた。

エスコバルは墓地で墓石を盗み、刻まれた文字を削って平らにし、これを墓石店に売るという

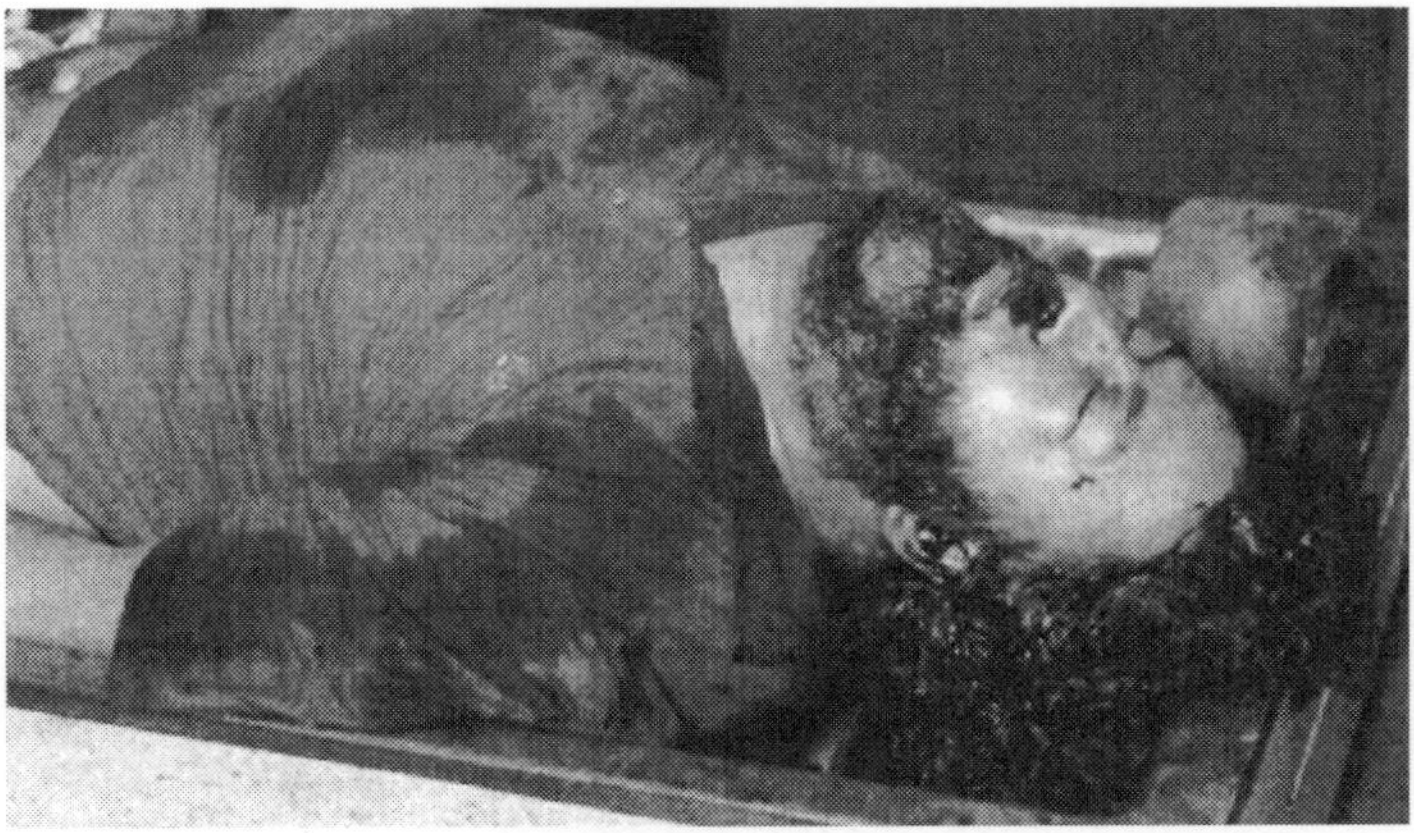

射殺されたパブロ・エスコバルの遺体〈エル・エスペクタドール紙提供〉

墓石泥棒から身を起こした。皮肉にも盗んだ墓地の一つだったメデジンのサンペドロ墓地に埋葬された。エスコバルを〈義賊〉と称え慕っていた貧しい人々三〇〇〇人が立ちあった。大勢の内外報道陣が、埋葬の模様を取材した。

母親エルミルダは、「息子は耳の後ろに一発打ち込んで自殺した。生前、当局には絶対に逮捕させないし、殺す楽しみも与えないと言っていたから、自殺したのに決まっている」と主張した。ガビリア大統領はメデジンに行き、乾杯して警察特殊部隊を祝福し、カリカルテルもカリで盛大に祝宴を催した。エルミルダは、「人が死んだときに祝うとは非人間的だ」と怒った。

翌九四年、ボゴタの警察博物館内に、デスマスクや遺品を集めたエスコバル展示室が開かれた。遺族の亡命については、「作家ガルシアマルケスが、エスコバルの死の直後、オランダでガビリア政権とゲリラの和平交渉に当たっていた仲介者に対し、オランダに受け入れてもらえるよう、同国政府に打診してほしいと申し入れた」という情報がある。

これは実現せず、家族はその後アルゼンチンに亡命し、ブエノスイアレスで警察の監視下に置かれながら、妻は衣服店を経営し、息子は大学教授の助手を務めていた。エスコバルは絶頂期に資産二五億ドルを蓄えたとされているが、遺産の行方は依然謎に包まれている。

⑯ 甘い刑法

エスコバルは死に、一時、実兄ロベルトが後継者になるとの観測があったが、そうはならず、メデジンカルテルは急速にしぼんでいく。だが麻薬取引が終わるわけでなく、同カルテルが残した空白を、カリカルテルをはじめ中小カルテルや、ＦＡＲＣ、ＡＵＣが埋めてしまう。最大の問題は、政府がカリカルテルを本気で取締るかどうかだった。カリカルテルは、コロンビア産コカインの密輸の推定八〇％を支配し、年間推計九〇億ドルの収益を挙げるようになっていた。

エスコバルが死ぬ直前の九三年一一月、刑法が手直しされ、「自首し、麻薬取引の実態を白状し、不法に得た資産を政府に引渡せば、実刑を軽減する。禁固五年以下の実刑判決が出た場合は、自宅軟禁を認め、身の安全を保障する」という条項が加えられた。

取引市場と莫大な収益をどう守るかが、カリカルテルの最大の問題であり、新条項は渡りに船だった。カルテルは、当時のグスタボ・デグレイフ検事総長に、カルテル解体と資産の法的決済を約束し、刑を軽くしてほしいと申し入れた。

刑法改定は、ガビリア政権が、カリカルテル取締に熱意がないことをうかがわせた。政府が批判されると、こともあろうに同検事総長は、「欧米に麻薬消費を合法化する動きがある以上、コロンビアはコカインおよび大麻取引の合法化を検討すべきだ」と語るしまつだ。暗殺されたハラミジョ愛国同盟（UP）党首と同じ発想だった。

しかし、エスコバルの壮絶な最期はカリカルテル最高幹部陣に恐怖心を植えつけ、自首をめぐる交渉がはじまった。メデジンカルテル崩壊後、政府と米国の矛先がカリカルテルに向かうのは自然の流れであり、抵抗すれば最後は実力でつぶされると、カリカルテルは認識していた。自首するための交渉は、次のサンペル政権に引き継がれていく。

ガビリア政権は対ゲリラ戦略面では、米軍から情報収集と制圧戦術の指導を受けて、マカレナ山地のFARC本拠地〈緑の館《カサ・ベルデ》〉に総攻撃をかけ、ゲリラ六〇人を殺害する。米政府は、九九年大晦日にパナマに運河を返還し運河地帯の米軍基地を撤収したのだが、パナマに隣接するコロンビアのFARCの存在が、将来的にパナマの安全を脅かす可能性があるとして、ガビリア政権にFARCたたきを働きかけていた。

〈低強度内戦〉の敵対関係は、FARC・ELN対治安部隊および極右準軍部隊《パラミリタレス》へと構造が変化していく。FARCとELNは、九二年一〇月一二日のコロンブス米州到着五〇〇周年記念日に向けて、〈鷲飛遊作戦《コンドル・パサ》〉と名づけた破壊活動を実行した。利口なカリカルテルは従来どおり武闘戦術はとらず、幹部自首によるカルテル延命工作に努める。九三年末には、ELNの分派である社会主義改革派グループ（CRS）が、オランダ政府と同国のNGOの仲介で和平交渉に入った。

九七年結成のシモン・ボリーバル・ゲリラ連絡会議（CGSB）も、ゲリラ四組織が抜けてFARCとELN（主流派）だけになり、有名無実と化す。FARCはELNの都市でのテロに反対し、ELNはFARCの麻薬取引を非難しており、両者の仲は必ずしも良くはなかった。だが特定地方での和平をめぐる交渉では団結し、政府がその地方で公共土木事業を促進すれば和平に応じる、というふうに、公共事業絡みの条件を出すなど、住民の支持を取り付けるための巧みな戦術をとった。

ELNは、分派CRSの和平交渉の行方に、将来ありうる自分たちの交渉の前例になるかもしれないとの立場から、強い関心を示していた。当時、CGSB自体もオランダで、ひそかに政府と和平の予備交渉をしていた。

⑰ 華麗な転身

ガビリア大統領が在職中の一九九四年二月来日した折、インタビューしたが、実のある発言はなかった。むしろガビリア夫人アナミレーナの方が印象に残る。夫人は、九二年四月、コロンビアの〈コロンブス五〇〇年記念行事委員会〉の委員長として来日した。コロンビアの国名はコロンボ《コロンブス》に因み、五〇〇周年はスペイン人の血の濃いコロンビア支配層にとっては重要な行事だった。

夫人は、コロンブスが大西洋を渡る航海に使った帆船サンタマリア号を日本人が復元し、その船が神戸港に入港するのを出迎えるため、わざわざ日本に来たのだった。この復元船はカルタヘーナ入港の際、「なぜ日本人が侵略船の真似をしなければならないのか」と顰蹙《ひんしゅく》を買うことになる。

私は、アナミレーナにインタビューした。〈レイェンダ・ネグラ〉（黒い伝説＝スペイン人は植民地時代に悪いことばかりをしたとする説）や、先住民がコロンブス五〇〇年を〈侵略五〇〇年〉と捉えていることについて質問すると、彼女は「たしかに〈黒い伝説〉を強調する人たちから記念行事への反対や批判があるが、私たちは過去よりも今後、良好な国際関係を築いていくという立場から行事を企画している」と答えた。

そして即座に、「コロンビアはいま、発展のための変革のさなかにあり、ゲリラや麻薬などのさまざまな問題を解決しようと全力を挙げている。そんなわが国の姿を発見してほしい」と付け加えた。スペイン人や欧州人の立場である〈コロンブスの新世界発見〉に引っかけて、〈発見〉

と言ったのだ。

ガビリアは、任期最後の年九四年の三月、米州の国連とも言うべき米州機構の事務総長選挙で勝って早々と新しい地位を確保し、サンペルに政権を渡した翌月九月の就任に合わせて、安全なワシントンに居を移してしまった。この異常に手回しのいい華麗な転身の裏には、エスコバルを殺してメデジンカルテルを壊滅状態にしたガビリアに対し、米政府が与えた〈論功行賞〉の意味があった。

結局、ガビリアは予測にたがわず、ガランの死で空いた大きな政治の空洞を埋めることができなかった。

◇メデジンの日本人

麻薬戦争が激化したころ、メデジンにいた青年海外協力隊の五人はボゴタに引き揚げた。ボゴタのJICA（日本・国際協力事業団）事務所は、国内各地に散らばっている他の隊員たちもボゴタに集結させるかどうかで議論を重ねていた。

メデジンの永住日本人は一〇人そこそこで、ボゴタの四五〇人、カリの二五〇人など当時合計九〇〇人だった在留邦人のなかの一％ちょっとにすぎなかった。それでも日本人会が組織されている。

「子どもをアメリカンスクールに通わせていますが、米国人の教師と生徒たちが米国に避難帰国してしまい、いまは休校ですよ」

こう語るのは、日本人会の会長Xさんだ。F県出身で不動産業で成功し、コロンビア人の裕福な家の娘と結婚し、閑静な住宅街の豪邸に住んでいる。私の書く記事は、日本語では日本の各紙と米州各地の日系社会の新聞に載る。麻薬マフィアの目にとまることはまずないのだが、〈長い手〉を恐れるXさんは、〈Xさん〉としか書いてはならないと強く念を押す。

「メデジン財界の友人たちは、カルテルから拉致されるのを恐れて、妻子を欧米に避難させています。私は極力外出しないようにして日夜、家族の安全と、所有する不動産が爆弾で狙われないかと心配し放しで、すっかり疲れました」

Xさんの娘の一人は、母親の血が濃く、日本人の面影はほとんどない。米国留学経験のある活発なハイティーンで、「日本人記者がせっかく訪ねてきてくれたのだから、案内する」と、反対する父親を説き伏せて車を出し、私を助手席に乗せた。

彼女は、パブロ・エスコバルの資産のある通りや、彼の息のかかった街などを、説明つきで見せてくれ、有意義なドライブとなった。

亜米混血（アジア人と米州人の混血）の、このような闊達で魅力的なセニョリータが将来、芸術家か外交官にでもなって両大陸間を動き回ったら素晴らしいことだろう、と思った。

コロンビアは、太平洋と大西洋（カリブ海）の両洋に海岸線をもつ南米唯一の国だが、歴史的に欧州と北米との関係が太いため、太平洋岸は重視されてこなかった。だがいまは、アジア太平洋経済協力会議（APEC）への加盟を求めている。Xさんの娘のような存在は、環太平洋に関わる同国の将来とって希望であるに違いない。

第7章

大統領麻薬汚染——失われた四年間

❶〈鉛の武装〉

一九九四年の大統領選挙は、新憲法に基づき第一回投票での上位二人の得票者による決選投票に持ち込まれ、ガビリア後継のエルネスト・サンペル（「ペ」を短く強く発音）が保守党のアンドゥレス・パストゥラナを破って当選する。

サンペルは、自由党大統領候補だった九三年一一月、翌年の選挙を前に外務省の招待で来日した。私はその折、東京のホテルでインタビューした。

当時、この大統領選挙は国際社会からかなり注目されていた。ボゴタの東方一八〇キロのカサナレ州西部で九一―九三年に発見され開発されていたカサナレ油田（クシアナ、クピアグア両油田）が生みだす石油資金を使う最初の大統領を選出するからだった。

これは原油推定埋蔵量二〇億バレルの大油田で、九四年の生産開始時には日量一五万バレル、九八年には六〇―八〇万バレルが見込まれていた。生産は二〇年間可能だという。

サンペルは、私が油田開発について質問すると、カニョリモン油田とカサナレ油田を柱とする石油産業が、九五年から五年間、年平均三〇億ドルを稼ぐとみて、「麻薬資金を排除し、石油資金で経済を正常に運営、強化する」と強調した。実際、九六年に生産は日量五〇万バレル、石油収入は二八億ドルに達し、コーヒーを抜いて輸出品目の第一位にのし上がる。確かに、サンペルの話には夢があった。

サンペルは、分厚い資料を示しながら、選挙戦を九三年八月に開始し、コロンビア大統領選挙史上初めて〈倫理綱領〉を発表したと、誇らしげに言った。これは、選挙戦中に麻薬資金が入り込むのを防ぎ、政権に就いてからは政府当局者の腐敗を許さないという公約だった。

コロンビアが麻薬取引を一掃できない最大の理由は、政財官、司法、軍・警察に及ぶ麻薬資金汚染と巨大な貧困底辺層の存在だ。サンペルは、倫理綱領で麻薬資金の誘惑を排し、石油資金で経済健全化と貧困対策に乗りだすというのだ。ブラジル、ベネズエラ両隣国の大統領が腐敗を暴露され解任されて政権を追われたのを教訓としていることを、サンペルは示唆した。

エルネスト・サンペル元大統領

だが、油田がもたらす潤沢《じゅんたく》な資金が、麻薬資金同様に腐敗を招く恐れは十分にある。それは、ベネズエラの例をみるだけでも明らかだ。さらに、倫理綱領という〈紙切れ〉で麻薬マフィアを取締るのは、不可能に近い。サンペルは八九年にシカリオ（殺し屋）から銃弾一発を浴びせられ二カ月間死線をさまよった末、奇跡的に助かるという過酷な体験の持ち主ではある。

「私の体内には銃弾が四発残っている。体内まで鉛で武装しているから頑丈だ」

サンペルはこう言い、麻薬取締に本腰を入れると明言した。

だが、あろうことかサンペルは、〈倫理綱領〉を片方の手で掲げながら、もう一方の手でカリカルテルから巨額の秘密献金を受け取っていたのだ！　このインタビューをしたころ、サンペルとカリカルテルとの関係がどこまで進んでいたのかは定かでないが、私は秘密献金の事実を当時まったく知らなかった。大真面目でサンペルにインタビューした後味の悪さは、いまも消えない。

❷ 悪魔の取引

サンペルに敗れたパストゥラナは、サンペルが選挙戦のさなかにカリカルテルから六二〇〇万ドル（当時約六億七〇〇〇万円）の秘密献金を受け取っていたと暴露する。実際、カリカルテルは〈自分たちの大統領〉ができたと、歓喜の言動を隠さなかった。

カリカルテルには、ガビリア前政権に協力してエスコバルを葬ったとの自負があっただろう。その延長線上で、後継のサンペル政権ともうまくやろうと、秘密献金を持ちかけたとしても不思議ではない。過去の大統領選挙や国会議員選挙の際、麻薬資金が候補に贈られていたという情報は、数多くあった。サンペルは、そんな〈慣習〉を熟知するだけに、カリカルテルの申し出をさっさと受け入れたのかもしれない。

サンペルは、以前、大麻合法化について論文を書いたことがある。コカイン生産・取引合法化に理解を持つとみられていた。カリカルテルは、そんなサンペルの〈素質〉をうまく利用しようと接近したのではなかったか。

カルロス・カスターニョが暴露したように、極右準軍部隊《パラミリタレス》もカリカルテルと組んでエスコバル封じ込めに一役買っていたとすれば、サンペル政権時代にコロンビア統一自衛軍（AUC）ができ、殺戮を欲しいままにした事実も理解しやすくなる。


しかしサンペルは、甘すぎた。四年の大統領任期中、内外から「マフィアと〈悪魔の取引〉をした大統領」との恥ずべきレッテルを張られて、動きがとれなくなってしまったからだ。米国はサンペルの入国を禁止し、サンペル追い落としの外交攻勢をかけた。サンペルを、コロンビア元首として歓迎する国は、ほとんどなかった。生まれながらにして国際社会で孤立し、威信が地に落ちたままの〈麻薬大統領《ナルコプレシデンテ》〉の立場は弱い。政界では、次の大統領選挙への胎動が早くからはじまった。

次期自由党大統領候補の有力者は、大統領選挙でサンペルの選挙参謀を務めた内相オラシオ・セルパだった。だが、その座を狙う検事総長アルフォンソ・バルディビエソは、秘密献金問題で攻勢をかけ大統領側近を追い落とす作戦を立て、捜査を進めた。その結果、自由党をはじめとする国会議員の多くが麻薬資金で汚染されている事実を確認し、彼らを起訴して〈オチョミル裁判（第八〇〇〇号裁判）〉を開始する。

八〇年代から浸透していた〈汚い金〉の汚染だが、大統領、閣僚、多くの議員たちが一蓮托生《いちれんたくしょう》の関係にあることがこれほど明白になったことはない。米国が国際社会という外堀を埋めたのに対し、この裁判には、サンペルの内堀を埋める狙いがあった。

バルディビエソは世論の支持を得て一九九五年七月、サンペル選挙事務所の会計だったサンティアゴ・メディーナから秘密献金受領の証言を引き出し、やはり選挙参謀だった国防相フェルナンド・ボテロ（同名の父親は著名な彫刻家・画家）を八月、辞任に追い込んで逮捕する。窮地に陥ったサンペルは九月、下院懲罰委員会の聴聞を受け、潔白を主張する。だが一一月、〈汚染〉が証明されるのを恐れる多数派議員の支持で〈証拠不十分〉となり、委員会は調査を打ち切る。

❸ ゴメス暗殺

これに先立つ一九九五年一一月、保守党の重鎮アルバロ・ゴメス上院議員が暗殺された。大統領選挙に再三出馬しながら、父親（ラウレアノ・ゴメス元大統領）の強権支配の悪評がたたって、当選することはなかった。父親が一九三六年に創刊したエル・シグロという日刊紙の編集長を長年務め、晩年はサンペル追及の論陣を張っていた。

このため、サンペルの意向に沿うカリカルテルか、サンペル派の放ったシカリオ（殺し屋）に殺害された疑いが濃厚だった。ゴメスが死んで得する者は、他に見当たらなかった。

イングリッド・ベタンクールは、前掲書で「サンペル政権が倒れれば、ゴメスは大統領の座を狙うと言われていた。手を下したのはサンペルに違いない」と書く。

二〇〇三年八月、麻薬犯として米国に身柄を引渡された元上院議員サムエル・ロペシエラは、カンビオ誌に対し、「サンペルと親密な政界友人グループがゴメス暗殺を画策した」と暴露した。

暗殺されたアルバロ・ゴメス上院議員

私はゴメスに八〇年代末、ボゴタの自宅を訪ねてインタビューしたことがある。自宅は高級アパートの上階にあったが、建物の入口からエレベーター、そしてドアが開くまで、護衛が私を案内しながら監視していた。インタビュー中も、別の部屋で待機していた。これほど警戒していても、シカリオから逃れるのは難しい。

「私にとってジャーナリズムと政治のどちらが大切かというと、どうもジャーナリズムであるような気がしてならない。これが政権につけないでいる原因かな。どうしても状況を第三者的に観察してしまい、中に入っていくのが遅れてしまうのですよ」

状況を客観的、中立的に捉えがちで、状況を自己の利害と結びつけて考える政治家のやり方になじめなかった、という意味だ。傍観者であって当事者になりきれないジャーナリストの、ある意味で悲しい性《さが》を、ゴメスは上手に言い表した。

老境に入りつつあったゴメスは、自己を分析し、過去を回顧してから、政治的野心は捨てないと言った。ゴメスの大統領選挙の行く手には、独裁者の息子という宿命が常に立ちふさがっていた。しかし八〇年代最後の大統領バルコの後、ガビリアを境に世代が一気に若返り、ゴメスの世代はすでに過去に追いやられていたのだ。

八八年にM19に拉致され五三日間監禁されて無事生還したゴメスだったが、それから七年後に非業の死を遂げたのである。〈身近な死〉が、また一つ増えた。

❹ カリカルテルの〈自首〉

一九九六年一月、サンペル政権の国防相だったボテロは刑務所内でのテレビインタビューで、サンペルはカリカルテルから資金を受け取った事実を知っていた、と爆弾証言をする。サンペルは逆襲する。自ら議会での弾劾裁判で決着をつけると言いだしたのだ。検察は大統領を不正蓄財容疑で告発し、これを受けて下院懲罰委員会は再び調査を開始する。だが大統領の計算通り六月、またも〈証拠不十分〉を理由に弾劾裁判回避を下院に勧告する。下院は表決し、サンペルは〈無罪〉で圧勝した。

ブッシュの次の米大統領ビル・クリントンは九六年三月、コロンビアを〈米国の麻薬取締政策に非協力的な国〉(ミャンマー、アフガニスタン、イラン、シリア、ナイジェリアも〈非協力国〉)に加え、経済援助を打ち切り、世界銀行融資を規制した。これは、サンペル辞任を促す米政府の具体的な警告の信号だった。

サンペルは、麻薬犯の対米引渡を再開するが自首すれば引渡さないという、ガビリア前政権の政策を踏襲する対米懐柔策に出る。この年(九六年)、コロンビアと米国は、海上麻薬取締協定に調印する。

カリカルテルのロドリゲス兄弟は、サンペルとの〈出来レース〉で、まず三男ホルヘエリエセルが九五年三月〈逮捕〉され、次いで六月、長男ヒルベルト、八月次男ミゲルが〈自首〉する。ロドリゲス兄弟は、かつてエスコバルがしていたように豪奢な刑務所内の住処《すみか》から、麻薬取引を指揮した。兄弟に代わって娑婆《しゃば》の顔となった大幹部のファンカルロス・ラミレスも、クリントンが〈非協力国〉認定をした九六年三月、やはり〈自首〉する。

カルテルにとってはサンペルが頼りであり、サンペルの内外の印象を好転させるのが自首の目

メデジンカルテルに爆破されたカリ市内のカリカルテルの持ち家

的だった。当初の判決は、ヒルベルト禁固二一年、ミゲル一八年。だが〈模範囚〉として九七年初め、刑期はそれぞれ一〇年半と九年に半減された。もちろん、打ち合わせどおりの減刑だ。さらに、もっと短い刑期で出所できる可能性が出てきた。

九七年七月には、帳簿を米国の麻薬取締局(DEA)に渡して取引し、同国に逃れていたカリカルテル元金庫番のチリ人ギジェルモ・パジョマリがマイアミの法廷で、秘密献金の受け渡しの事実関係を詳細に証言する。もはや、サンペルの麻薬献金を疑う者は誰一人いなかった。

エスコバルの死後、メデジンカルテルの市場を奪って、国外コカイン密売市場の八割方を支配することになったカリカルテルだったが、最高幹部が自由に動けなくなったことで統制が乱れるようになり、市場占有率は徐々に落ちていく。

内外で四面楚歌となったサンペルは九七年、国際社会復帰を目指してアフリカ中東歴訪の旅に出るが、南アフリカのマンデラ政権は、ヨハネスブルク空港に外務省の中堅幹部を出迎えさせただけだった。首都プレトリアでのレセプションには、南ア政府首脳はおろか閣僚さえ出席しなかった。

サンペル政権の四年間（一九九四—九八）は、〈失われた四年間〉と呼ばれる。大統領自ら法治性のなさを世界に証明し、政府、国会とともに権威は地に落ち、治安を担う軍・警察の士気もなくなった。国政に大きな空白が生じ、FARCとELNの二大ゲリラ組織、そして極右準軍部隊《パラミリタレス》の全国組織コロンビア統一自衛軍（AUC）が戦闘能力を拡大させ、勢力を伸ばしていく。

メデジンカルテルの衰退につづいてカリカルテルが後退したことで、コロンビアの麻薬マフィア社会も〈群小麻薬組織《ニチェス》〉の割拠状態となる。それは、コカイン国際取引に関与するゲリラとAUCにとって、資金源を広げるための好機到来となった。

❺ 右の安全弁

極右準軍部隊《パラミリタレス》は、すさまじい殺戮戦術で、FARCの政治部門である愛国同盟（UP）の党員や支持者四〇〇〇人を葬った。このためUPは存続が困難となり、九四年三月の総選挙で法定得票数に達せず、これを機に公然活動を止めた。

UPを壊滅させた準軍部隊は〈右の安全弁〉の地位を確立し、保守党や軍部の極右勢力にとって〈頼もしい友軍〉となる。その勢いを駆ってコルドバ・ウラバー農民自警団（ACCU）の指導者カルロス・カスターニョは、一九九七年にAUCを結成する。AUCはいわば、FARCなど左翼勢力の台頭で危機感を募らせている寡頭支配体制の極右および保守勢力が、左翼ゲリラに対抗させるため育てた武闘組織である。

カスターニョは〈自分は解毒剤だ〉とうそぶき、AUC資金源の七〇%は麻薬資金、と公言している。だが地主階級から支援資金をもらい、陸軍から軍事訓練を受け、治安部隊と作戦を連携させていた。武器は、世界各地の武器密輸商から買いつけるが、ロシアマフィア相手のコカイン、ヘロインとの物々交換で入手することもある。

AUCは、政財界と治安部隊の極右・保守勢力の意向に沿って、FARC、ELNの両ゲリラ組織と政府との和平に反対した。FARCの市民社会参加の窓口だったUPを暴力で押しつぶしたのも、その表れだ。AUCがUPの次に壊滅させようと標的にしていたのは、FARCより勢力がかなり劣るELNである。

サンペルの次のパストゥラナ政権は、FARCに広大な〈デスペヘ（治安部隊撤退地域）〉を認め、和平交渉を維持しながら、ＥＬＮにも〈デスペへ〉を認めて交渉を進めようとしていたが、これを妨害し挫折させたのはＡＵＣだった。ＡＵＣは、ＥＬＮと勢力圏が重なりあう北部では絶対に〈デスペへ〉を認めないとの立場で、反ＥＬＮの農民運動を組織しつつ、ＥＬＮに猛攻を仕掛け、激しい殺戮作戦でＥＬＮの支持基盤を砕いてきた。

ＡＵＣは毎年、〈ゲリラ支援者〉の烙印を押して貧農ら一〇〇〇人を殺していたが、二〇〇一年には二五〇〇人を殺したとの推計がある。犠牲者にはゲリラや農民だけでなく、国会議員、地方政治家、人権派弁護士、ジャーナリスト、大学教授、学生組織幹部、労組幹部らが含まれている。〇二年だけでジャーナリスト一五人、労組活動家一八四人が殺されている。

ＡＵＣの殺戮は、肥沃《ひよく》な土地から貧農を追い出し、その土地を所有地にしたい大地主ら〈地方《ガモ》ボス《ナル》〉の欲望にかなっている。こうして生じた〈土地を追われた人々《デスプラサードス》〉は〇一年三四万人、〇二年四一万人で、八五年以来、全国で計二八〇万人に達するもようだ。その多くは、コロンビア人の四〇％を占めるアフリカ系の農民だ。アフリカ系は〇二年一一月、第一回「アフロコロンビア人全国会議」を開いたが、以来、指導部への脅迫がつづいているという。

ＡＵＣの政治的な狙いは、政府にＦＡＲＣやＥＬＮと並ぶ〈安全上の交渉相手〉として認めさせること。だが〇一年四月、ブッシュ現米政権がＡＵＣを〈米国の安全の脅威とならない第二集団に分類されるテロ組織〉と認定したことで、ＡＵＣの狙いは実現から遠のいたかにみえた。その後、9・11事件が起きると、ブッシュ政権は世界中で〈テロ組織〉の決めつけをし、コロンビアではFARC、ELN、AUCを挙げた。また欧州連合（EU）は〇二年五月、次期大統領アルバロ・ウリベの意向に従って、FARCを〈テロ組織〉と認める。

❻ FARCの攻勢

FARCとAUCは、サンペル政権が大きく広げた権力の空白に入り込もうと動きだした。メデジンカルテルの壊滅に次ぐカリカルテルの弱体化で、武闘勢力にとっては勢力拡大の一大好機が訪れた。FARCは武器を、ロシアマフィアを含む武器密輸業者やメキシコ麻薬カルテルや、ブラジルマフィアとの取引で確保している。

FARCは一九九六年八月末、プトゥマヨ州の陸軍ラスデリシアス兵営を襲撃し、兵士二七人を殺害し、六〇人を捕虜にする。狙われたのは兵役で集められた新兵ばかりで、母親たちが泣いて息子たちの解放を願い、大問題となった。FARCと軍隊は日常的に戦闘しているが、新兵の大量人質事件は異常な出来事であり、衝撃は大きかった。

FARCの狙いは、サンペルと、その権力基盤の陸軍の間に楔《くさび》を打ち込むことだった。解放条件として要求したのは、ジャノ中央部のカケター州内に一万九〇〇〇㎢の〈デスペヘ（治安部隊撤退地域）〉を設定することだった。つまり一定期間、域内の陸軍駐屯部隊と警察を撤収させることによる地域的停戦を条件としたのだ。その域内には、コカ栽培地とコカインの主要な密造拠点が数多くある。陸軍は、FARCが停戦期間にコカイン生産と搬出に集中するとにらんで、〈デスペヘ〉設定に反対した。

FARCの資金源は、九〇年代前半、麻薬三四%、脅迫・強盗二六%、誘拐二三%の順だったが、二大麻薬カルテルが支配権を失った九〇年代後半には麻薬六七%、脅迫・強盗一九%、誘拐一四%に変わっている。FARCは、かつてのように麻薬マフィアに協力して〈コカレロ（コカ栽培農民）〉を保護し用心棒代をもらうだけでなく、支配地域に独自のコカ栽培地、パスタ（練り粉）生産とコカイン精製工場をもち、主としてベネズエラおよびブラジル経由の搬路でコカインを輸出していた。陸軍が非軍事地域設定に反対したのも無理はない。

交渉を前進させるため、FARCと政府の間で仲介役として赤十字国際委員会、カーター事務所（元米大統領ジミー・カーターの平和活動組織）と近隣諸国が活動した。当時、赤十字は、ペルーで日本大使公邸占拠事件の和平解決仲裁活動を展開していたが、これと並行して、もう一つの戦線を抱え込むことになった。

交渉は難航する。FARCは条件を譲らず、軍部は譲歩に反対した。そこでサンペルは、制服組の最高実力者である三軍統合司令部議長を更迭する荒療治にでた。権力基盤を敵に回す、やらずもがなの強硬策だが、過去二度死んだ（暗殺未遂事件と弾劾の危機）サンペルに、この程度の人事は、もはやさしたる問題ではなかったのだろう。

結局、一万四〇〇〇km²（福島県の面積よりやや大きい）を三一日間、デスペへとすることで合意が成り、新兵は九カ月半ぶりに解放された。この短期間の非軍事地帯設定は、後継のパストゥラナ政権によって踏襲されることになる。

◆スポーツ界の汚れ

コロンビアのスポーツ界は、麻薬資金洗浄の手段として利用されるため、あるいは麻薬マフィアが名士として篤志家ぶりを発揮するため、汚れた金と無縁でない。人気を二分するフトゥボル（サッカー）と自転車しかり、競馬、闘牛、自動車、ボクシングしかりだ。

麻薬戦争が小康状態になっていた一九九〇年代初め、自転車の英雄ルーチョ・エレラ（ルーチョはルイスの愛称）にボゴタで会った。ルーチョは八〇年代後半、自転車競技の本場、欧州のイタリア、スペイン、フランス三国での山岳レースに優勝、名声は世界中に広がった。フランスのレースは「トゥール・ドゥ・フランス」であり、その最優秀山岳レーサー（ベストクライマー）に輝いた。アンデス高地を縦横に走るコロンビアの山岳レースでは敵なしで、その実力を買われて欧州から招かれ、好成績を収めていた。

「ボゴタの南の農村で、貧しい農民の家に生まれた。飢えと貧しさから脱出しようと少年時代に自転車をはじめた。一七歳で地元クンディナマルカ州の代表、一八歳でコロンビア代表になって、夢が実を結んだのです」

ボゴタをつつむクンディナマルカ州は標高二六〇〇メートルから三千数百メートルの山地や高原が連なる。農村の人々は起伏の激しい大地を自転車で駆けめぐる。こうした地形と自転車を交通手段に使う習慣が、コロンビアを世界第一級の自転車競技国にのし上げた。ルーチョも、アンディニズモ（アンデス山行き。アンデスでは「アルピニズム」の言葉は使われない）が生み育て、鍛え上げた選手である。

「山岳レースは、すべてのスポーツのなかで最も厳しく苦しい種目だと思う。とくに登りの山道や、時間との闘いがきつい。自分の体調と自転車の機能を常に最高の状態に保っていないと勝てません」

ルーチョは当時三〇歳になったばかり、選手生活に集中するため独身だった。物静かで、内面が深く広い青年だと感じた。ラテンアメリカ人というと、陽気な人ばかりと思ったり書いたりする誤解がある。実はルーチョのように、内向的で物静かでありながら闘志にあふれる人物が少なくない。優れた小説家、詩人、作曲家、画家、彫刻家、映画人らをラテンアメリカが数多く輩出しているのを想起すれば、明らかだろう。自分の心と思考を奥深くえぐり進む内向、内攻があって、才能は外に開くのだ。

そんなルーチョの生き方とは別の話だが、パブロ・エスコバルは八〇年代に、コロンビア選手団のトゥール・ドゥ・フランス派遣の費用の面倒をみていた。

サッカーW杯の名物男だったレネ・イギータは、アトゥレティコ・ナシオナル（メデジンを本拠地とする名門サッカーチーム）のアルケロ（ゴールキーパー）で鳴らした異色の選手だ。ルーチョに会った後、メデジンに、イギータを訪ねた。

敵のカウンターアタックで、がら空きの自陣にボールが迫る。ゴール正面にはイギータしかいない。と、その彼がペナルティーエリアを飛び出した。アタッカーとイギータが一対一でもつれる。危機一髪、ボールはイギータの脚が奪い、戻ってきた味方にパスされた。観客は熱狂、ウエーブがスタンドを走る。

「私が飛び出すと、味方もファンもはらはらする。相手チームはしてやったりと思うだろう。だが次の瞬間、ボールは私が支配している。よく批判されるように確かに危険だが、危険は冒

女性応援団の列に飛び入りしたレネ・イギータ（中央）

すべきだ。それが私のサッカーなのです」

アルケロ・リベロ（ゴールキーパーと遊軍を兼ねる選手）としての、独自の境地だ。センターラインを越えて前進し、ロングシュートを放つことさえある。飛び出しは、フィールド選手に負けない走力と足技があるからこそ可能な個人技だ。W杯本大会の大事な試合で、コロンビアチームはイギータの飛び出しで敗退したことがある。その試合の後、エル・エスペクタドール紙が、イギータのプレースタイルについて世論調査をしたところ、五九％が飛び出しに賛成、反対は三七％だった。六割のファンは、イギータのプレーにスリルを味わっていたのだった。

イギータもメデジン市内の貧しい地区に生まれた。父に捨てられ母に死なれ、極貧ながら祖母の愛情を受けて育つ。サッカーが人生を開き、ディエゴ・マラドーナ（アルゼンチンチーム元主将）が麻薬事件で陰ってから一時期、南米一の人気選手だった。

「いつか引退したら、メデジンでアルケロの学校を開きたい。だがいまは挑戦しなければ。世界一のアルケロは、W杯の勝利の積み重ねで決まる。私はまだ未熟です」

だが二〇〇二年一〇月、イギータはコカイン使用が判明し、所属していたデポルティーボ・ペレイラからの出場を一八試合禁止された。

アトゥレティコ・ナシオナルをはじめサッカーチームには麻薬資金が絡み、試合は麻薬マフィア絡みの賭博の場となる。一九八八年当時、上位八クラブチームのうち、六チームはメデジンカルテルに、他の二チームはカリカルテルの影響下にあるとされていた。両カルテルは、ニューヨーク、マイアミ、ロサンジェルスなど米国でのコカイン市場争奪の抗争を、国内のサッカー試合にまで持ち込んでいたようだ。巨額の賭け金を出資しているのは、各クラブのオーナーたちだが、彼らの背後にいるのが麻薬カルテルだ。

勝つためには、審判を買収するのが手っ取り早い。買収に応じなかった選手や審判が、シカリオ（殺し屋）に命を奪われることは珍しくない。買収を拒否した外国人審判が、死の脅迫を受けて出国を余儀なくされたこともある。へまをやった審判や選手は、命さえ狙われる。九四年のW杯米国大会で、自滅点（オウンゴール）を敵に与えたコロンビアの選手が帰国後殺害された事件は、記憶に新しい。

イギータも被害者で、メデジン市内の自宅の一部が、投げ込まれた爆発物で破損した。日本のJリーグには、コロンビアの選手がほとんどいない。コロンビアのサッカー選手代理業者の話では、コロンビアのサッカー界と麻薬資金の

■つながりを警戒するJリーグが、コロンビア人　選手を招きたがらないという事情があるらしい。

第8章

コロンビア計画——和平路線の敗北

❶ パストゥラナ政権

一九九八年の大統領選挙は、第三勢力候補のノエミ・サニン元外相（女性）が大健闘したため接戦となり、六月の決選投票に持ち込まれたが、保守党のアンドゥレス・パストゥラナが自由党候補オラシオ・セルパに逆転勝利する。

パストゥラナ（「ラ」を短く強く発音）は、ミサエル・パストゥラナ元大統領の息子で、テレビ番組の司会者として名を売ってから、大統領への早道とされるボゴタ市長になる。ボゴタ市長候補だった八八年一月、メデジンカルテルに拉致され一週間後に解放されるが、時期を同じくして、カルロス・オヨス検事総長がメデジン空港近くで暗殺された。パストゥラナは、拉致と解放という劇的な展開で人気が一層高まり、選挙で楽勝してボゴタ市長に収まった。あとは、大統領の座をいつ狙うかだった。

市長（任期二年）を務めた後の九一年来日した折、東京でインタビューした。

「麻薬戦争開始後の一九八九―九〇年にコロンビアは、対外債務の四分の一に当たる四〇億ドルを破壊活動で失った。これに多大な人的損出が加わる。政府は住宅、教育、厚生などに使う予算を麻薬対策に回さなければならない状況で、国際社会の支援が必要だ。麻薬問題は国際問題なのだから」

「米国は過去一〇年間に麻薬対策援助として年平均八五〇万ドルをコロンビアに与えてきたが、うち七割方は強圧手段（軍・警察）向けだ。強圧よりも農業開発や教育拡充など麻薬犯罪を防止する民生政策の方が長期的効果をもつ。この点で、コカの代替作物栽培を支援している日本の協力は有益だ。日本は、ラテンアメリカに一層注目してほしい」

「自由・保守両党は、時代の要求に即応し近代化する努力を怠り、それが原因でM19など複数の政党が生まれてきた。私の父（元大統領）は時代の要請である社会性を重視し、保守党を保守社会党に改造した」

物腰が柔らかく、〈育ちの良さ〉を感じさせた。父親を持ち上げたのはいいが、保守社会党への改造は有権者には〈単なる改名〉としか映らず、党勢は下降線をたどっている。私は、大統領になったらインタビューしたいと申し入れ、了承された。


だがパストゥラナは、九四年の大統領選挙でサンペルに敗れる。その直後、サンペルとカリカルテルとの結びつきを暴露し、身の安全のため国外に去り、三年あまりの亡命生活を経て帰国し、再び出馬したのだ。

決選投票での逆転勝利は、〈奇蹟〉だった。イングリッド・ベタンクールは、「パストゥラナの勝利は、私が政治腐敗に終止符を打つための改革案を持ち込んだからだ。だが案は握りつぶされ、私は裏切られた」（前掲書）と書く。さらに「二〇〇二年までコロンビアの運命をあずかるのは、こんな卑小な男なのか。有権者は、大統領選挙なんてペストとコレラのどちらがいいか選ぶようなものだと言う。そう考えるのも当然ではないか」（同）と、パストゥラナをこきおろしている。

後年、パストゥラナは大統領として来日する。だがインタビューの時間の都合がつかず、レセプションで挨拶しただけだった。

❷ ファルクランディア

一九九八年八月就任したパストゥラナ大統領は、FARC、ELNとの和平を最大の任務として掲げた。就任一カ月前の七月、FARCの最高指導者マヌエル・マルランダと初めて会談した。マルランダは、左肩に赤いタオルをかけて会談に臨む。これは〈首脳会談〉を意味する。この会談で、FARCが停戦と和平交渉開始の条件としていた南東部のメタ、カケター両州にまたがる広大な地域から治安部隊を撤退させることで合意する。

両州は、FARCが三〇年かけて築いた軍事・自治・経済（コカ産業、資金投資）を基盤とする〈勢力圏〉である。FARCが歴代政府から引き出した譲歩のうち最大のもので、FARCの勝利だった。

だから、このデスペへ（治安部隊撤退地域）は「ファルクランディア」（FARC領土）とも呼ばれ

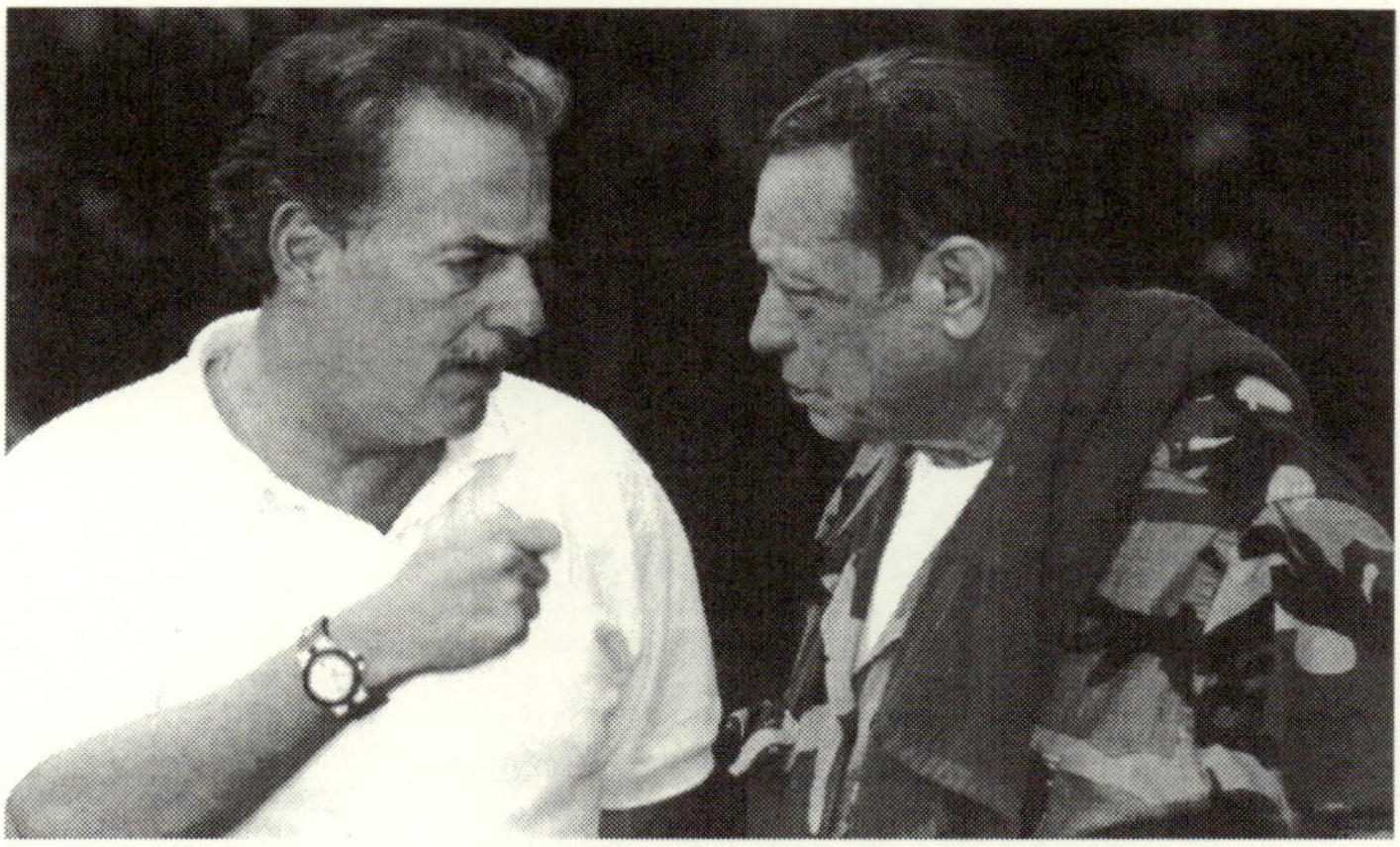

アンドゥレス・パストゥラナ大統領（左）と会談する
マヌエル・マランダFARC最高司令官（エル・ティエンポ紙提供）

た。九州七県の合計面積よりやや広い四万二一三九㎢で、九八年一一月に設定される。〈デスペヘ〉は、事実上のFARC自治地域で、政府が公認する〈国家のなかの国家〉である。FARCは、八〇年代前半のベタンクール政権時代に合法性を確保したことのある地域を含む、より広大な地域を拠点として、カケター州北東部の中心都市サンビセンテデルカグアン近郊のロスポソスで、パストゥラナ政権との和平交渉を九九年一月開始した。

政府にとってもFARCにとっても、〈デスペヘ〉設定は戦術だった。だが戦略が大きく異なっていた。国内最大の反体制勢力であるFARCを和平達成によって市民社会に組み込み、ELNも同様に社会復帰させ、一方でAUCを封じ込めて解散に追い込み、政府の実効支配を全土に拡大する、というのが政府戦略だった。

　ＦＡＲＣは、四〇年近く戦闘を維持しながら存続してきており、四年ごとに交代する政府と違って時間はいくらでもある。八〇年代に和平に応じ、政治参加のため政治部門・愛国同盟（ＵＰ）を結党したが、ＡＵＣの殺戮作戦で壊滅させられた苦い経験をもつ。政党となったＭ19が、二大政党制《システマ》という寡頭体制の長期独裁的印象を和らげるのに利用されただけで、所詮、二大政党制を支える脇役にすぎず、そんなＭ19の轍を踏むべきではないとの判断もあった。

　それでもＦＡＲＣは二〇〇〇年五月、事実上消滅したＵＰの後身政治組織「新しいコロンビアのためのボリバリアーノ運動」を組織する。「ボリバリアーノ（女性形は語尾がナ）」とは、建国の英雄シモン・ボリーバルの思想の流れを汲むという意味で、「ボリーバル主義の」と訳すことができる。ＦＡＲＣ上層部と交流がある隣国ベネズエラのウーゴ・チャベス大統領は〈ボリーバル主義革命《レボルシオン・ボリバリアーナ》〉を掲げているが、ＦＡＲＣの新政治組織の名称は、チャベスに触発されたものだ。

　ＦＡＲＣの戦略は、〈デスペへ〉という戦術を最大限に生かしながら時間を稼げるだけ稼ぎ、戦力、資金力を蓄え、二一世紀深く延命する能力を身につけることだった。ニカラグアとエルサルバドールの左翼ゲリラ勢力が、それぞれの政府軍に対し挑んだような全面的な通常戦争という七〇—八〇年代の戦略が不可能となった東西冷戦終結後の九〇年代に、国家のなかの国家としての〈延命〉こそが戦略そのものになった感がある。和平交渉に応じることで、〈交渉能力を持ち平和を希求する組織〉として国際的な評価を勝ち得るという戦略もある。

ＦＡＲＣと政府の戦略の根本的な隔たりから、和平交渉は最初から失敗が運命づけられていた。にもかかわらず政府が和平交渉に入るのは、ゲリラや麻薬の問題の根底にある国内の貧富格差是正、大土地所有制解体のための農地改革、全土の法治国家化など、植民地時代の遺制を清算する政策の実施が絶望的なほど困難だからだ。根本的な問題から生まれでたゲリラを交渉によって社会復帰させることは、遺制清算に比べれば容易で安上がりだ。

一方、遺制に依拠する寡頭支配勢力は、遺制清算を不可能としてきた〈実績〉から、遺制清算に基づかない和平交渉を冷笑する。だが和平交渉が万が一、長期的な支配構造の崩壊を招く〈堤防の小穴〉となるのを許すわけにはいかない。そこで、交渉を妨害しゲリラ勢力の弱体化を狙うＡＵＣが登場し、ＡＵＣと治安部隊が連携することになる。

❸ 枯れ葉剤散布

パストゥラナ政権は、クリントン政権がコロンビアを「麻薬取締協力国」に再認定したのを受けて、麻薬原料植物栽培地への米国による枯れ葉剤散布を認めた。コカ栽培地は、南部のプトゥマヨ州とその北に隣接するカケター州を中心に計一三万haに及ぶ。かつては五万haだったが、ペルー、ボリビア両国での栽培が取締によって激減したため、コロンビアでの栽培が急増したのだ。

米国は、麻薬原料生産地破壊の基本政策に基づき、コロンビアでコカやケシの栽培地に除草剤（枯れ葉剤）を散布している。

一九九八年にはコカ畑七万二〇〇〇ha、九九年には同四万二〇〇〇ha、ケシ畑八〇〇〇haで散布された。FARC支配地域や小規模栽培地は、散布対象から除外された。攻撃用ヘリコプター五、六機に守られて飛行機（OV10）で除草剤を空中散布するのは、米国務省と契約した米ダインコープ社派遣の米国人である。

除草剤の一つは、米モンサント社製のラウンドアップ（〈一斉除去〉）だ。グリホサートという成分が含まれており、人に吐き気、頭痛、目眩、肺膨張、肺炎、精神錯乱、組織への害などをもたらしうる。また家畜やバナナ、ユカ（芋）、トウモロコシなど普通の作物に悪影響を与え、河川や水源の汚染を招きかねない。強風で、除草剤があらぬ方向に運ばれることもしばしばだ。このため農民や先住民の間で反対の声が強い。農民らに突き上げられて、コカ栽培地をもつ諸州の知事が、政府に散布中止の申し入れをしたこともある。

ヴェトナム戦争で米軍が散布したエイジェント・オレンジ（ダイオキシンを含む強力な枯れ葉剤）は、慢性リンパ球性白血病や奇形の発生との因果関係が指摘されている。コロンビア人が、除草剤と病気発症との関連を懸念するのは当然のことだろう。

サンペル前政権はその末期に「米政府の要請に応じて、米ダウケミカル社子会社ダウアグロサイエンス社製のティブシウロンという非常に強力な除草剤を使用する許可を与えた。河川や湖水を汚染する可能性があり、同社はコロンビアでの使用に声明を出して反対していた」（ニューヨークタイムズ、一九九八年六月二一日付）という情報がある。事実だとすれば、コロンビアは、危険な除草剤の実験場に使われた可能性がある。

政府は、散布を中止する場合は、農民たちを除草労働者として大量に雇ってコカ畑やケシ畑をつぶす。ＦＡＲＣ支配地域外では、一家族当たり約一〇〇〇ドルの家畜や食料と引き換えに、手作業によるコカの除去と代替作物を植え付ける契約を結んで対処していた。だが、これでは焼け石に水だ。多くの農民は、コカとケシの畑が破壊されたら、奥地に進み新たに畑を切り開く。この〈いたちごっこ〉がつづく。除草剤作戦は、一時的に栽培地を減らすことはできても、長期的には失敗に終わるだろう。

最重要作物のコーヒーが生産過剰となれば、農民はコカに向かう。都会や農村の失業者がコカやケシの栽培に流れていくのは、三〇年来変わらない。除草剤は問題の表面をなでるだけで、根本的な解決にはとうてい結びつかない。それどころか環境や生態系を脅かす恐れがあって、行き詰まることになるだろう。

❹ 内戦終結への情熱

パストゥラナは、ＦＡＲＣとの和平交渉を開始した一九九九年の五月、「社会再生開発総合計画」を打ちだす。〈低強度内戦〉終結、麻薬産業撲滅、法治強化、地域開発を四本柱とする〈全土実効支配〉の確立を目指す政策で、「コロンビア計画」の通称で呼ばれる。

二〇〇一年からの五カ年計画で、総予算は七五億ドル、うちコロンビアが政府と民間で四〇億ドルを負担する。残る三五億ドルは、その後の交渉で国際金融機関一八億ドル弱、米国一三億ドル、ＥＵ三億三〇〇〇万ドル、日本七〇〇〇万ドル、ノルウェー二〇〇〇万ドルと決まった。計画は達成目標として、コカイン生産の半減を掲げている。

大統領の理想は、独立後二〇〇年となる二〇一〇―二〇年の期間に実効支配を全土に広げることだった。父親ミサエル（元大統領）には、「一九七〇年の不正な大統領選挙で政権に就いた結果、内戦が激化した」との芳しくない評価がある。この負い目をもつ息子が、内戦終結に情熱を注いだことは、十分にうなずける。

パストゥラナは大統領として九九年五月、〇一年二月の二度、ＦＡＲＣの〈大統領〉マルランダと会談する。政府の実効支配と法治が全土で確立していないコロンビアのような国では、最高指導者同士の取り決めを上意下達《じょういかたつ》で実行に移すしか有効な手はない。相次ぐ会談は、ＦＡＲＣと

ＡＵＣおよび治安部隊との戦闘で和平交渉がしばしば中断する状況を取り繕い、交渉を続開させるためだった。

この年八月、有名なテレビコメディアンにして行動的な和平信奉者だったハイメ・ガルソンが、オートバイに乗った二人組のシカリオ（殺し屋）に殺害された。和平に反対する勢力の仕業であることは、疑いない。

マルランダは大統領の了解の下で〇一年三月、米州、欧州、日本など〈友邦〉二〇カ国大使と国連およびＥＵの代表を〈デスペヘ（治安部隊撤退地域）〉内のロスポソスに招いて会談し、和平交渉へのオブザーバー参加を要請する。また、麻薬原料のコカやケシに代わる代替作物の栽培や、コロンビア対外債務の返済の五年間猶予を提案した。マルランダとパストゥラナのどちらが大統領なのかわからないような、この〈偉大な虚構〉こそ、まさに魔術的な現実だった。

〈友邦〉諸国の中からベネズエラ、キューバ、メキシコ、カナダ、欧州六カ国（スペイン、イタリア、フランス、スイス、ノルウェー、スウェーデン）の計一〇カ国が〈支援諸国〉として、政府とＦＡＲＣの間に仲介委員会を構成し、交渉を国際的に保障し、側面援助することになる。米国は、マルランダの招きに応じなかった。

❺ 米国の軍事援助

クリントン政権は一九九九年八月、コロンビアに対し、同年九月までにコロンビア計画の具体的政策を策定するよう要請する。これを受けて米政府は二〇〇〇年一月、一三億ドルの援助方針を発表する。

内訳は五億ドルが米軍軍事顧問団派遣による要員九五〇人ずつの特殊部隊二個大隊育成用、別の五億ドルが武装ヘリコプター六三機（ブラックホーク三〇、ヒューイ三三。後にそれぞれ一三、四二の計五五機に変更）購入およびレーダー網整備向け、残り三億ドルが人権擁護強化を含む司法制度改革（一億二二〇〇万ドル）、除草剤（枯れ葉剤）散布、麻薬原料代替作物栽培、国内避難民《デスプラサードス》対策向けだった。米国の軍需産業が少なくとも五億ドルを稼ぐことになる。

特殊部隊は、カケター州南西部でプトゥマヨ州との境にあってオルテグアサ川がカケター川に合流する要衝トゥレスエスキーナスの基地に駐屯する。この基地は、同地の東方八〇キロのカグアン川沿いの町エルビジャールで九八年三月に起きた、ＦＡＲＣの急襲による警官一〇〇人殺害・一〇〇人拉致事件を受けて建設され、九九年六月完成した。

陸海空三軍と武装警官隊が駐屯しているが、その中核は米軍が同年一二月に編成した特殊部隊一個大隊である。基地のレーダー施設は、通信衛星と偵察機からの情報を受信している。九九年末には、米軍顧問団が同基地を中心にコロンビアに二五〇人駐在していた。

米政府は毛嫌いしていたサンペル政権末期のコロンビアと、「合同連合交換訓練」（JCET）を結び、特殊部隊教官六五人を派遣して、コロンビア陸軍を訓練した。JCETは九一年の米議会の立法で制度化され、「人権犯罪を犯していない外国軍にのみ訓練を施すことができる」とする国務省政策に縛られず、「米国の国益に利するならば、外国の正規・不正規軍部隊を訓練できる」と規定する。

特殊部隊は、ゲリラや麻薬マフィアの交通路を遮断するため、航行可能な総延長一万六〇〇〇――一万八〇〇〇キロの河川を米国製高速艇一二〇隻と、コロンビア製補給船四〇隻で警戒する。

パストゥラナは二〇〇〇年四月訪米し、米政府の麻薬取締政策上の最高権限をもつホワイトハウス国家麻薬取締政策室（ONDCP）のバリー・マカフリー室長（現在はジョン・ウォルターズ）、国務長官マドゥレーン・オルブライト（当時）と会談し、コロンビア計画支援法の米議会通過への協力を要請する。議会は六月援助を承認する。

米国には、人権蹂躙の疑いのある外国治安部隊への援助撤回を定める〈レーヒー法〉がある。国務省は同法を重視しているわけだが、クリントンは、AUCとの連携をはじめ人権蹂躙で悪名高いコロンビア軍の実態に目をつぶって援助法に署名し、同年八月カルタヘーナを訪れて、コロンビア計画への一三億ドルの援助を表明した。

クリントンは米軍顧問団の人員を最高五〇〇人、民間派遣要員を最高三〇〇人と限定するが、「顧問団が敵対行為に遭遇した場合は九〇日の期限付きで顧問団の増員が可能」という付帯条項を設けた。米軍顧問団八三人がトゥレスエスキーナスに同月早くも到着し、新たな特殊部隊二個大隊編成と訓練を開始する。

これでコロンビアは、イスラエルとエジプトに次ぐ第三位の米国援助受益国となった。米国にとり、この大型援助は、ブッシュ（現大統領の父親）政権が九〇年に打ちだした「アンデス計画」に代わる重要政策だった。アンデス計画は、サンペル政権の麻薬汚染で継続不可能となり、機能しなくなっていた。

米国の軍事援助は、〈麻薬取締〉の名を借りたゲリラ掃討戦への軍事支援だった。米国は麻薬対策で、最大消費市場である米国内の取締より、麻薬生産国での生産現場の破壊を優先させてきた。その狙いの一つが、コロンビアのような強力なゲリラのいる生産国への、軍事支援を通じての軍事介入にあることが、明確になった。

一九九八年一二月一三日、コロンビア東部のアラウカ州サントドミンゴ集落に米国製のクラスター（集束もしくは破砕）爆弾が投下され、子ども五人を含む一七人が死亡、三〇人が負傷した。米政府は、この事件を受けてコロンビア空軍の同州担当部隊への軍事援助を打ち切る。同部隊は、送油管などオキシデンタル石油の施設監視を請け負っている米フロリダ州の「エアースキャン社」の職員が部隊機（ヘリコプター）に爆撃目標を指示し、同社と部隊の爆撃計画をオキシデンタル石油が支援していた」と反論した。〇三年四月、爆撃で肉親三人を失った村人に代わって人権団体が、オキシデンタル、エアースキャン両社を相手取り、ロサンジェルスで訴訟を起こした。

この事件は、空軍部隊がクラスター爆弾《ボンバ・ラシモ》を装備していたとみられること、米民間企業が諜報活動の一端を担っていたとされること、爆撃が誤爆だったことから、米軍事援助の危険性と複雑さを浮き彫りにした。

米国が麻薬取締から対ゲリラ戦支援に重点を置きはじめた契機は、九九年三月、アラウカ州とアラウカ川（オリノコ川支流）越しに接するベネズエラの領内で、コロンビア側で前月拉致された米国先住民系市民三人の遺体が発見された事件だった。三人とも後ろ手に縛られ、目隠しされ、射殺されていた。当局の携帯電話傍受により、FARCの地域戦線部隊が三人を殺し、ベネズエラ領内に遺体を放置したことがわかった。

米国人三人は、同州西方のノルテデサンタンデル州南部のコクイ雪山（標高五二二三メートル）の北側山麓カラカシ荒野を流れるコバリア川（アラウカ川支流）沿岸に居住する先住民ウワ人の教育支援活動をしていたが、FARCにCIAのスパイだと見なされて殺害された。

というのも、居住地内のサモレに大油田が眠っており、オキシデンタル石油と英蘭シェル石油が対等出資しコロンビア石油公社が少額出資している合弁会社が、八五年ごろから同油田開発の準備をしていたからだ。オキシデンタル石油には、当時の米副大統領アル・ゴアの一族が利権をもつ。

コロンビア国内の先住民八四民族は、九一年憲法で居住地と保護を保障されている。このため油田開発を強行できない会社側はウワ人社会の分断工作に乗りだし、九七年五月、〈住民代表〉と「環境保全を条件に油田開発を望む」という趣旨の合意文書を交わした。だがウワ人社会の長《おさ》は、これを認めず反対を表明する。ＦＡＲＣとＥＬＮは反対派を支援し、陸軍部隊と戦う。三人拉致殺害事件には、このような背景があった。

三人殺しの首謀者として逮捕されたＦＡＲＣのネルソン・バルガスは、ウリベ政権下の二〇〇三年五月、身柄を米当局に引渡された。ＦＡＲＣ要員の最初の引渡であり、ＦＡＲＣ指導部に衝撃を与えた。

❻ 国家安全・防衛法

二〇〇一年発足したブッシュ現米政権は、クリントン前政権のコロンビア計画支援政策を引継ぐ。だが、「アンデス麻薬取締計画（ＡＣＤＩ）」という名前をかぶせた。この政策が、父親ブッシュ元大統領の「アンデス計画」の流れを汲むことを示すためだ。〇二年には、ＡＣＤＩに沿って「アンデス諸国貿易促進・麻薬根絶法」を制定する。

パストゥラナ政権は〈感謝の印〉として、九九年に逮捕していた旧メデジンカルテル・オチョア一家の三男ファビオの身柄を〇一年九月、米国に引渡した。ファビオは、コカインを毎月三〇トン（末端価格一〇億ドル）米国に密輸していた容疑で、同国で起訴されていた。八七年のカルロス・レデル以来久々の大物の引渡しだった。ファビオは〇三年八月、禁固三〇年五カ月および監察期間五年の長期実刑判決を言い渡された。

パストゥラナ政権は、米国からの軍事援助が確立されたのを機に議会で成立していた「国家安全・防衛法」を〇一年八月施行した。一九六五年に発足間もなかったFARCとELNに対抗するため大幅に改定された「国家安全法」を一新する新法である。

軍は従来、民間人を逮捕した場合、速やかに検察に逮捕者の身柄を引渡すことになっていたが、新法では、判事に逮捕対象を進言し判事の許可を受ける形をとり、検察が立ち会うこともなく民間人を逮捕・尋問できるようになった。つまり警察が現行犯以外の場合に逮捕する権限を、軍も身につけたのだ。ゲリラとの戦いの場など、検事が同行できない場合は、軍は司法権限を授与され、民間人逮捕権や民間施設捜索権を認められる。

大統領は作戦地域を宣言でき、同地域では大統領令によって州知事・市町村長の権限より軍の意思を優先させる権限が最高司令部に与えられる。軍は戦死した戦闘員や民間人を検視できることになったが、これは人権蹂躙を覆い隠し民間人抹殺がやりやすくなることにつながる。

そこで軍人と警官は年九〇時間、人権と国際人権法の教育を受けることを義務づけられた。だが、付け焼き刃のような人権教育がどれだけ役立つのだろう。軍の権限乱用捜査は、検察の人権

コロンビア陸軍の新兵。ゲリラとの戦闘で数多く死ぬのは彼らだ

部門でなく、検察軍事部門が担当する。検事総長が軍人を起訴する場合、決定期間を従来の六〇日から三〇日に短縮する。文民人権調査官は、軍人絡みの案件調査の期間を、従来の一年から二カ月に短縮させられた。期間短縮は、軍に有利となる。調査不十分で起訴できなくなる場合が多くなるからだ。これらの措置は、人権教育をあざ笑うようなものだ。

軍事予算は、人員や装備の態勢が十分整うまで予算削減から免れることになった。

コロンビア軍は、ゲリラ活動がさほど活発でなかった一九七〇年には、陸軍五万人、海軍八〇〇〇人、空軍六〇〇〇人だった。M19が活動を激化させていた一九八〇年には、陸軍五万三〇〇〇人、海軍九〇〇〇人、空軍三八〇〇人で、空軍の規模が縮小されている。FARCとELNが主敵となった一九九〇年には、陸軍一一万五〇〇〇人、海軍一万四〇〇〇人、空軍七〇〇〇人と増えている。二〇〇〇年には、陸軍一三万人、海軍一万五〇〇〇人、空軍八〇〇〇人と、やはり増えている。ほかに国家警察九万五〇〇〇人がいる。

軍の抱える最大の問題は、兵力の七〇%が徴兵による新兵であることだ。将来は大多数を志願制に基づく職業軍人にする方針だが、四〇年近くゲリラと戦って一度も決定的な勝利を収めたことのない軍の威信は低く、下士官から将校まで人材が集まりにくい。二〇〇〇年の国防予算はGDPの三・五%だが、大きな部分は人件費で消えてしまい、装備や訓練の予算は乏しい。そこで米国に軍事援助を仰ぐことになる。AUCという不法武装組織との連携が〈必要悪〉として存在することにもつながる。

軍には、パナマ、ベネズエラ、ブラジル、ペルー、エクアドールの五カ国と共有する計六三二二キロの国境線を警戒する任務もある。だが出入国管理所と税関のある戦略地点を除いては、警備は手薄だ。各国との協力関係が不可欠なのだが、戦略地点以外の国境地帯での警備協力は予算や人員の都合でおぼつかない。

軍内では、米軍指導で編成された職業軍人四五〇〇人の機動旅団（緊急展開部隊）三個が、カリブ・太平洋沿岸を含む国境警備の主力だが、やはり米軍が編成する麻薬取締大隊三個も、国境紛争が起きれば出動することになる。米軍は〇三年九月までに、各種大隊計一五個を訓練した。

AUCの暗躍は、政府とゲリラの和平交渉を葬りたい大土地所有者や財界など保守勢力につながる軍部と警察の極右上層部の暗黙の意思表示だった。だがパストゥラナ政権は、米政府が〇一年四月、AUCを〈米国の安全の脅威とならない第二集団に分類されるテロ組織〉と認定したことから、AUC取締を強化せざるを得なくなり、AUC部隊の一部を逮捕し、AUCへの資金出資者を摘発した。

これを受けてAUCは六月、最高指導者カルロス・カスターニョを武闘部門の指揮から外し、政治部門の指揮だけを任せる。カスターニョが、「軍・警察の攻撃を受け追跡された場合は、武装解除して武器を引渡す」というAUC指導部多数派の考えに反対したからだった、というのが理由らしい。

準軍部隊は急激に膨張したが、そのため統合組織としてのAUCの結束力が緩み、内部対立要因を抱えることになった。カスターニョに代わって武闘部門の指揮を執ることになったのは、イタリア人移住者の二世サルバトーレ・マンクソである。

❼ IRA疑惑

二〇〇一年八月一一日（9・11事件の一カ月前）、アイルランド共和軍（IRA）要員の疑いをかけられたアイルランド人三人が、ボゴタのエル・ドラード空港で出国直前に逮捕された。三人は偽造旅券を持ち、ジャーナリストとして七月初め入国すると、FARCが和平交渉の拠点として自治支配していた〈デスペヘ（治安部隊撤退地域）〉の中心地サンビセンテデルカグアンに飛んだ。コロンビア警察は、この時点から三人を監視下に置き、ＦＡＲＣ武闘部門の責任者ホルヘ・ブリセーニョ（通称モノ・ホホイ）の電話を盗聴していた。

三人はＦＡＲＣの出迎えを受け、護衛されて密林に消えた。当局は、三人がＦＡＲＣに、爆弾製造・起爆技術や小型ロケット弾製造、都市でのテロ・破壊活動技術を指導したとにらんだ。このようなゲリラへの訓練が証明され有罪となれば、最高二〇年の禁固刑となる。逮捕時に三人は、「取材、ＦＡＲＣとの意見交換、旅行が目的だった」と反論した。

だが当局は、「三人の衣服から爆発物の成分が検出された。ガスと爆発物を混合させたナパーム弾に似た爆弾の成分」という情報を流した。「ＩＲＡ自身が都市部でのゲリラ戦に備えて、ＦＡＲＣ支配下の広大な〈デスペヘ〉で、手製の新型高性能爆弾の実験をしていた」という情報や、「ＥＴＡ《エタ》（スペイン・バスク州の武闘地下組織）の仲介で、ＦＡＲＣとＩＲＡが結びついた」という公安庁（ＤＡＳ）情報も流された。証拠を伴わない〈情報〉ばかりだ。

三人の容疑者のうちのマーティン・マコーリーは一九八二年、英国北アイルランド・ラーガン近郊の納屋に爆発物を隠匿していたところを警察に急襲され、重傷を負った。武器不法所持で起訴されたが、入院治療の身であったため、執行猶予処分となっていた。別の一人ジェームス・モーガンは、ＩＲＡ幹部とされている。

もう一人のナイル・コナリーは、キューバ外務省発表によると、ＩＲＡの政治部門シン・フェイン党の代表として九六年からハバナに駐在していた。コナリーは、〇一年九月からのジェリー・アダムズ党首のキューバを含むラテンアメリカ諸国歴訪の準備をしていた可能性がある。だが同党ダブリン支部は、キューバ外務省情報を否定する。

コロンビア司法省は、パストゥラナ政権の対FARC和平交渉に悪影響が及ぶのを避けるため、証拠不十分として三人を国外退去処分にしようとした。しかし米政府の圧力で、三人を最高二四〇日間拘禁し、ボゴタのラ・ピコラ刑務所で取り調べをつづけた。FARCの最高指導者マヌエル・マルランダは共産党機関紙ボスで、「シン・フェイン党員三人が来訪したが、武器（爆発物）訓練の事実はない」と、嫌疑を否定する。

それから間もなく、米国で9・11事件が起きる。国務省はFARC、ELNに加え、AUCをも〈米国の安全の脅威になりうるテロ組織〉と認定する。ブッシュ政権は、9・11を契機に〈国際対テロ戦争〉を開始するが、コロンビアでの標的は一にFARCである。

FARCとIRAが爆発物訓練の関係を維持していた疑いが出たことは、米政権とコロンビア政府の強硬派を勇気づけ、軍事援助拡大を正当化し、米軍を対ゲリラ戦参加の方向に傾斜させる口実として、最大限に利用されることになる。

三人が〇二年二月、偽造旅券所持罪で起訴されると、米下院外交委員会は四月、「九八年以降、IRA要員計一五人がコロンビアを訪れた可能性がある」と指摘し、「IRAはFARCに都市テロの実行訓練をしていた。これは米国と米州地域の安全の脅威になる」と結論づけた。また米下院西半球小委員会の委員長は、「IRAとナルコゲリラ（麻薬ゲリラ）との結託は新たな米国への脅威であり、米国のコロンビア軍事支援のための中心的理由になる」と言明する。

三人の裁判は、〇二年一二月ボゴタの法廷ではじまり、検察は〇三年七月、三被告に最高刑の禁固二〇年を求刑した。判決は、〇四年になる見通しだ。

❽ 和平枠組み崩壊

FARCは9・11事件について、これを糾弾したが、同時に米国を〈死と恐怖を拡散させている帝国主義国〉と非難する。これに対し米政府は、コロンビアの〈指定三テロ組織（FARC、ELN、AUC）〉のうち、とくにFARCが「武力、麻薬資金、資金洗浄《ラバード》をもって米国の安全を脅かす存在になるか否か」を検討しはじめた。国際社会のFARCを見る目も厳しくなり、EUはFARC要員への査証発給を禁止する。

二〇〇二年に入ると、和平交渉は暗礁に乗り上げた。非戦闘員に対する拉致・誘拐、脅迫、攻撃をやめるよう求めた政府要求を、FARCが拒否したからだ。政府は〈デスペヘ〉の上空に空軍偵察機を飛行させ、周辺に緊急展開部隊四五〇〇人と三軍部隊一万二〇〇〇人を展開させる。FARCが政府条件に応じず時間稼ぎをつづけるならば、一気に部隊を〈デスペヘ〉に突入させFARC

を制圧するとの強硬姿勢を示す。パストゥラナはいまや、米政府の無言の圧力をひしと感じていた。

ＦＡＲＣは政府の〈瀬戸際政策〉が本物だと理解し、〈友邦〉諸国の仲介もあって、政府が要求していた停戦、〈デスペへ〉周辺の警備強化（部隊展開）、拉致・誘拐中止の三項目の交渉議題のうち、既成事実となっていた警備強化を受け入れ、他の二項目で交渉することに同意する。その結果、一月二〇日、政府とＦＡＲＣは、「平和な将来のための合意の日程に関する協定」という一二項目の合意に達する。

〈デスペへ〉を四月一〇日まで延長、二月二日までに紛争縮小方式を定めた文書の草案を策定、同月六日が和平交渉への国際社会の参加受付期限、三月二〇日までに政府・ＦＡＲＣ双方の和平最終文書草案を策定、四月七日までに停戦協定調印——これが、合意の柱だった。拉致・誘拐および脅迫戦術破棄、ＡＵＣへの対処を交渉議題とし、国際的な和平検証機関設置でも合意した。

この日程どおりに事が運べば、停戦協定が成立し、ＦＡＲＣとの和平という政府の長年の懸案が解決に向かうことになる。だが、事態が停戦、さらにその先へと進むことを信じる者は少なかった。幾度となく停戦交渉が挫折した過去の経験や、9・11以降の米国の姿勢から、多くの人々は一二項目の合意を〈破れやすい紙切れ〉と受け止めていた。

合意一カ月後の二月二〇日、ＦＡＲＣは国内線旅客機を乗っ取り、乗客のなかにいた上院和平委員会委員長ホルヘ・ヘチェム議員を拉致した。これは和平交渉打ち切りの意思表示だった。パストゥラナは、FARCを初めて〈テロ組織〉と呼び、停戦交渉打ち切りを宣言し、軍に〈デスペへ〉突入を命じる。和平交渉は案の定、失敗したのだった。

政府とFARCは八〇年代半ばのベタンクール政権時代に二年半停戦を維持したことがある。今回の和平交渉の枠組みは、三年二カ月で崩壊した。FARCは、IRA問題が明るみに出、さらに9・11以後の状況を観察しつつ、交渉打ち切りを前提に、まさに一二項目の合意が成った一月二〇日ごろから、政治中枢部門と主力部隊を〈デスペへ〉から順次撤退させていた。乗っ取り事件は、〈デスペへ〉からの撤退が完了した合図だった。

政府は、旧〈デスペへ〉を含む南東部六州を戦域と指定し、軍に広範な指揮権を認めた。メキシコのフォックス政権は四月、米政府の意向に配慮して、メキシコ市内に一五年間維持されていたFARC代表部の閉鎖を命じた。

◆自動車装甲産業

コロンビアは世界でも有数の殺人事件多発国だ。身代金目当ての拉致・誘拐も世界一で、年間三〇〇〇―四〇〇〇件発生し、身代金総額は同二億ドルに達し、〈誘拐産業〉として定着している。狙われる立場にあると自覚する政治家、金満家らは、自衛策をとらねばならない。そこで、移動に不可欠な自動車を頑丈にする装甲工場が繁盛することになる。この国ならではの自動車加工産業だ。

ボゴタ中心街に、サナンドレシート（小サンアンドレス。語源はコロンビア領サンアンドレス諸島。同諸島は麻薬取引や密輸の前進基地）という密輸品販売専門の大きな市場がある。東京の秋葉原を平たく広げたような市場街だ。人々と製品の山とトラックで、どの通りもごった返している。製品の多くはカリブ海方面から運ばれてくるため、この市場では、カリブ海沿岸に多く住むアフリカ系コロンビア人が目立つ。

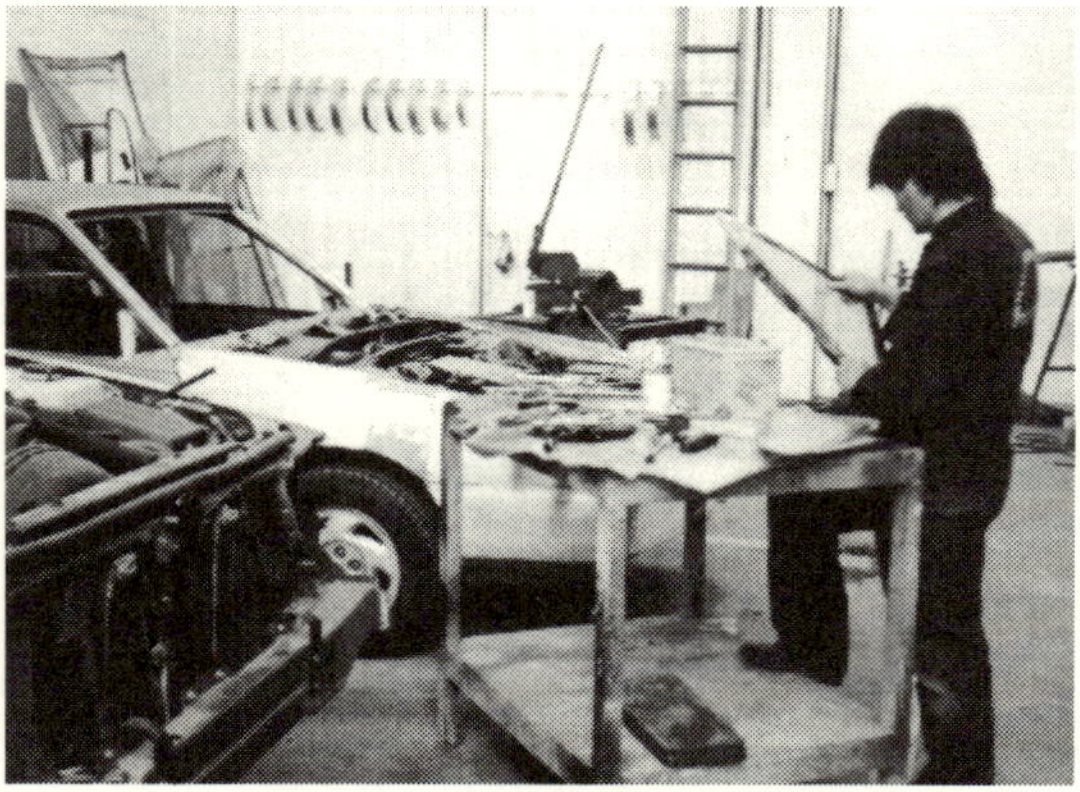

自動車装甲工場は解体工場のように見える

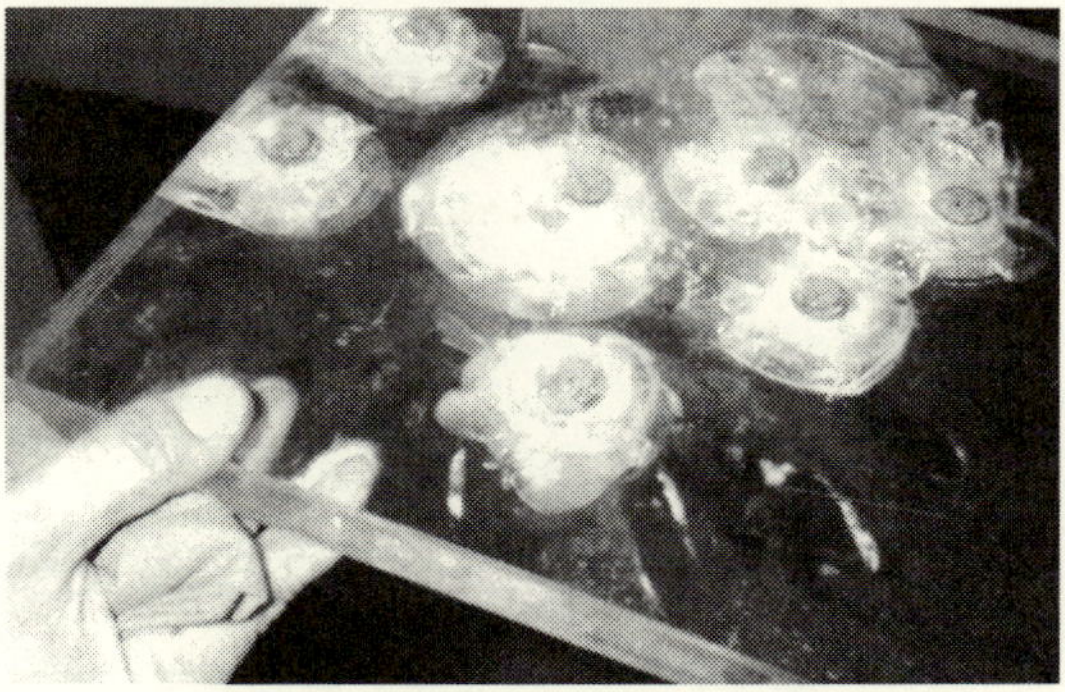

分厚い防弾ガラス。ひびが入っても割れない。
銃弾は食い込むが貫通はしない

市場街のはずれに、一風変わった倉庫のような建物がある。「国際安全システム」という会社の事務所と工場だ。工場では、銃撃や強い衝撃に耐える装甲を乗用車や大型四輪駆動車に施す作業が、二、三台まとめて行われていた。ガラスを厚くするため、扉や車体の骨組みを改造する作業だ。車体は流麗さを失うが、がっしりする。

会社は、三〇代の若い社長以下事務職五人、作業員二五人。社長は、氏名を明かさないことと顔写真を撮らないことを条件に、インタビューに応じてくれた。

「お得意さんは多国籍企業幹部、政治家、高級官僚、外交官、企業役員、商店経営者、軍・警察幹部とさまざまだが、装甲自動車（ベイークロス・ブリンダードス）に乗らなければならない理由のある立場の人ばかりだ。装甲工事は一台平均二万五〇〇〇ドルだが、それで命が買えるとすれば安い。業界は一九八五年以降ずっと隆盛で、ボゴタには私の車も含めて、装甲自動車が二五〇〇台も走っていますよ」

このような会社はボゴタに八社、カリに数社ある。首都の八社の年間合計装甲加工台数は三五〇台で、一社平均一五〇万ドルの売り上げだという。新車の装甲改造車類は米国、ベネズエラ、エクアドール、パナマに輸出される。

「工事は六段階に分かれている。拳銃から自動小銃、機関銃までの銃撃に耐えられるガラスと鉄板の厚さと強度に違いがあって、作業期間、値段も異なる。いちばん頑丈な〈特別段階（スペリオール）〉ではガラスの厚さが二四ミリで、特殊鋼板を使い、車体の重さは六〇〇キロ増す。三八口径銃の弾丸を防ぐ第二段階以上の装甲をする場合、国防省の武器弾薬爆発物取締局に届け出なければなりません」

装甲技術は米国、スペイン、イタリア、イスラエルから導入している。頑丈さに加え、水中でも水が入りにくい密閉性（エルメティシダー）が必要だという。燃料タンクは硬質の防弾布で覆う。タイヤは特殊ゴム製で、内部には銃弾を食い止める鉄板が入っている。弾が当たっても破裂しない。ボゴタは道路に穴が多く自動車泣かせだが、タイヤの中の鉄板は穴の角で衝撃を受けない仕組みになっている。車体の底は、鋼板で強化される。

社屋には、鋼板、ガラス、タイヤ、防弾チョッキの銃撃に対する強度を試す射撃場がある。ガラスは銃弾を受けた点を中心に蜘蛛の巣状にひびの輪が広がる。だが割れない。弾丸は命中点に食い込んだままで、穴は開かない。

「このドアの小さな穴は、応戦用の銃眼（ボタフエゴ）だ。銃撃されたら、車体は大丈夫だから、まず応戦して敵をひるませながら、窮地に陥っていることを携帯電話やサイレンで周囲や警察に知らせること。ボゴタでは、これができて一人前なのです」


麻薬マフィアの幹部、ＦＡＲＣやＡＵＣの指導部は、ダミー（代理人）を使って装甲自動車を買い込んでいる。コロンビア人は、麻薬業者（ナルコトラフィカンテ）が使う車がフォードならば、〈ナルコフォルド〉と呼ぶ。山地の多いコロンビアでは、カンペロ（小型軽トラック）が有用で、〈ナルコトヨタ〉や〈ナルコニッサン〉が走っている。シカリオ（殺し屋）は、〈ナルコオンダ〉（ホンダ）や〈ナルコヤマハ〉を好んで使う。日本製オートバイの性能の良さを、麻薬マフィアも認めているわけだ。

〈ナルコゲリージャ〉（麻薬取引に関与しているゲリラ組織）、〈ナルコパラス〉（麻薬取引に関与している準軍部隊）、〈ナルコテロリズモ〉（麻薬マフィア絡みのテロ）、〈ナルコポリティコ〉（麻薬資金で買収された政治家）などの言葉もある。新聞記者が麻薬資金で買収されれば、〈ナルコペリオディスタ〉と呼ばれることになる。

第9章

ウリベ現体制——虎の威を借る政権

❶〈民主的安全〉

コロンビアの伝統的な内戦対策を大きく変えることになる大統領選挙が、二〇〇二年五月二六日実施された。当選したのは、自由党系無所属で、「プリメロ・コロンビア（まずコロンビアから）」という党をつくって出馬した元アンティオキア州知事アルバロ・ウリベ（四九歳）で、得票率五三％の圧勝だった。本来の対立候補である保守党候補不在のなかで、自由党公認候補オラシオ・セルパ元内相（得票率三二％弱）を破っての当選であり、伝統的な〈システマ（二大政党体制）〉にも変調をきたした。三位は、コロンビア労連（ＣＵＴ）議長から出馬した〈民主左翼〉のルイス・ガルソン（同六・二％）だった。

９・11事件を逆手に取り、世界を〈対テロ戦争〉に持ち込んだブッシュ戦略の下で、和平政策が失敗したパストゥラナはいかにも弱腰と映っていた。対照的に対ゲリラ強硬政策を掲げ、ブッシュの亜流とも言うべき〈テロ制圧〉路線を打ち出したウリベ（「リ」を短く強く発音）を、有権者は〈頼もしい指導者〉として受け入れたのだ。ウリベに〈当代のリアリスト〉を見たのだろう。

ウリベは、アンティオキア大学法学部を卒業し、ハーバード大学で経営行政学を修めた。七〇年代半ばから八二年に出身地メデジンの市長になるまで、航空公団民間航空局長（一九八〇—八二）など経済・運輸部門の要職を歴任。その後、メデジン市会議員、国会上院議員（一九八六—九四）、アンティオキア州知事（一九九五—九七）を務め、九〇年代末にはオクスフォード大学に客員教授として招かれた。州知事時代に、準軍部隊《パラミリタレス》につながる〈コンビビール〉をつくった（第四章の❻参照）。思想的には、父親がゲリラに殺されたこともあって右翼・鷹派である。

大統領選挙前、ニューズウィーク誌（二〇〇二年三月二五日）は、ウリベとのインタビュー記事を掲げ、「八〇年代に麻薬密売が急増したころ、ウリベは民間航空局長で、飛行士免許、滑走路建設許可が多く出されたという情報がある。当時の副局長セサル・ビジェガスはカリカルテルとの関係で五年間服役したが、今月初め殺害された。こうした事実に関連する質問に対しウリベは、強い不快感を示し回答を拒否した」という趣旨のことを書いている。

同記事には、「ウリベの政治的子飼いの一人は、パブロ・エスコバル（メデジンカルテル最高幹部）の世話になっていた。ウリベは市長時代、エスコバルが低所得者向けにはじめた住宅建設を称賛した。ウリベの父親は、ファビオ・オチョア（旧メデジンカルテル・オチョア一家当主）と親交があった」というような記述もある。

副大統領には、ウリベと組んだエル・ティエンポ紙元編集局長フランシスコ・サントス（四〇歳）が収まった。パチョ（フランシスコの愛称。メキシコなどではパンチョ）は、〈コロンビア世論を形成して政界を動かす〉とされる同紙の社主サントス家の悲願を実現すべく、一族の期待を担っている。悲願とは、ナリーニョ宮殿（大統領政庁）の主に再び収まることだ。パチョの祖父エドゥアルド・サントスは大統領（一九三八―四二在）だった。〈政界のフィクサー〉とされる父親エルナンドが、とくにパチョの大統領就任を願っていた。

パチョは九〇年拉致され、ボゴタ市内のアパートに八カ月間監禁された。メデジンカルテルが、身柄引渡に反対する意思を表示し、政府に圧力をかけるため誘拐した。事件の模様は、G・ガルシアマルケスの『ある誘拐のニュース』に詳しい。パチョは、この体験から翌年、誘拐された人質と家族を支援する「ノ・マス（事件をこれ以上起こしてはならない、もうたくさんだ、の意味）」という組織をつくって活動をはじめる。組織は後に「パイス・リブレ（自由な国）」となり、多発する事件に対応している。

パチョはＦＡＲＣによる暗殺の標的となったことから、二〇〇〇年米国に出国し、その後スペインに滞在していた。名門出身でジャーナリストのパチョを副大統領の座に就けたウリベの思惑は、自身の鷹派色を和らげるとともに、エル・ティエンポ紙の世論形成能力を計算してのことだろう。サントスにとっては、副大統領の地位は次期大統領候補への近道だ。

ＦＡＲＣは次期大統領ウリベに対し、カケター、プトゥマヨ両州全域（計一一万㎢）を〈デスペへ（治安部隊撤退地域）〉にするのを条件に和平交渉開始を求めるが、ウリベは拒否する。そこでＦ

ARCは両州を実力で支配下に置こうと、首長たちを脅迫し六月末までに両州で五〇人の首長を辞任に追い込む。八月六日のパストゥラナ政権終焉《しゅうえん》の日まで全国一〇七一市町村首長のうち四六三首長を脅迫し、二二二首長が辞任、一四一人がボゴタなどに避難して執務した。

二〇〇二年八月七日、ウリベ政権が発足する。ウリベは、治安回復を果たす公約を強調する就任演説をした。

「解放者《リベルタドール》(シモン・ボリーバル)を安心させるためにも、暴力組織による事実上の諸共和国に分裂しているヌエバ・グラナーダ(コロンビア)を統一し、治安回復を図ろう。法治国家の民として、ビオレンシア(政治的暴力)の奴隷状態にある現状を変えなければならない。

コロンビアでは毎年、三万四〇〇〇件もの殺人事件があり、世界の年間誘拐事件の六〇%に当たる三〇〇〇―三六〇〇件の誘拐事件が起きている。人口四三〇〇万のうち二五〇〇万人が貧困状態にあり、失業率は一六%に及ぶほか、六五〇〇万人が半失業状態にある。正しい税制や経済・社会改革も不可欠だ。

軍を支援しよう。だが人権擁護の義務を守ろう。そうすることによってのみ、治安確保と人民和解は達成されよう。民主国家が人民の安全を平等に守り、その業績が進歩的なものであるとき、これに反対する暴力はテロリズムとなる。反政府暴力も政府支援の暴力も、テロとして認めない。

国家の合法的な武力は、社会防衛のための特別な任務のためだけに行使されるものであり、批判者を抹殺するために使われてはならない。

民主制度は理想実現の唯一の道であり、銃が政治に取って代わられ、〈民主的安全《セグリダー・デモクラティカ》〉こそが、武器なしの政治や殺害されない権利を実現するための手段である。自治体首長、議員、州知事ら人民の代表の安全を守ることは、民主制度の救済となる。

除草剤の空中散布と代替作物栽培育成を通じ麻薬原料を除去し森林環境を守るコロンビア計画を継続する。米国と歩調を合わせつつ欧亜《おうあ》両州に支援を仰ぎ、近隣諸国との意思統一を図ろう。麻薬を破壊しなければ、麻薬がわれわれの自由、環境、平和な生活を破壊する。

平和を望む。不誠実な対話、合意失敗、当局の横暴に起因する制圧は和解につながらず、短期的に暴力を停止させはしても、一層激しい暴力をいずれもたらすことになる。

祖国への愛は炎となり、その炎を通して主《しゅ》と聖母は、私を鍛えあげ私の虚栄を克服せしめ私の失敗を矯正するため、私を照らす」

❷ 騒擾《そうじょう》状態宣言

大統領就任式のさなか、FARC《ファルク》コマンドが国会議事堂から一キロ半離れたポンテベドゥラ地区の民家の庭から迫撃砲で発射したロケット弾数発が、議事堂の裏手にある大統領政庁前と、その彼方のアンデス東部山脈モンセラテ山（標高三一六〇メートル）麓のエル・カルトゥーチョ地区に着弾した。政庁の護衛四人が負傷し、同地区では二一人が死亡、五〇人が負傷した。この攻撃に先立ち、首都北部の陸軍士官学校にも着弾し、十数人が負傷する。ウリベ新政権は事件を、「FARCがIRAから都市型テロの技術を修得した結果起きた」と結論づけた。

ウリベ新大統領は翌八日、北部のセサル州都バジェドゥパルを訪れ、国内の幹線道路でゲリラの行動を監視し当局に通報する民間人一〇〇万人の通報者網をつくる計画を打ちだす。ゲリラは主要道路をしばしば封鎖し、車や物資を奪い、車を焼き、車中の人々を一度に多数拉致し、交通を麻痺させ、治安部隊の陸路接近を阻止する戦術をとる。これを防ぐにはスパイ網構築が不可欠という考えで、なぜか〈メテオロ（気象）計画〉と名付けられた。

通報者には、情報の価値によって最低賃金の四倍ないし一五倍の報償金が、毎週月曜日の報償金支払日に支払われる。通報者には二重スパイになる可能性があり、当局は雇う前に経歴を厳しく調べる。セサル州は早速、通報者一二〇〇人を雇用することを決め、九月半ばまでに一五〇人を雇い入れた。

大統領に同行した初の女性国防相マリアルシア・ラミレスは、治安部隊を支援するミリシア（民間武装要員）制度を発足させる計画を発表する。この後、大統領一行は南部のカケタ州都フロレンシアに飛んで、教育改革政策を打ち出した。就任二日目の同州入りは、FARCを強く意識した行動である。

ウリベは一二日、「国内騒擾《そうじょう》状態（エスタード・デ・コンモシオン・インテリオール）」を宣言する。非常事態の一種で、憲法停止はないが、大統領は政令で治安関係法を施行できる。九〇日間有効で、政令により二回延長可能。その後は、議会決議によって、九〇日間延長できる。ウリベにとり、政権発足に際しFARCの攻撃を受けるのは織り込みずみだった。〈騒擾状態〉は、反テロ世論を築く方便として宣言した意味合いが濃厚だ。

FARCは、シンパ色濃厚な左翼のインターネット通信「ヌエバ・コロンビア通信」（Anncol）で、「コロンビアは、騒擾状態宣言によって〈投獄された状態〉となった」と政府を非難する。FARCには、〈レシステンシア〉（抵抗）というホームページをはじめ、幾つかのメディアがある。

❸ 資産税

騒擾状態宣言には、一億五〇〇〇万ペソ（一米ドル＝二六〇〇ペソで計算し約五万七七〇〇ドル）以上の申告正味資産を持つ個人および法人に、資産の一・二％を課税する〈資産税〉を一〇月から一回限り徴収する権限を政府に授与する項目が含まれている。課税対象は、個人三〇万人、法人一二万社。

当初、予定徴収額は計二兆ペソ（約七億七〇〇〇万ドル）だったが、実際には八億七二〇〇万ドルに達し、うち二億七二〇〇万ドルが治安部隊強化に使われ、残りの六億ドルは二〇〇二―〇三年度国防省予算の不足分の補填に回される。

資産税徴収は、「コロンビア支配層・有産層は、自腹を切らず外国の資金で内戦状態に対応しようとしている」との長年の批判に応える措置である。〈低強度内戦〉であっても、その収拾で最大の受益者となる支配層・有産層が、ようやく目覚めはじめたわけだ。

ウリベは治安予算を、〇三年のGDP三・五％から〇六年には五・八％に増やす方針だ。〇三年度の歳出は六兆ペソ（約二三億ドル）だが、その九％は財源確保が困難で、政府は、一兆五〇〇〇億ペソ（約五億七五〇〇万ドル）の資金確保のため増税する。国庫赤字は〇二年に増える見込みだったため、政府は、国債発行を避けたい方針だった。資産税は、そんな財政事情からやむなくとられた政策だが、米国をはじめ外国から新たな援助を取り付けるために宣伝したい〈自助努力〉でもある。

資産税資金は、機動旅団二個（計三〇〇〇人）新設、正規警官一万人増強、および補助軍・警察要員、ミリシア（民間武装要員）計一〇万人の導入に用いられる。当面、治安部隊四万人を育成する計画で、そのうち二万五〇〇〇人は正規および補助の軍・警察要員、残り一万五〇〇〇人は農民を三カ月間訓練して育成するミリシアで、出身地および近郊で勤務する。ミリシアは、四八三自治体に配置されるが、うち治安部隊がいない一八〇自治体には優先配置された。ミリシアは非軍人だが戦闘要員であり、〇三年七月、最初の三人が殺された。

失業率が政府発表で一六％、推定で一七・五％と高いため、ミリシアのなり手は少なくない。だが、いったんミリシアとなって武器の操作法や組織的な行動を身につけた者が、AUCや、グアテマラ内戦時代の市民自衛巡視隊（PAC）のような殺人部隊になる可能性がある。これを人権団体は、強く懸念している。

ウリベは〇二年九月、政令二〇〇二号を発令し、アラウカ州北部にある米オキシデンタル石油経営のカニョリモン油田から、ボリーバル、スクレ両州を経てカリブ海岸の同州コベニャス港に至る全長八〇〇キロの送油管の破壊を防止し、ゲリラ勢力を弱体化させるため、アラウカおよび、ボリーバル、スクレ両州にまたがるモンテスデマリアの二地域を〈復興・統合地域〉に指定した。

この地域では、送油管防衛をはじめとする治安確保のため、治安部隊に令状なしの捜査・逮捕、通信傍受、戦闘地域宣言の権限が認められ、基本的人権は制限される。成功すれば、全国のゲリラ支配地域に〈復興・統合地域〉は拡大される。戦闘地域では市民の移動が制限され、外国人は退去させられる。だが、これらの強権の多くは一一月、憲法裁判所によって無効化されることになる。

政府の狙いは、治安を確保したうえで投資を集中させ、貧困解決の糸口をつかんで、ゲリラやAUCの影響力をなくそうというものだ。ELNやFARCは、政府のアラウカ州に対する石油利益還元資金のかなりの部分を、左翼の公務員や地元労組を通じて吸収している。この収入源をつぶすのも、政府の狙いに含まれている。

だが、軍の主力部隊を一定地域に長期間駐屯させつづけるわけにはいかず、長期的な地域開発計画もなく、短期的な〈復興・統合地域〉を成功させるのは容易ではない。

送油管は〇一年に一七九回破壊され、〇二年は四一回で、〇三年は八月までに二〇回爆破された。米国は、九八〇〇万ドルの援助で送油管防衛に当たろうとしており、〇三年一月までに米軍顧問団七〇人をアラウカ州サラベナの軍事基地に派遣し、治安部隊を大隊単位で訓練している。

ウリベは同月、国内一六万人の民間警備員を、当局への情報提供者とする政令を発動し、併せて携帯電話会社に対し、ゲリラが活動する僻地でも情報伝達を可能にするため、電波中継施設の拡張を要請した。

❹ 米国がゲリラ戦支援

ブッシュ政権は、ウリベ政権発足に先立つ二〇〇二年八月二日、コロンビアへの軍事援助を拡大する法に署名した。これにより米国の援助は、従来の麻薬取締政策だけでなく、ゲリラ掃討戦にも〈正式に〉使えるようになった。軍事援助を麻薬取締からゲリラ掃討作戦支援へと移行させたい米国の本音が出た、ということだ。

これに先立ち、米州機構は六月バルバドスの首都ブリッジタウンで外相会議を開き、米国の主導で〈反テロ協定〉に調印する。前米大統領ビル・クリントンは同月カルタヘーナを訪れ、「米国のコロンビア援助はゲリラ制圧にも使用されるべきだ」と述べた。こうした流れの延長線上で、ブッシュはコロンビアへの対ゲリラ戦支援を決めたのだ。

ウリベ政権は〇二年九月、ELNと、和平交渉再開のための予備交渉に入った。これはFARCとELNの分断策であるが、ELNとAUCを内戦の当事者から外し、FARCを唯一の正面の敵とする、ウリベの戦略に沿っている。

同月、ウリベは米国を公式訪問し、AUCの政治部門指導者カルロス・カスターニョ、武闘部門指導者サルバトーレ・マンクソの両最高幹部ら三人の逮捕と身柄引渡を約束する。米政府は、コロンビアでの人権蹂躙《じゅうりん》問題に厳しい議会内人権派の批判に配慮して、軍事援助拡大を望むならAUC取締で具体的行動を示せと、ウリベに要求していた。米司法省は同三人を、九七年以降欧米に計一七トンのコカインを密輸した容疑で起訴し、コロンビアに逮捕と身柄引渡を正式に求めた。

ウリベ政権は同月、ジュネーブでの対人地雷全面禁止条約・第四回締約国会議で、フィリピンと共同で、FARCやMILF（フィリピンのモロ・イスラム解放戦線）など反政府武闘組織（非国家当事者）による対人地雷も規制するよう提案する。むろん米政府の意向に沿った提案である。

当局は一一月、AUC幹部ら四人を逮捕する。これにより、現金およびコカイン計二五〇〇万ドル相当で、旧東欧製のAK47突撃銃九〇〇〇丁、拳銃三〇〇丁、弾薬五三〇〇万発、SA7地対空ミサイル二基、SVD狙撃銃二丁を、デンマーク系米国人の業者から買い取ろうとしていた秘密取引が発覚した。

ウリベのAUC幹部逮捕の方針決定で、ブッシュは一〇月からの新会計年度にコロンビアに四億五〇〇〇万ドルの軍事援助を供与することを決める。そのなかには、送油管をゲリラの爆破戦術から守るため専門の一個旅団を育成する資金九八〇〇万ドルや、警察への誘拐対策技術訓練費三五〇〇万ドルが含まれていた。

❺ イラク侵攻支持

コロンビアは、ウリベ就任の二日前に国際刑事裁判所（ICC）条約を批准した。米政府は特使を派遣して、コロンビア政府が同国内で活動する米軍顧問用、外交官ら計一五〇〇人の米国人公務遂行者をICCに告訴しないようにするための二国間合意を要求し、その合意が軍事援助継続の条件であると伝えた。

コロンビアは、一九六二年調印の二国間協定で「米国政府のために働く米国人は、コロンビア司法の下に置かれない」ことが保障されており、新たな協定は不要として拒否する。だが軍事援助を切り裂けるため〇三年九月、米国の要求どおり合意書に調印した。

一方でウリベ政権は、国連安保理非常任理事国だった〇二年一一月、〈イラク査察に関する安保理一四四一号決議〉でも、イラク攻撃を唱える米国に、断固支持をいち早く表明した。米州でコロンビアのほかにイラク侵攻を支持したのは、ホンジュラス、エルサルバドール、ニカラグア、コスタリカ、パナマ、ドミニカ共和国の六カ国だけだった。

米国は、コロンビアへの論功行賞として〇三年五月、一億五〇〇〇万ドルの追加支援を決めた。うち五〇〇〇万ドルは、報復削除の穴埋め分となる。米軍がイラクに持ち込んだ兵器・装備類の一部をコロンビアに回す案さえも出ている。さらに〇三―〇四年度には、軍事援助を含む五億七五〇〇万ドルを供与する構えだ。

米軍のイラク侵攻に対し、ボゴタで大学生を中心とする反戦・反米デモが起きた。米大使館に、手製の手榴弾が投げつけられた。そのころ、イラクでは在米コロンビア人兵士ディエゴ・リンコンが戦死し、米移民当局はリンコンの市民権を死後認定した。リンコンは、内戦の祖国を去り、米国人になることに憧れ、それを実現させる早道として戦地に赴いた。リンコンとウリベには、米国頼みという共通点がある。

ウリベはEU諸国にも軍事支援を求めているが、スペインのアスナル政権は〇三年二月、中古のミラージュ戦闘機八機をコロンビア空軍に与えると申し出た。空軍は、膨大な維持費がかかることと、超音速機が対ゲリラ戦に不向きなことから、申し出を断る。

トニー・ブレア英首相は、ブッシュの盟友らしく、コロンビアへの軍事協力を積極的に進めてきた。〇三年七月九日付のガーディアン紙によると、SAS（空軍特殊部隊）が密林や平原に展開する麻薬取締警察を訓練し、陸軍が山岳部隊を訓練している。諜報装置や暗号解読装置を与え、諜報訓練も施してきたという。

イラク侵攻を決定した〈米英西枢軸〉が、コロンビアの対ゲリラ戦への支援に熱心なのは、コロンビア情勢が9・11以降の〈対テロ世界戦略〉の中に位置づけられていることを物語る。

❻ 麻薬根絶作戦

ウリベは、就任演説で述べたように、コカやケシの栽培地を枯れ葉剤の空中散布によって破壊する政策に熱心で、二〇〇二年一一月までに四万六〇〇〇haの散布をすませた。パストゥラナ前政権は、三ha以上の〈商業的栽培地〉を中心に散布したが、ウリベは、米国からの供与が完了した計二一機の散布機を使って栽培面積の大小にかかわらず散布している。国連麻薬取締計画によると、〇二年末、コカ栽培地は、前政権時代より少ない一〇万二〇〇〇haになった。

ウリベは〇三年六月、コカとケシの栽培地を〇六年までに根絶すると宣言する。栽培地をなくすことは、麻薬関係収入が年間八億ドルと推定されるＦＡＲＣをはじめ、ＥＬＮ、ＡＵＣ、麻薬マフィアの最重要財源を断ち切ることを意味する。政官界の腐敗を招く資金も激減することになる。

同月、クンディナマルカ州の法廷は、枯れ葉剤が人体および環境に及ぼす影響がないことが科学的に証明されるまで散布を中止するよう、政府に命じた。こうした命令は、政府が行政関係の最高法廷である「国家評議会」に上告することで無効となってしまうが、警鐘にはなる。

米国の民間団体「コロンビア連帯」は、異形の赤子誕生などに枯れ葉剤散布が関係していると告発してきた。散布の被害者は、土地を離れることのできない貧農と自然環境だろう。麻薬原料植物の栽培にも麻薬取引にも関与しない弱小農家にとって、散布は国家の横暴以外の何ものでもないだろう。麻薬原料植物の作付面積減少を礼賛する前に、環境破壊と人体、動植物への影響を注意深く調査しなければならない。熱に浮かされたような〈根絶宣言〉は、耳にむなしく響くばかりだ。

コロンビアと米国は四月、麻薬監視飛行再開協定を結び、飛行は八月再開する。監視飛行は、ペルー・アマゾニア（アマゾン川流域）上空での民間機誤射事件（第10章の❶参照）以来、打ち切られていた。米税関のＰ２レーダー機、米海軍のＰ３哨戒機、米軍の高性能レーダーなどが情報をとらえ、これをキーウエストの米軍情報センターに送り、そこからコロンビア軍に伝えられる。コロンビア政府は、麻薬輸送機や不審機に着陸を強制し、応じない場合だけ撃墜命令を出す。諜報と撃墜を役目とする空の取締は、ＦＡＲＣにとっても脅威だ。

ウリベは、麻薬密輸容疑者の米国への引渡に熱心で、〇三年八月までに八〇人を超えている。そのなかには、元上院議員サムエル・ロペシエラが含まれている。米政府は六月、一九九九年制定の外国麻薬取引首謀者指定法に基づき、米国の銀行がコロンビアのゲリラ組織やＡＵＣと取引するのを禁止した。このように両国は相呼応して麻薬生産・密輸分野の取締強化で突っ走っている。だが、米政府が自国内の麻薬消費市場の一斉取締を実施したというようなニュースは伝えられていない。

コロンビアの法廷は〇二年一一月、九五年から禁固一五年の刑に服役していたカリカルテルの最高幹部ヒルベルト・ロドリゲスを〈模範囚〉としてボジャカ州都トゥンハの刑務所から仮釈放した。実弟で一四年の刑で服役していた実弟ミゲルは、判事買収罪による禁固四年の刑が追加され、仮釈放は直前に見送られた。ヒルベルトの仮釈放をくいとめられなかったウリベは、面子を失った。〈司法と行政の分立〉と言えば聞こえはいいが、判事が脅迫と買収によって仮釈放に追い込まれたというのが実態だろう。ウリベ・ブッシュ連携路線をあざ笑う、このような〈司法の魔術〉は、一種の〈カタルシス〉効果をコロンビア庶民にもたらす。

サンペル政権下で、麻薬業者の資産接収を主目的とする資産没収法が成立したが、ウリベは九月、接収にかかる期間を従来の二年から四カ月に短縮する政令を出した。政令には、接収対象となる資産の存在を当局に通報した者に接収資産額の五％を報償金として支払うことや、接収の是非を決める判事が買収や脅迫を受けて資産を麻薬業者に返還するのを防ぐ狙いもある。広大な農地が接収されれば、バルコ政権が八〇年代末に意図したように、政府は、これを農地改革用地として利用する。だが大土地所有制度は、微動だにしない。

❼ 反テロ同盟国

二〇〇二年一一月にチリのサンティアゴで第五回米州国防相会議（キューバを除く三四カ国参加）が開かれた。チリ大統領リカルド・ラゴスは開会演説で、「コロンビアの問題はラテンアメリカ地域全体の問題であり、地域として協力できる態勢を探りたい」と述べた。これを受けてコロンビアのラミレス国防相は、「何よりも軍事諜報協力が欲しい。テロリズムはコロンビアと米国が共有するテーマであり、米州全体の基本的問題だ。米国は麻薬取締のための海上作戦強化を提案しているが、これに賛成する。ウリベ大統領は、冷戦時代に生まれた地域安保条約である米州相互援助条約（ＴＩＡＲ）を改定し、麻薬とテロリズムの取締を条項に加えるべきだと提唱している」と訴えた。

米国にとって米州随一の〈反テロ同盟国〉となった、ブッシュ亜流のウリベ政権らしい表明だった。ラミレスは、会議の開会式だけに出席したドナルド・ラムズフェルド米国防長官と特別に会談し、「コロンビア情勢は米州の安全に影響する。コロンビア国家の存在が領土全域で強化される必要がある」との見解で一致した。会議は〈テロリズム〉と麻薬の取締で大方一致し、TIAR改定で合意する。地味な事実だが、ラテンアメリカの将来に重大な影響を及ぼす取り決めであり、注意深く見守る必要がある。

一二月にはコリン・パウエル国務長官が、9・11事件発生で中止となったコロンビア訪問を実現させ、二国間関係を中心に協議した。コロンビアが同月、米英両国が準備中だったイラク攻撃の前段階としての国連によるイラク査察について審議する安保理の議長国だったことと、長官訪問とが密接に絡んでいたのは疑いない。

ウリベは〇三年一月、ルシオ・グティエレス・エクアドール大統領の就任式出席のため訪れたキトで、ゲリラや麻薬組織と対決するため〈米州多国籍軍〉の創設を提案した。ラテンアメリカ最重要の機構であるリオグループ首脳会議は、同年五月クスコでの会議でコフィ・アナン国連事務総長に対し、武闘をやめ和平交渉に応じるようFARCに働きかけることを要請する。だが多国籍軍構想や、ウリベの武力決着路線には冷淡だった。

❽ ＦＡＲＣの危機

ＦＡＲＣは二〇〇二年一一月、シパキラー大聖堂の主《ぬし》でラテンアメリカ司教会議議長のホルヘ・エンリケ・ヒメネス司教を拉致し、内外のカトリック教会に衝撃を与えた。この大聖堂は、首都北方五〇キロのシパキラーの岩塩の丘をくり抜いて造られたもので、観光名所になっている。司教は数日後、軍の特殊部隊によって解放されたが、米軍から諜報技術の訓練を受けて、諜報能力が向上したことを示した。

米国は同月、ＦＡＲＣ幹部数人を身柄のないまま、米国人拉致やコカイン対米密輸の実行者として起訴し、コロンビアに対し、同国内で彼らが逮捕された場合、身柄を米国に引渡すよう求めた。米国は一九八〇年代から、他国に麻薬犯の身柄引渡を要求する政策をとってきたが、〈反テロ戦〉の余勢を駆って、ＦＡＲＣに対しても同じ戦術をとりはじめたわけだ。

これを受けてコロンビアも一二月、マルランダらＦＡＲＣの最高幹部を身柄不在のまま麻薬密輸罪で起訴する。この措置は、ブッシュ政権と連携するウリベ政権が、ＦＡＲＣを〈社会変革を目指すゲリラ組織〉として対応する伝統的なコロンビア政権の政策をやめ、〈ナルコテロリズム（麻薬取引絡みのテロ）〉組織と公式に決めつけたことを意味する。

ウリベは一方で、FARCとの交渉は国連仲介がある場合のみ再開するという立場をとっている。国連が間に入れば、交渉は〈国際性〉を帯びて有効性が強化され、必ず決まる「武装解除・社会復帰」という手順にFARCは従わなければならなくなる、という計算がある。〈反テロ気運〉のグローバル化が進むなかで、米国が主導権を握る国連の仲介で交渉の席につくことがFARCに不利なのは明白だろう。

国連仲介の交渉を受け入れれば、FARC解体につながりかねず、交渉を拒否しつづければ、攻勢をかけられて逮捕され米国に連行されることにもなりかねない。マルランダらは、いつになく重大な危機に直面することになった。政府は、FARC要員に〈離脱・社会復帰〉を呼びかけており、〇三年八月までに一〇〇〇人が離脱している。

〇三年二月、ボゴタ北部の有産層向けの会員制社交・スポーツクラブ「エル・ノガル」で爆発物一五〇キロを積んだ車が爆発し、三五人が死亡、一六二人が負傷した。事件は、有産階級に恐怖をうえつけた。事件の捜査には、FBIが参加した。ウリベは、FARCの仕業と断定し、南米の周辺五カ国にFARCを〈テロ組織〉に指定するよう要請する。だが発言力の強いブラジルとベネズエラが同意せず、要請は空振りに終わる。

カストロに傾倒するチャベスのベネズエラと、ブッシュの盟友ウリベのコロンビアは、水と油の関係にある。中道寄りながら左翼のルーラ・ブラジル政権には、米国との間にベネズエラとキユーバがあるのが、地政学的に心強い。このような政治力学が、米州の中央部で動いている。

八月、米軍統合参謀本部議長リチャード・マイヤーズと、国防長官D・ラムズフェルドが相次いでコロンビアを訪問し、両国間の軍事蜜月を礼賛した。議長は、FARCと関係を維持しているベネズエラのチャベス政権を〈中東におけるシリア〉になぞらえ、長官は〈ナルコテロリズム〉の存在を強調し、取締強化の必要を訴えた。

ウリベは、ニカノル・ドゥアルテ・パラグアイ大統領就任式（同月一五日アスンシオン）でチャベスと会ったばかりだったが、「和平交渉にいつでも応じる用意があると、FARCに伝えてほしいと、チャベスに言った」と明かした。これは、チャベスを侮辱する発言だ。ウリベと米国軍事畑の両高官の発言は、コロンビアと米国が相携えてチャベス政権とFARCに揺さぶりをかけはじめた、と解釈することができるだろう。

この年二月半ば、カケター州山中の上空で諜報活動をしていた米当局の軽飛行機が墜落し、乗員のコロンビア陸軍軍曹一人と米国人四人のうち、同軍曹と米国人一人が駆けつけたFARCに射殺され、他の三人が拉致された。FARCが〈公務中〉の米国人を人質にしたのは初めてだ。この事件は、ブッシュ政権のFARC憎しの感情を募らせ、嫌米姿勢の明確なチャベス政権を横から牽制する〈好材料〉となったわけだ。

検察発表によると、拉致された三人は、米軍に監視システムを供給している米ノースロップ・グラマン社傘下のカリフォルニア・マイクロ波システム社に所属する。同社は年間八〇〇万ドルで諜報飛行を請け負っていたが、事件後、米メリーランド州にあるチャオ社に飛行契約を譲渡する。

米国人三人の捜索には、兵士二五〇〇人と米兵四〇〇人が参加している。この捜索活動自体が、対ゲリラ戦の実践となる。米政府は、三人の救出につながる情報の提供者に報償金三〇万ドルと米国滞在査証《ビザ》を与えると約束している。貧しい人々には取得が絶望的な米国査証《ビザ》を懸賞の対象にするとは、いかにも米政府らしい発想だ。

ＦＡＲＣは、この米国人三人をもＦＡＲＣ要員解放のための対政府交渉の人質として使おうとしている。政府は、前政権がやったように〈交換解放〉を受け入れれば、拉致事件が増えるばかりだと交換を拒否し、ＦＡＲＣに対し、人質全員の解放と、解放されたＦＡＲＣ要員の恒久的な国外追放を逆提案している。検察は四月、マルランダら七人のＦＡＲＣ幹部を、〈米諜報機撃墜および乗員殺害・拉致〉の容疑で指名手配した。

〇三年七月、仏軍輸送機がマナウスに着陸したことから、〇二年二月以来ＦＡＲＣの手中にあるイングリッド・ベタンクールの救出作戦が明るみに出た。ベタンクール（仏国籍ももつ）の家族の話では、「ＦＡＲＣは、ベタンクールを七月、レティシア（アマソナス州都）に近いコロンビア・ブラジル国境地帯で解放すると約束した。これをフランス政府に伝え、医療支援を要請した。だが解放の約束は果たされなかった」。シラク仏政権外相ドミニク・ドゥヴィルパン（ベタンクールの親しい友人〉が、輸送機を派遣した公算が大きい。

FARCは、「解放の約束」を否定する。彼女は政府に譲歩を迫るための重要な切り札であり、危機感を募らせているいま、簡単に彼女を解放するわけにはいかない。コロンビア政府としても、彼女を他の人質たちと区別して救出することはできない。事件は、ブラジルを巻き込んで国際問題に発展した。

❾ AUCと和平交渉

ウリベ政権は、カトリック教会の仲介で、コロンビア統一自衛軍（AUC）と〈和平交渉〉の予備交渉を進めていたが、AUCは二〇〇二年一二月一日、〈一方的停戦〉を宣言する。カスターニョら最高幹部は、過去の無数の虐殺事件の免罪を求めており、米政府が身柄引渡を要求しはじめたため、急遽、〈和平〉、すなわちゲリラとの交戦、農民らの虐殺、軍・警察との連携、軍との不本意な時折の交戦をやめると、ウリベ政権に持ちかけたのだ。

政府とAUCとの〈交渉の打診段階〉は、同月末はじまった。ウリベはAUCの〈政治的性格〉を認め、AUCは「米政府が本腰でコロンビア治安部隊強化に乗り出したため、自分たちは一線から引き下がることができるようになった」との言い分で面子を立てて、交渉に入った。米政府は交渉に資金援助をし、ボゴタの米大使館員をAUC最高幹部とひそかに接触させている。

〇三年七月一五日、政府とAUCは、コロンビア北東部の某所（未公表）で、一〇項目の「サンタフェ・デ・ラリート合意」に調印する。合意文書は、「AUCは、戦闘活動を止め、麻薬取引のないコロンビアをつくるという政府の目的を共有し、民主、共生、経済、環境を破壊する麻薬取引を取締る国の政策を支持する。双方は、政府の民主的な統治力の強化と、武力の国家独占の復活を通じて平和を達成することで一致した」――とうたう。

「AUC要員一万三〇〇〇人は、双方が合意の下で選び、かつ治安部隊に警備された複数の地域に、検証できる方法で集結する。九月から段階的に要員を武装解除し、〇五年末までに全員の武装解除を終了する」――これが合意の柱だ。合意をもって、〈打診段階〉は終わり、〈本交渉〉に移行した。父親をゲリラに殺されたウリベは、アンティオキア州知事時代に準軍部隊《パラミリタレス》と浅からぬ関係にあった。そんなウリベならではのAUCとの合意だ。ウリベ支持派は、「内戦関係の政策で挙げた最初の大きな成果」と宣伝した。

だが、AUCが犯したおびただしい数の人権犯罪に対する法的措置は、合意に盛り込まれていない。カスターニョら最高幹部三人の身柄の米国への引渡については、「当事者の個人的問題」として、交渉の議題にならなかったという。それどころか政府側の交渉代表ルイスカルロス・レストゥレポは合意発表後、「人権犯罪を犯した要員であっても収監せず、自宅軟禁、被害者に対する物質的賠償、真実究明委員会での犯罪の告白、社会復帰訓練所送りなどの義務を負わせる」

という妥協案を打ち出し、悪名高い無処罰《インプニダー》適用の可能性を示唆してはばからない。

これに対し人権団体は、交渉可能な政治的犯罪と、無処罰が絶対に許されない残虐な犯罪を分けて考えるべきで、政府は処罰すべき者は断固処罰する責任がある、と主張する。また、AUCに土地を奪われ追い払われた国内避難民の帰還と地権回復の責任も政府にある、と訴えている。

最大の注目点は、AUC要員が正規軍ないし警察部隊に横滑りする可能性があるかどうか、ということだ。治安部隊の拡大強化政策を進めるウリベにとって、高度に武装しゲリラとの実戦経験が豊富なAUCは、魅力的な兵士候補だろう。実際、AUC要員を治安部隊に編入する案がささやかれている。まさに、この上ない〈悪魔の取引〉だ。ウリベが誘惑に負けたら、政権もろとも、道徳的に地に落ちることになるだろう。

さすがに識者たちは、治安部隊編入案に反対し、「FARCとELNは、交渉の前提条件にAUC解体を挙げており、AUCの治安部隊編入を認めれば、次に来るはずの両ゲリラ組織との和平交渉が極めて困難になる」と警告する。政府は、AUC要員の武装解除と社会復帰に年間九〇〇〇万ドルかかると見込み、国際社会に支援を仰いでいるが、無処罰や治安部隊編入は、国際社会をコロンビア支援から遠ざけることになるだろう。

AUCに加盟せず武闘を継続する準軍部隊（ブロケ・ボリーバル、六〇〇〇人）があるが、政府はAUCとの交渉とは別途、話し合いをしている。FARCとELNが武闘をつづけている現状では、非AUC準軍部隊に武闘をやめさせるのは難しい。さらに両ゲリラ組織がAUCのいなくなった〈空白〉を埋めようと攻勢に出て、これに治安部隊が対応できなければ、AUCの部隊が和平過程を放棄して武闘を再開するのは必至となる。また、AUCが無処罰となれば、内外の激しい反発が起きるだろう。

ウリベを支持する国会議員四〇人は、政府・AUC合意を受けてウリベの〈功績〉を礼賛し、大統領の連続二期政権担当を可能にするための改憲を提案する。政府は交渉代表が強く示唆していたように、予想に違わず八月二一日、収監された非合法戦闘員（AUC、ゲリラなど）に釈放、仮釈放、自宅軟禁、賠償金支払い、社会奉仕などの特典を与える恩赦法案を議会に提出した。建前上、ゲリラをも対象としているが、主な受益者はAUCの比重が圧倒的に大きいだろう。

だがゲリラをも対象としたことには、ゲリラの戦線離脱を促進する期待が込められている。さらにゲリラとAUCを同列に置くことで、少なくとも社会変革の理想だけはもちつづけるゲリラを、AUC並の〈無法の殺戮部隊〉の地位に貶《おとし》めようと狙っている。

一方、FARCは、AUCとの和解を急ぐウリベの狙いがFARC殲滅《せんめつ》作戦開始にあるとみて、同様の危機感を抱くELNに共闘を働きかけ、双方は八月下旬、国内全域で統一戦線を組み共闘することで合意した。合意が機能すれば、兵力と資金源で大きく劣るELNは、その弱点を補うことができる。FARCは、北部を中心にELNの勢力を当てにすることができ、ELNのもつ都市ゲリラ戦術に学ぶことがあるかもしれない。

いずれにせよ、シモン・ボリーバル・ゲリラ連絡会議（CGSB）の機能停止以来、十数年ぶりの両ゲリラ組織の合従《がっしょう》であり、内戦の激化を予測させる。FARCは、明らかにウリベ暗殺を戦略の要にしている。

⑩ ルモインの痛言

エル・ティエンポ紙は二〇〇三年の年頭、ウリベを〈二〇〇二年の人〉に選び、「支持率は七五%。絶望と不信という長年の国民感情を理解し、指導力と決断力を示した。デマゴギー（扇動）のない行動の人であり、政治を不名誉な状態から救った」と評価した。就任一周年（二〇〇三年八月）の支持率も、七〇%と高い。

だが圧倒的に厚い貧困層の意見がどれだけ反映されているかは疑問だ。〈支持率の高さ〉を名分にウリベが突っ走るとすれば、危険だろう。ＩＭＦに協調する新自由主義市場経済支持者のウリベは緊縮財政政策をとりつつ、治安強化に重点を置くため、社会保障が割を食い、弱者がさらに弱者となる。弱者の多くが〈治安維持のチャンピオン〉というだけの理由でウリベを本気で支持するとは、とうてい考えられない。

ウリベは、〇六年八月までの任期中にゲリラを掃討し、ＡＵＣを解体させて、半世紀に近づきつつある内戦状態に終止符を打ちたい構えだ。だが憲法裁判所は、〇三年四月末日をもって「国内騒擾状態」宣言を打ち切った。理由は、治安確保上の実効性に乏しかったことと、九〇日間新たに延長するための真剣な議会討議が行われなかったこと。

これにより、同宣言を前提として、ゲリラ制圧のため設定されていたアラウカ州など二カ所の〈復興・統合地域〉は無効となった。アラウカ州では、同地域設定後、ゲリラ六九人が逮捕されただけで、AUC要員は一人も捕まっていない。AUC要員の同地域進出は、事実上黙認されたのだ。政府は、同地域の公式名称が消えた後も、同地域で治安部隊による拠点支配を継続している。

一方、ウリベは、全土で電話を傍受し、捜査令状なしに家宅捜査できる権限を治安部隊に認める改憲案や、治安政策上必要な措置を講じる際、憲法裁判所を通さずに決定できるとする改憲案を四月提示した。六月には、〈テロリスト〉容疑者を逮捕状なしに三六時間まで拘禁できる権限を軍人に与える法が議会を通過した。人権団体は、容疑者が拘禁中に拷問されたり〈行方不明〉になる恐れがあると反対している。コロンビアは、ウリベ政権下で急速に警察国家化している。治安部隊に強権を与える改憲案は、緊縮経済政策を強化する改憲案と併せて、一〇月二五日実施の国民投票にかけられる。FARCとELNは改憲を、「国家テロ強化のため」と非難している。

失敗や不祥事もある。特殊部隊が〇三年五月、アンティオキア州内で人質救出のためFARC拠点を急襲したところ、いち早く察知したFARCは、ギジェルモ・ガビリア同州知事、ヒルベルト・エチェベリ元国防相ら人質一〇人を射殺して逃走した。米軍に育てられた精鋭部隊の作戦は見事に失敗し、ウリベは屈辱を味わう。

同月、カケター州内でFARCの一拠点を攻略した陸軍対ゲリラ戦大隊の士官・兵士一四七人が、押収されたFARCの資金約一六〇〇万ドルを山分けして持ち去った。この不祥事で、ウリベが頼りとする第一線の精鋭部隊の堕落ぶりが露呈した。七万ドルを持ち去った兵士を拉致しようとした警官三人が逮捕される後日談もあって、警察の堕落をもさらけ出した。

ウリベは六月には、カリブ沿岸に展開する陸軍旅団の司令官ガブリエル・ディアス将軍を更迭し、軍から追放した。船上で押収されたコカイン二トンが消えてしまった事件の責任をとらせたらしい。コカインの船積みを旅団に通報したコロンビア人二人はDEAへの通報者でもあったようだが、他殺体で見つかっている。このディアスの一件は、ただでさえ薄い軍部への信頼を、さらに損なった。

〇三年五月、国連特使ジェームス・ルモインはコロンビアの新聞とのインタビューで、「FARCの一部はイデオロギーを持ち、貧者のために〈新しいコロンビア〉をつくろうと戦っている。この国の上流階級に対し、あなた方の息子、甥、孫たちのなかに兵士になった者はいるか、と問いたい。戦闘の犠牲になっているのは誰だろうか（貧者の息子たちだ）。金持ちは、貧富格差を是正するために十分な税金を支払っているだろうか。FARCを単なる麻薬取引犯やテロリストと考えるのは誤りだ」と指摘した。

この発言は、コロンビアの政財界で物議を醸す。特使は、政府が〈テロ取締〉の錦の御旗で覆い隠そうとしてきた寡頭勢力（有産支配層）の最も痛いところを突いたのだ。米政府も、貧者救済を、社会主義的措置とみて嫌ってか、前面には決して打ち出さない。ルモイン発言は、米政府の痛いところをもえぐった。〈テロ取締〉の名分は、人権蹂躙《じんけんじゅうりん》をも覆い隠す。

コロンビアの著名な人権派弁護士アリリオ・ウリベも、コロンビア人を相互監視させるような政府の通報者網計画を厳しく批判し、「必要なのは社会開発と正義だ」として、軍事援助中心の米国からの資金獲得を非難する。

ルモインや弁護士ウリベが提起したのは、ごく当たり前のことだ。コロンビア政権と支配層が、このような直言を真剣に受け止め、自らのものにしないかぎり、つまり、政府・支配層が、大土地所有制度の変革をはじめ、正義の著しく欠けている植民地時代からの遺制を目に見える形でただしつつ、反逆者に和平を働きかけていかないかぎり、内戦の真の決着はありえないだろう。こうしている間にも、暴力の土壌となる貧困が拡大しつづけている。

ウリベは〇三年九月、〈国家暴力〉に反対する人権団体を「テロリストの代理人」、「卑怯者」とこきおろした。このような反知性的な決めつけは、コロンビア社会の亀裂を深めるだけだろう。

◇日本人誘拐事件

二〇〇一年にコロンビアで起きた拉致誘拐事件の被害者数は、三〇四一人で世界一。二位メキシコ（七三二人）、三位ブラジル（五二二人）、四位エルサルバドール（一一四人）など、ラテンアメリカ域内でも郡を抜く多さだった。〇二年は二九八六人で、アンティオキア州で五三一人、ボゴタで八四人が拉致された。ＦＡＲＣによる拉致は九三六件、誘拐組織によるのは四四二件だった。

日本人も犠牲者になってきた。一九九一年八月二七日夜半、アンティオキア州サンカルロスにある国営電力インテルコネクシオン・エレクトリカ社（ＩＳＡ）発電所宿舎から、中山明美、小西俊博の東芝技術者二人がＦＡＲＣに拉致された。二人は電力タービンの点検と補修のためコロンビアにやってきて、一カ月もたっていなかった。

ＤＡＳ《ダス》（公安庁）筋によると、大統領府、国防省、アンティオキア州政府、日本大使館、西欧外交官、東芝、英コントロールリスクス社などが絡んだ極めて複雑な交渉の末、二百数十万ドルの身代金が支払われた。二人は一二月一六日、メデジン市内で解放され、帰国した。

九二年二月、電気通信関係の会社を経営していた永住日本人・中川浩治が乗用車でボゴタへ向かう途中、プトゥマヨ州都モコア郊外で武装集団に待ち伏せされ、山中に連行された。身代金交渉の末、二週間後に解放されたが、〈ゲリラくずれ〉の犯行だった。中川は、二〇年をかけて築いたコロンビアでの生活に見切りをつけ、帰国した。

同年一二月、身代金支払いを禁止する誘拐対策法が成立、九三年一月施行された。だが、このような〈建前法〉は無意味で、効力を発揮していない。

九八年九月には、ボゴタの南方三〇キロのクンディナマルカ州パスカで、農場を経営していた元山梨県会議員・志村昭郎がFARCに拉致された。身代金二〇万ドルを支払って翌九九年二月、解放され帰国する。ところが志村は二〇〇一年八月再びコロンビアに滞在しはじめ、同月末、コロンビア人と共同経営していた同州サンライムンドの農場で、またもや武装集団に拉致された。身柄を一〇日後FARCに引渡され、自らFARCの部隊司令官と身代金交渉をし、二万五〇〇〇ドルで合意し、支払いの約束をして一〇月解放され、ボゴタに辿り着く。だが、それを支払わないまま帰国した。

私は、志村に最初の誘拐事件の後、東京で会った。飄々《ひょうひょう》として、冒険好きという印象を受けた。塩山《えんざん》市出身で、小学校長、サンパウロ日本人学校教頭、県議などを務めて、八七年ごろからエメラルドの買いつけでコロンビア通いをはじめた。水晶で有名な山梨県は日本有数の〈宝石県〉であり、山梨の宝石商人といえば、東京・御徒町《おかちまち》の宝石街やボゴタのヒメネス街で、名を知られた存在だ。志村は農場では、桃とりんごの苗床を作っていたが、桃は葡萄と並ぶ山梨県の特産品。しかし、ご丁寧に二度も拉致されるとは、思いもよらなかっただろう。

二〇〇一年二月二二日、矢崎シーメル社（九五年設立の矢崎総業とコロンビア・シーメル社の合弁企業で、自動車部品ワイヤハーネスを製造）の副社長・村松治夫《ちかお》が、同社の工場があるチア（ボゴタ北方一〇キロ）から四輪駆動車でボゴタ北部の自宅に帰宅のため走行中、同北部で警官を装った武装集団に待ち伏せされ拉致された。拉致した集団は一〇日後、村松の身柄を二五万ドルでFARCに売り渡した。この集団は、〈誘拐産業〉専門の、ロス・カルボス（禿頭たち）という組織だった。米国の危機管理会社が、FARCと矢崎総業の解放交渉を仲介する。

三月、拉致事件を担当する陸軍は、村松の所在に関する情報提供者に最高二万五〇〇〇ドルの報償金を与えることにした。陸軍は七月、村松が監禁されていたクンディナマルカ州フニン郊外のアンデス山地にあるFARC野営地を襲撃するが、もぬけの殻だった。

八月、カケター州ロスポソスでFARCの最高幹部の一人が共同通信との会見で、「二〇〇〇年三月のFARCの法令で、一〇〇万ドル以上の資産をもつ企業・個人から、貧富格差解消のための武闘の資金として〈協力税〉を徴収している。これを支払わない者は、身柄を拘束して支払いを促す」と語る。同月末、グアビアレ州都サンホセ近郊のFARC基地で、村松が拉致されたとき乗っていた四輪駆動車と村松の所有物が発見された。このころ、志村の二度目の拉致事件が、村松事件の〈劇中劇〉のように起きた。

〇一年秋、日本テレビが、監禁状態にある村松の姿をビデオ映像で短く流した。私はこれを東京で偶然見たが、村松はゲリラの監視下で、食事などについて、流暢でないスペイン語でゲリラとやりとりしていた。

〇二年一月、FARCが村松の身代金として要求しているのが二七〇〇万ドル（約三三億円）だと判明する。途方もない巨額だ。「FARCは〇一年末、その三分の一に引き下げた」（読売新聞、二〇〇二年二月二四日）というが、交渉はその時期に打ち切られた。FARCと政府・治安部隊との関係が緊張状態になりつつあった時期と一致する。FARCは山岳地帯や森林地帯を目まぐるしく移動する。人質も連れて動くが、戦闘が激しくなれば、解放交渉は中断する。

五月、DASはロス・カルボスの首領オルランド・サラテを逮捕する。七月、日本テニス協会は、同月ボゴタで実施されるフェド杯ワールドグループ（女子国別対抗戦）入れ替え戦の対コロンビア戦を、「治安が悪い」という理由で選手を派遣せず棄権する。同じ月、村松の家族はエル・ティエンポ紙に、FARCに対し、ボゴタにいる家族の代理人と接触するよう求める広告を出した。

ウリベ政権が発足した八月、コロンビア政府首脳が村松の生存を確認した。だが〇三年八月現在、村松の消息は途絶えたままだ。

〇二年一一月、コロンビア国境に近いベネズエラ西南部のサンクリストバルで雑貨商を営んでいた山梨県出身の永住者雨宮朗・洋子夫妻が拉致された。警察がアジトを襲撃したところ、朗（ベネズエラ国籍）は殺害され、日本国籍の洋子は連れ去られた。洋子は〇三年七月、身代金の支払いによって解放された。

警察は国境地帯で、「〈外国産〉を発送する」という無線による交信を傍受しており、洋子は隣接するコロンビア・ノルテデサンタンデル州内のELNかFARCの野営地で監禁されていたもようだ。ベネズエラの日系社会は、山梨県出身者が多数を占めている。

殺害事件もある。一九九二年一月、ボゴタ市内で日本企業駐在員がレストランで夜食をとり帰宅途中、警官に射殺された。九三年一月には、名古屋市の運転手井上信男が、バジェデルカウカ州北部のトゥルア市にあるコロンビア人妻の実家を訪れ、その玄関先で射殺された。井上は前年、一億二〇〇〇万円の生命保険をかけはじめたばかりで、コロンビア行きに際し二〇〇〇万円の旅行者保険にも加入していた。

第10章

周辺諸国の動向——麻薬戦域の拡大

❶ ペルー

米国は一九八〇年代末のブッシュ（現大統領の父親）政権以来、南米での麻薬取締政策では、コロンビアをはじめアンデス諸国を中心に広域支援に力を入れてきた。コロンビアなど麻薬生産国を取締っても、周辺諸国での取締を強化しなければ、麻薬の密造密売が拡散し、取締が一層困難になるからだ。

コロンビアに次ぐ重点取締国は、かつて最大のコカ生産国で、いまも潜在的に最大生産国であるペルーである。八〇年代半ばには、コカ集散地アルトウアジャガ渓谷（アンデス山中ウアヌコ州内のウアジャガ川上流域）は、ゲリラ組織センデロ・ルミノソ（輝く道＝SL）の支配下でコカ畑の緑で覆われていた。だが一九九〇年にアルベルト・フジモリ大統領が登場すると、ゲリラ掃討作戦が本格化し、これに伴いコカ畑破壊が進む。

米政府は、ゲリラとコカ生産地の両方を取締るフジモリ政権を支持した。同政権も、九二年のお手盛りクーデターや治安部隊による人権蹂躙《じんけんじゅうりん》で国際社会の評判が悪かったことから、米国の支持を頼りにしていた。両国政府を結びつけたのは、フジモリと一蓮托生の関係にあり、貴重な情報源として長年CIAから信頼されていた、元陸軍中佐にして弁護士のブラディミロ・モンテシノス国家情報部顧問だった。

ペルー・アマゾニアの中心イキートスの川市場。増水期には大方水没する

モンテシノス自身、麻薬業者から上前をはね、その資金で軍・警察の高官や国会議員を手なずけ、権力を固めていた。ＣＩＡは、それを知りながら、モンテシノスの利用価値の方を重視していた。

フジモリ政権は、もう一つのコカ集散地アプリマック州では、九五年に二万一〇〇〇haだったコカ葉畑を九九年末に八一〇〇haに減らすのに成功した。フジモリは、アルトウアジャガと併せて二〇〇三年までにコカ畑を一掃すると宣言する。だが、憲法の大統領再選規定を強引に解釈し三期目に入った二〇〇〇年、モンテシノスの裏切りで失墜し、〈日本人・藤森謙也〉として日本に一一月政治亡命した。

最大の裏切り行為は、モンテシノスがＡＫ47自動小銃一万丁を九九年に三回にわたりヨルダン経由で密輸入し、これをＦＡＲＣに引渡していた事件である。モンテシノスは捜査の矛先が向かってくるのを防ぐため、自分が事件の黒幕であることをフジモリに知らせずに、フジモリに自動小銃密輸摘発を〈功績〉として発表させたのだ。

事件の実態を把握していた米国、コロンビア、ヨルダンの三国政府は一斉に反発し、フジモリは大恥をかいて窮地に陥る。ここからフジモリとモンテシノスの反目が深刻化し、初めにモンテシノス、次いでフジモリと相次いで失脚する。文字どおり、権力者の一蓮托生の末路だった。

フジモリは九月、モンテシノスを解任し、〈退職金〉一五〇〇万ドルを渡したが、その資金の出所は、ＦＡＲＣ侵入阻止のための国防予算から引出したものだった。これが暴露されて、フジモリの立場がさらにまずくなるという後日談があった。

フジモリ退陣後の〇一年四月、アマゾン川のコロンビア・レティシア市とペルー・イキートス市の間で、麻薬取締を任務とするペルー空軍機が、米国人宣教師一家の乗った小型機を麻薬輸送機と誤認して銃撃する事件が起きた。小型機は川の水面に不時着したが、宣教師の妻と幼い養女が被弾して死亡し、米国内で大問題となる。事件は、最初に小型機を発見したＣＩＡ偵察機がペルー空軍基地に連絡したところ、英語とスペイン語が相互に半可通《はんかつう》で、出動した空軍機が麻薬業者の機と誤解し銃撃したのが原因だった。

この空の取締政策は、クリントン米政権時代の九四年にはじまり、コロンビア・ペルー国境地帯の上空でかなりの成果を挙げていた。事件により、ペルーとコロンビアでの空中取締政策は中断されたが、コロンビア上空では〇三年八月に再開された。

〇一年七月、アレハンドロ・トレド大統領が登場する。トレド（「レ」を短く強く発音）は、フジモリ政権時代の人権蹂躙《じんけんじゅうりん》問題を教訓とするあまり、ゲリラ対策に及び腰で、その分、麻薬生産地取締もおろそかになった。同年末から〇二年にかけ、アンデス山中からペルー・アマゾニアにかけてコカとケシの栽培が活発化し、SL復活やFARCのペルー潜入の情報が流れた。コロンビアやボリビアでの取締強化の結果、ペルーで再びコカ栽培が隆盛に向かう兆しがあるとされる。

〇一年九月一〇日、コリン・パウエル米国務長官がペルーを訪問し、コロンビア国境地帯での監視飛行計画の再開問題や米・アンデス諸国自由貿易協定延長問題などでトレド大統領と会談した。

〇三年一月、零細農民五〇万人が参加するとされる「ペルー全国コカ栽培地農業生産者連盟」が結成されたが、その議長ネルソン・パロミノは翌月、〈テロ・誘拐教唆〉容疑で逮捕された。「いわれなき逮捕」と怒りパロミノの釈放を求める農民は、「トレドは自らの赤貧《せきひん》の出自を忘れて、米政府に媚びている」と非難している。

❷ ボリビア

一九八六年、ビクトル・パスエステンソロ大統領の政府は、通貨一〇〇万ペソを新通貨一ボリビアーノに切り換える大規模なデノミネーションを実施し、二万％を超えていたインフレを九〇％に落とすのに成功した。潤沢《じゅんたく》な麻薬資金を国庫に組み込んで洗浄し、対外債務の一部返済と、デノミを支える資金に用いたのが〈成功の秘訣〉だったとされている。同大統領はその年、米軍を使ってベニ州でコカイン工場破壊作戦を遂行する。

この国は長年、ペルーに次ぐ第二のコカ生産国だった。ラパスからアンデス・レアル山脈を越えて辿り着く熱帯のユンガス山地には、一万二〇〇〇haのコカ合法栽培地がある。だが最大のコカ葉生産地は、コチャバンバからアンデス山系を下り、熱帯の平原に出たところに広がるチャパレで、この地のコカ葉の九五％はコカイン原料に回されていた。

米政府は九五年、同地のコカ畑三万五〇〇〇haを五四〇〇haに減らすよう、当時のサンチェス政権に要求する。政府は米国からの資金援助を基に、減反一ha当たり二五〇〇ドルを奨励金として支払う条件で減反政策に着手する。抵抗する農民には、米軍によって育成され八七年に展開しはじめた警察特殊部隊「農村巡察機動部隊」（ＵＭＯＰＡＲ）が、陸と空から容赦ない弾圧を加える。これに対し、コチャバンバに本拠を置く、エボ・モラレス議長指揮下の四万世帯一二万人で構成するコカ栽培農民組合が、体を張って抵抗していた。

後継のバンセル政権は九八年、米国の意向でコカ畑を破壊する〈尊厳作戦〉を開始する。皮肉にも、大統領ウーゴ・バンセル将軍はクーデターで最初に政権に就いた七〇年代、コカイン資金による自身の汚染が問題となった。当時のバンセル政権は、CIAが中心になりラテンアメリカ諸国の軍事政権と連携して展開していた左翼・進歩派抹殺のための〈コンドル作戦〉に加担しており、米政府はバンセルの麻薬汚染には口をつぐんでいた。

バンセルは選挙により合法政権として復活し、過去の汚名をすすぐためか、コカ畑一掃に熱を入れた。そのころバンセルは肺と肝臓が癌に冒されており、チャパレでの作戦で成果を挙げ、〈有終の美〉を飾りたかったようだ。だがボリビア経済の柱は九〇年代末、コカイン産業から天然ガスに移行し、これがコカ畑一掃を促した本当の理由だろう。

二〇〇一年二月、チャパレで最後のコカ畑が破壊されて、チャパレのコカ栽培地は一掃された。代替作物はバナナで、輸出市場は年間二二〇〇万箱を輸入しているアルゼンチンだが、ボリビアの輸出は当面年間一〇〇万箱程度だ。同年八月、バンセルが闘病のため退陣（二〇〇二年死去）し、ホルヘ・キロガ副大統領が昇格する。

〇二年八月には、ゴンサロ・サンチェス元大統領が、議会での決選投票でエボ・モラレスを破り、再び政権に就いた。だがモラレスの政党「社会主義運動」は、議会で最大野党となる。モラレスらは、〇五年発足予定の米州自由貿易地域（ALCA、英語でFTAA）をはじめ、ラテンアメリカのグローバル化に反対している。

同年三月、サンチェスは、国際通貨基金（IMF）主導の緊縮政策に反対する抗議行動が激化して政権崩壊の危機に直面すると、低所得者層を懐柔するため、ユンガスのようなコカ合法栽培

チャパレのコカ農民の指導者エボ・モラレス

地を増やすことを検討しはじめた。

❸エクアドール

太平洋岸のマンタ空軍基地にある米国の麻薬取締の〈前進作戦拠点（FOL）〉には、レーダー施設があり、E3―AWACS（空中早期警戒管制機）など約一〇機が駐機し、米軍要員四〇〇人が駐留している。日に平均五回、エクアドール、ペルー、コロンビア上空で監視飛行をする。要員の世話など兵站《へいたん》は、米ダインコープ社が担当する。

米軍は一九九九年、マンタ基地を一〇年間使用する契約を結んだ。エクアドールの海空両軍も、同基地を最重要の作戦拠点にしている。FOLは、米軍のパナマからの撤退に備えて建設された基地で、エルサルバドール、オランダ領アルバ、同キュラソーにもある。

エクアドールは、FARCの最大拠点があるコロンビア南部に約六〇〇キロの国境線で接するが、陸軍の主力を南部から東部にかけてのペルーとの国境線に展開させていることもあって、FARCの侵入を阻止する能力は脆弱だ。さらに一一億ドルをかけて建設中のスクンビ州ラゴアグリオの油田から太平洋岸に抜ける送油管は、コロンビアに接する北部国境近くを通るため、FARCの侵入は経済戦略上も頭痛の種だ。コカイン精製用の化学物資の一部は、エクアドール経由でコロンビアに入る。

キトー郊外の赤道（エクアドール）碑

　またＦＡＲＣが食料など物資調達のため侵入するのは日常茶飯事であり、ときには石油産業に携わっている外国人技術者らの拉致事件を起こす。二〇〇二年一〇月には、送油管建設に携わっていた英国人技術者がナポ州内で拉致され、エクアドールの誘拐取締部隊（ＵＮＡＳＥ）が出動し、武装し戦闘服を着たＦＡＲＣ要員二人を逮捕した。エクアドール当局が、私服でなく戦闘服姿のＦＡＲＣ要員を逮捕したのは初めてだ。ＡＵＣの攻撃を逃れてエクアドール領内に避難するコロンビア難民の問題もある。

ノボア政権下で〇一年九月、エクアドール通貨は米ドルとなった。これにより同国は、麻薬組織やゲリラが利用する資金洗浄地《ラバード》として、パナマや〇一年から米ドルが通貨として使用されているエルサルバドールとともに関心を集めるようになった。

〇二年三月来日したグスタボ・ノボア大統領は、「北部国境地帯の状況は深刻だ」と述べ、コロンビアへの軍事援助を強化する米政府を暗に批判した。この来日日程は、ブッシュ大統領のペルー訪問と重なっていた。嫌米色のある民族主義者ノボアは、リマでのアンデス諸国首脳とブッシュとの首脳会議を捨て、日本を含むアジア歴訪を選んだのだった。

同年一一月の大統領選挙決選投票で、先住民ら低所得階層の支持を得たルシオ・グティエレス元陸軍大佐が、バナナ財閥のアルバロ・ノボアを破り当選する。グティエレスは、〇三年一月就任した。四月、コロンビア人シカリオ（殺し屋）を使ってグティエレスを暗殺する陰謀が発覚する。在米エクアドール人銀行家らが画策したとされている。

❹ベネズエラ

一九九九年二月に就任し〈ボリバリアーナ革命（ボリーバル主義革命）〉を掲げるウーゴ・チャベス大統領は、キューバのフィデル・カストロ議長を革命家の大先達《だいせんだつ》として尊敬している。それだけに反米主義も強く、米軍用機の領空通過や空港使用を禁止してきた。ベネズエラ軍（ＦＡＮ）

は、米国の援助でコロンビア軍が攻撃用・輸送用ヘリコプターを多数装備することに神経をとがらせ、警戒している。

カラカスにはFARCとELNの代表部があり、準外交特権を与えられている。二〇〇〇年一一月には、ベネズエラ議会で開かれたラテンアメリカ議会フォーラムにFARC代表が出席し、怒ったコロンビア政府が大使を召還するという出来事があった。

チャベスは陸軍中佐だった九二年に軍事クーデターを打って失敗した経験をもつが、武闘、ボリーバル主義、左翼民族主義、国内の主敵を寡頭体制とする四点で、特にFARCの路線と一致する。

チャベスはFARCとELNに対し、ベネズエラ治安部隊を攻撃せず、ベネズエラ人を拉致・脅迫の対象にしないことを条件に、ベネズエラ領内を戦闘時の〈聖域〉とすることや同領内での物資調達を認めている——とコロンビア当局はにらんでいる。FARCにとってチャベス政権は、〈生きた革命モデル〉として、ゲリラの思想教育に最適なのだという。FARCが麻薬と引き換えにベネズエラ軍兵士から武器を入手した事実も指摘されている。

コロンビア・ノルテデサンタンデル州北東端のベネズエラとの国境河川オロ川沿岸には、FARCの関係する二万haのコカ栽培地がある。この栽培地にAUCが侵入し、コカ栽培農民がベネズエラ領内に避難する事件がつづいている。コカ農民はFARCの自治支配に欠かせない基盤であり、難民流出は基盤の弱体化につながる。そこでFARCは、チャベス政権と交渉し、難民を帰還させようとしている。だがAUCは同栽培地に既に根を張っており、難民の帰還は困難だ。この栽培地は、コカインをベネズエラ経由でカリブ、欧州方面に密輸する拠点ともなっていた。

フジモリの側近だったモンテシノスは、ペルーを追われて二〇〇〇年一一月、ガラパゴス、コスタリカ、アルバ経由でベネズエラ入りし、チェベス政権の庇護を受けてカラカスに隠れ住んでいた。九二年のクーデター失敗後、チェベス派の軍人九三人がペルーに脱出し、モンテシノスのはからいで政治亡命が認められた。この時の恩義から、チャベスはモンテシノスをかくまったわけだ。

だが〇一年六月、FBIが米国内でモンテシノスのベネズエラ人支援者を逮捕したのをきっかけに、FBIとペルー警察カラカス潜入要員の連携作戦がはじまり、モンテシノスの隠れ家を突き止めた。だがベネズエラの秘密警察が察知し、モンテシノスの身柄をいち早く〈逮捕〉、チャベスがそれを発表し、身柄のペルー護送を許した。

当時のペルー暫定大統領バレンティン・パニアグアは、「チャベスとリマで最近会談した際、モンテシノスの身柄を引渡すから、その代わりに〈小さな好意をくれないか〉と持ちかけられた」と暴露した。〈小さな好意〉とは、チャベスがモンテシノスをかくまっていた事実についてのペルー警察の調査結果を公表しないこと、だったようだ。

〇二年三月、ノルテデサンタンデル州ティブー付近でコロンビア軍とFARCおよびELNが交戦した際、兵士一二人がFARCの待ち伏せで死亡した。コロンビア陸軍は四月、「FARCはベネズエラ領内の聖域から出撃した」との声明を出す。ベネズエラ政府と軍は声明内容を否定して、「コロンビア軍の単なる戦術の失敗」と決めつけ、コロンビア政府に、声明を出したことで謝罪するよう要求した。

両国国境は二二一九キロ。ベネズエラ軍発表では、その国境線の二〇〇カ所に計三万人の兵士を配置して警備している。当時のホセビセンテ・ランヘル国防相（現副大統領）は、「コロンビア軍は国境警備が不十分であり、ベネズエラ軍のように万全を期すべきだ」と批判した。

同じ四月、チャベス政権打倒の軍民クーデターが起き成功したかにみられたが、二日天下に終わり、チャベスが復権する。クーデターで暫定大統領になって逮捕された首謀者の一人ペドロ・カルモナは、コロンビアに亡命した。

〇三年三月、ベネズエラ軍機が、ベネズエラ領内に侵入したAUC部隊を追跡して、コロンビア上空に入り爆撃したとの、地域住民の目撃情報が伝えられた。ベネズエラの牧場主らは、チャベス政権に育成された「解放ボリバリアーナ軍（FBL）」という〈左翼準軍部隊〉が、侵入してくるAUCに対抗してコロンビア国境地帯に展開し、牧場主らを襲撃・拉致する事件を起こしていると非難している。

❺ パナマ

コロンビア北西部のウラバー地域は、コロンビア最大のバナナ集散地であると同時に、パナマのダリエン地峡およびカリブ海岸に接する戦略的要所だ。武器や一般物資の密輸補給路であり、治安部隊とゲリラ、ＡＵＣにとって最重要地域となってきた。ダリエン地方には、コロンビアから難民、ＦＡＲＣ、ＡＵＣが絶えず流入し、パナマにとって深刻な主権侵害と治安の問題となった。両米大陸を縦断するパンアメリカン自動車道は、ダリエン地峡をまたぐ一五〇キロの区間で建設が止まったままになっている。

ミレヤ・モスコソ大統領は二〇〇一年一〇月、当時のパストゥラナ・コロンビア大統領と会談し、二七〇キロの両国国境の警備強化を要請する。パナマも、警官二〇〇〇人を配置して警備を強化した。国境では、ニカラグアから陸路運ばれてくる密輸の武器類がしばしば押収されている。

パナマで〇一年五月、先住民指導者世界会議が開かれた折、コロンビアでＦＡＲＣ・ＥＬＮとＡＵＣの戦闘により、先住民が同年だけで四〇〇人死んだという報告がなされた。ウラバーに住む先住民クナ人四〇〇人が〇三年、ＡＵＣに脅迫されパナマ領内に避難し、パナマのクナ人社会に保護された。

Ｇ７金融行動特別委員会（ＦＡＴＴ）は〇一年六月、パナマを資金洗浄《ラバード》国名簿から除外した。

コロンビアは、パナマ運河のカリブ海岸にあるコロン自由貿易地域の輸出の五分の一を占める最大の得意先だが、資金洗浄《ラバード》取締で取引額は大幅に減っている。だがパナマが歴史的、地理的に洗浄に便利な状況は変わらず、名簿からの除外は〈洗浄の潜在化〉を物語る。

❻ ブラジル

ブラジル政府と軍部は、国際社会が環境保全の立場からアマゾニア（アマゾン川流域）の自然保護を要求することに反発してきた。外交面では一九八七年に、アマゾニア協力条約（エクアドールを含む八カ国）の調印を主導し、八九年にはアマゾニアの開発と自然保護で主体性を発揮するための「われわれの大自然《ノサ・ナツレザ》計画」を打ちだす。同年五月にはマナウスで同条約締結八カ国による第一回アマゾニア首脳会議を開いた。

政府は二〇〇〇年九月、仏領ギアナ、スリナム、ガイアナ、ベネズエラ、コロンビア、ペルー、ボリビアの六カ国一地域と接するアマゾニアの警備を飛躍的に向上させるため、一四億ドルを投下して、アマゾニア監視システム（SIVAM）の建設に着手する。ブラジリアで同月開かれた第一回南米一二カ国首脳会議に合わせ、宣伝効果を計算した建設着手だった。

SIVAM計画は九〇年代末、アマゾニアの環境保護を主目的として策定されたが、米国のコロンビアへの軍事援助増大で、治安確保が前面に押しだされた。計画の柱は、アマゾニアの二〇

麻薬組織との戦闘に備えリオデジャネイロのファベラに入った陸軍の戦車

〇カ所に固定および移動レーダー基地、データ分析・中継基地、気象観測基地などを設置し、空中早期警戒管制機（ＡＷＡＣＳ）八機、戦闘機大隊で異常事態に早期対応するというもの。通信衛星情報も使う。軍事作戦は、マナウスのアマゾニア軍司令部の管轄下で行われる。レーダー網は〇二年七月作動しはじめた。これも、グアヤキル開催の第二回南米首脳会議と時期が一致した。

政府は、軍事戦略面では、ＳＩＶＡＭをアマゾニア主権防衛の基盤と位置づけている。ブラジルは軍部は八〇年代半ばすぎまで、アルゼンチンを長らく仮想敵国として警戒していた。だが巨額の対外債務を抱えて両国ともに軍事面でいがみあうことが許されなくなり、東西冷戦が終結したことも手伝って九一年、ウルグアイ、パラグアイ両国を加えた四カ国で南部共同市場《メルコスル》条約の調印にこぎ着けた。これで南方の憂いがなくなり、ブラジルの国防戦略の中心がアマゾニアに移ったわけだ。

ブラジルがアマゾニアの盟主として周辺諸国を主導し、アマゾニアの安全保障で主役を演じるようになれば、米国の南米外交・軍事戦略との食い違いが出てくる可能性がある。ブラジルが米国の〈アマゾニア戦略〉に先手を打ったのが、ＳＩＶＡＭであろう。だがＳＩＶＡＭ建設に携わったのは米国のレイシオン（Ｒａｙｔｈｅｏｎ）社であり、技術面は米国に握られている。米国との間では、戦略面での協調と対抗がつづくことになるだろう。

ＳＩＶＡＭは〇三年完成するが、これを実際に動かす人材と予算を確保できるかという問題もある。確保できなければ、宝の持ち腐れとなってしまう。ＳＩＶＡＭは、非軍事部門の樹木不法伐採取締、森林環境保護、先住民保護、科学研究などを担当している組織や団体で構成する「アマゾニア保護システム」と連携する。

ブラジルは、二〇一〇年までに戦闘機をはじめ空軍の装備を最新式化する計画を併せて進めている。このような野心的な国防戦略に着手する格好の口実となったのが、米国の軍事援助を柱とする「コロンビア計画」だった。

ＦＡＲＣは、ブラジル国内の左翼と連動して、米国のコロンビアへの軍事的関与を「アマゾニア支配の野心の表れ」と非難する。〇一年二月、ブラジル南部のポルトアレーグレで開かれた反グローバリズムの第一回世界社会フォーラムに、ＦＡＲＣ代表も出席した。

同年四月には、コカインと引換えに武器弾薬をＦＡＲＣに渡していたブラジル人の麻薬・武器商人ルイスフェルナンド・ダコスタ（俗称フェルナンジーニョ・ベイラマル）が、コロンビア東端のビチャーダ州上空を軽飛行機で飛行中、強制着陸させられ逮捕された。ブラジル当局は、ＦＡＲＣがブラジル領内に侵入して先住民をゲリラに仕立てていると非難している。

〇二年一〇月の大統領選挙決選投票で、労働党候補ルイスイナシオ・ルーラ・ダシルバが得票率五九％で圧勝し、〇三年元日、ルーラ政権が発足した。ルーラは実利主義にして社民主義的な穏健左翼路線だが、従来の保守民族主義の諸政権とは異なり、アマゾニア政策でも変化が出てくる可能性がある。

〇二年発足したウリベ・コロンビア政権は、FARCを〈テロ組織〉と決めつけ、周辺諸国に同調を求めているが、ルーラ政権は、コロンビア政府とFARCの和平交渉再開を願う立場および思想的立場から、〈テロ組織〉呼ばわりに応じていない。


ブラジルは九〇年代初めまで欧州・アフリカへの〈コカイン回廊〉だったが、その後は内需が爆発的に増えて、いまでは米国に次ぐコカイン消費国と目されている。それだけに麻薬利権抗争は深刻だ。〇二年の決選投票に先立ち警察は、サンパウロの麻薬組織〈第一首都コマンド〉が、同地の証券取引所を爆破し投票を混乱させる計画を立てていたのを察知し、爆発物を押収した。

リオデジャネイロの麻薬マフィアは〇二年六月、市議会正面に一〇〇発以上の弾丸を浴びせた。同地の三大麻薬マフィアのうちの〈赤いコマンド〉は、リオ北部の〈スラム街《ファベラ》〉シダージジデウス地区を支配するが、最高幹部ルイスフェルナンド・ダコスタ（前出）は刑務所内から娑婆の部下たちに命令している。

リオ一帯には〈スラム街《ファベラ》〉が約七〇〇カ所あるが、その多くで麻薬組織の流血の抗争が絶えない。組織の実働勢力は、一〇歳から二五歳ぐらいまでの少年・青年層で、毎年二〇〇〇人もの青少年が麻薬絡みの事件で殺害されている。

ブラジルの麻薬組織は、年間二〇—三〇トンのコカインを国内市場に流していると推測されるが、国政行事を攪乱させ政治施設を攻撃する発想と能力を持つに至っている。八〇年代後半から九〇年代前半にかけてのメデジンカルテルの戦術を思わせる。

〇三年九月、コロンビアを訪問したルーラは、コロンビア政府と国連の公式要請があれば、ブラジルは国連とFARCの話し合いを仲介する用意がある、と表明した。これは、リオグループ首脳会議の要請（第9章の❼参照）を受けたものだ。

ルーラの所属する労働党（PT）は冷戦終結後、ラテンアメリカの左翼指導者間の討論と意見交換の場としてサンパウロで毎年、「フォロ・デ・サンパウロ」（サンパウロフォーラム）を主催している。PT党首だったルーラは、このフォーラムを通じてFARC幹部たちとも人脈を築いてきた。

ルーラの仲介意思は、南米諸国間の経済・政治上の協力関係を固めて南米を統合するという長期外交計画に基づき、中期的には、米州自由貿易地域（ALCA／FTAA）設立の主導権を、米国と対峙しつつ握っていくという政策に沿っている。

そのためには、米政府・米軍に大きく依存してFARC討伐戦を進めるウリベ政権を、〈南米側〉に引き込まなくてはならない。ルーラの理想は、米国ではなく南米の主導で、コロンビア内戦の出口を見いだすことだ。

◆チャパレの戦い

ボリビアでは一九七〇年代に、コカイン原料としてのコカ栽培が広がり、年間三―五億ドル、多いときは七―一〇億ドルの資金がもたらされた。コチャバンバ市郊外のアンデス前衛山脈を越えたところに広がる、アマゾニアにつながるチャパレ平原は、八〇―八一年に悪徳将軍独裁者ルイス・ガルシアメサがコカイン用コカ栽培を導入して以来、ボリビア最大のコカ葉生産地となっていた。

コカ畑取締政策を現場で支える農村巡察機動部隊（UMOPAR）の司令部は、ラパスにある。九五年八月末、司令官のシモン・セハス将軍を訪ねた。

「DEA（米麻薬取締局）の支援を受けて、コカ栽培、パスタ（練り粉）生産、その生産用化学物資搬入、パスタとコカインの密売を取締っている。パスタは通常、コロンビアに運ばれてコカインになるのだが、取締強化で近年、麻薬マフィアだけでなく農民までがパスタ、ときにはコカインさえつくり、ブラジル国境から密輸している。需要があり、ぼろ儲けできる間は、供給は止まらない」――将軍は、問題点を総括した。

UMOPARとコカ生産現場で敵対するコカ栽培農民組合は、コチャバンバ市内に本部を置く。そこで、当時三六歳だったエボ・モラレス議長にインタビューした。

モラレスの机の背後の壁には、中央にボリビア国旗の入った額、その右側にチェ・ゲバラの肖像、額の下にはコカ葉を束ねた飾りのついた弓と矢、コカ葉を入れる色彩豊かな手編みの袋、虹色の先住民族旗などが所狭しと張ってある。

「歴代政権の経済政策の不手際で食えなくなっ

た農民や鉱山労働者が、家族とともにチャパレに移り住んできた。四万世帯一二万人がコカ葉栽培に携わっているが、コカ葉の恩恵に与っている者を加えれば三〇万人にはなる」
「政府は、コカ葉以上に現金収入をもたらす商品作物を提供できない。それどころか、取締を口にしながら、裏でパスタ生産用の化学物資を不法搬入し大金を稼ぐ不届きな軍人さえいる。政府が偽善的であるかぎり、戦いつづける。同時に、コカの多面的な利用を国際的に認知させる運動もつづけていく」

議長の直系の部下たちの案内で、チャパレを取材した。行く先々にモラレスの命令が届いており、組織のよさと、当局と対峙する組合ならではの警戒の厳しさを感知した。

「コカ葉の相場は、五〇キロで二〇〇ボリビアーノ（約四〇〇〇円）。コカ葉は私たちにとって、現金を生む〈オロ・ベルデ（緑色の金）〉だ。コカ葉を買い取った者が、それをどう処理するかは知ったことじゃない」――コカ葉市場で会った農民アベリアーノ・エスピノサは、コカ葉を咬みながら突き放すように言った。

コカ畑は、雑木林やバナナ畑の中に点在する。道路から見えにくくするためだ。

「私は三カ月ごとに五〇〇ボリビアーノ（一万円）を稼ぐ。コカ葉は神、コカインは悪魔よ。私は神の側で働いているわけよ」――女手一つで一家を支えているというアレハンドゥリーナ・セスペデスがうまいことを言った。彼女の頬も、コカ葉で膨らんでいた。

栽培地を訪れた翌日、チャパレ中心部にあるチモーレのUMOPAR基地で、軍用ヘリコプターに乗り、ラ・チャンカドーラ（砕鉱機）というコカ栽培地区の上空に飛んだ。この地区名は、地区の農民たちが以前、鉱山労働者だったことを思わせる。

一緒に搭乗した基地司令官ルイス・カバジェロ大佐の話では、減反に応じない農民たちが組織的に抵抗運動をするため、鎮圧しに出動するのだという。たしかに地上では、戦闘服姿のUMOPARの部隊と、マチェテ（山刀）、棍棒、石などを握った農民たちが対峙していた。

と、突然、部隊は自動ライフル銃を農民たち目がけて撃ちはじめた。大佐が上空から、攻撃開始の指令を出したに違いない。ヘリコプターは僚機二機とともに上空を旋回しながら、農民たちに向けて催涙弾を投下する。地上は大混乱だ。三時間近く旋回してから基地に戻ったが、大佐は説明を避け、どんな事態となったのか、把握できなかった。

後で知ったのだが、この鎮圧作戦で農民一人が射殺され、隊員を含む一二人が負傷し、農民七〇人が逮捕された。懸念したとおり、血が流れた。取材とはいえ、部隊機、それも司令官機に乗ったため、〈同罪〉意識にさいなまれ苦しんだ。

ラパスで、先住民アイマラ人である副大統領ビクトルウーゴ・カルデナスに会見した。「私たちボリビア人は、世界のコカイン需要の犠牲者だ。強大な米国との関係は不平等かつ複雑だが、麻薬取締は二国間関係だけでなく、国際社会が世界的な問題として対応すべきものだ」――政府首脳として精一杯の苦情の表明だった。

やはりアイマラ人で、元閣僚のマウリシオ・ママニに、チャパレでコカに代わる商品作物になるのは何だろうかと訊ねた。

「それはアマポーラ（ケシ）に決まってるさ」

ケシは、阿片やヘロインの原料だ。ママニの答は、貧困ゆえにコカ栽培がつづくボリビアの状況や、他国に政策を押しつける麻薬の最大消費国・米国をたっぷり皮肉る名回答だった。だが笑えない話である。

別章

コロンビア経済——崩れた安定神話

❶ 深刻な落ち込み

コロンビア経済は一九九九年、世界恐慌期の三〇年代初頭以来約七〇年ぶりの深刻な景気後退に見舞われた。この国の経済は九五年までの四半世紀には平均四・七%の成長を記録し、ラテンアメリカ一の安定度を誇っていた。だが九六―九八年に平均一・八%に落ち、九九年、急降下して三・五%も縮小した。最大の原因は、財政赤字だとされた。この一大後退に至る過程をみよう。

その一〇年前の八九年、当時のバルコ政権は貿易自由化の本格化に着手し、九〇年、輸入数量制限制度の撤廃を目指す経済開放計画を導入する。三〇年代からつづいていた国内産業育成のための厳しい輸入規制で、競争がないうえ輸入も少ないことから、とくに工業部門で技術革新が大幅に遅れた。国際競争力をつけるため、バルコは貿易自由化に踏み切ったのだ。従来、輸入品目の六〇%が事前許可制度に縛られていたが、九〇年末には、武器類と一部薬品を除き、輸入事前許可制度が廃止された。

だが輸入自由化で、それまで堅実だった財政が緩み、九〇―九八年に歳出がGDPの一〇・九%から一九・七%へと上昇し、財政赤字も同〇・七%から五・一%へと増えた。九九年の財政赤字は六%だった。

サンペル政権の九四―九八年には、財政赤字解消策がおろそかとなり、対外債務が増えた。公共投資は、九〇年のGDPの一一%から九七年の一八%へと拡大する。経常収支赤字も、GDPの四・五%から六・四%へと膨らんだ。

同政権末期の九八年一月、キンディオ州都アルメニア一帯を死者一二〇〇人を出す大地震が見舞い、コーヒー生産に打撃を与えた。長年、最大輸出品目だったコーヒーは石油に九六年抜かれて第二の品目となっているが、地震の影響で生産が落ちたうえ、国際価格が九七年の一ポンド当たり二・七ドルから九八年末の一・三ドルに下落し、外貨獲得上、大きく響いた。その後も需要は芳《かんば》しくない［コロンビアコーヒーは、良質で知られる。一九世紀にコーヒー豆の生産がはじまり、ブラジルに次ぐ世界第二の生産国にのし上がる。今日、五〇万の小規模農家が生産の中心を担っている。近年、安いヴェトナム産などに押しまくられて苦境に陥り、多くの農家が破産している。一部農家は、畑をコカ栽培に切り換えた］。

鶏肉を丸ごとゆでる食堂の主人

通貨ペソは、六七年の為替法の下で共和国銀行（中央銀行）が毎日設定する固定制だったが、人為的なペソ高が七〇年代末から顕著になり、八三年以降、切り下げが段階的に実施された。九一年に新為替法が施行されると、為替操作・管理は金融機関に任され、外貨保持・取引も自由化された。

しかし切り下げは、共和国銀行が自由為替市場の動向をにらみながら小刻みに切り下げる方式が引きつづき用いられた。九〇年代には誘導幅（変動幅）が災いして、投機によって最安値につけペソ安圧力を掛けつづける一方、九八年のロシア経済危機の影響で大幅切り下げを迫られた。だが政府は規制緩和を積極的にせず外資導入を怠り、財界は短期投機資金に頼った。

ボゴタ中心部の通称「泥棒市場」。撤去されて、いまはない

電話、鉄道、送電などを支配する国営企業の民営化計画の遅れや、税収の落ち込みで、国庫収入は目減りする。ペソ安から不利になる一方の交換率でのドル建て債務返済は、外貨準備を食う。銀行は、不良債権を大量に抱えて四苦八苦し、〈日本並みになった〉と酷評された。九六―九九年に不良債権は六・八％から一三・八％に増えた。九九年の不良債権処理には、六七億ドル

(GDPの七・七%)が投入された。政府は、破産した一〇金融機関を国有化したが、それらを順次売却する方針だ。

インフレは九〇―九六年平均二四%だったが、不況になっても一八%と高く、失業率は一四%台から九九年の二〇%に増大する。付加価値税(VAT、消費税に同じ)は九八年末、一六%から一五%に下げられたが、課税対象品目は増やされた。

民芸品と果物とモデルの女性

社会基礎構造《インフラストゥラクチャー》の整備も遅れている。長らく国内産業保護主義がつづいたことと関連するが、生産業の多くが海岸地帯でなく内陸部にある。生産・貿易拡大には、ボゴタ、カリ、メデジンをはじめ主要都市間、および主要都市とカリブ海岸のバランキージャ港、太平洋岸のブエナベントゥラ港(バ

ボゴタのレストラン内に
飾られた酔っぱらい人形

ジェデルカウカ州）を結ぶ幹線道路の建設・整備が不可欠だ。とくに太平洋岸の港は歴史的に十分生かされてはおらず、アジア太平洋圏との交易拡大には、コンテナ設備拡充を含め近代化が必要だ。

急激な都市人口の増加に伴い失業率が高まり、社会の底辺層では生活苦によって一般犯罪が激増し、社会不安は増幅する。国や公共部門は余剰労働力に対応できず、食えない若者は、ＦＡＲＣやＡＵＣ、さらには麻薬組織に走る。不況こそ、ゲリラや無法組織にとって要員獲得の好機なのだ。治安が乱れれば、経済活動や外資導入に支障が出る。

これらの要素が絡みあって、九九年の後退を招いたのだ。

❷ 三カ年計画

サンペル政権から不況を受け継いだパストゥラナ政権は一九九八年一一月、総額一六億ドルを投下する〈経済非常事態〉を発動し、預金者保護や、金融機関保護に当たる金融機関保障財団（FOGACOOP）設立など緊急対策を講じた。〈非常事態〉下では、大統領は議会の承認を経ない政令で行政ができるが、憲法裁判所の判断が必要であり、政令が無効とされることも少なくない。

だが九九年の不況で弥縫《びほう》策は通じず、政府は国際通貨基金（IMF）の意向を受け入れて同年九月、ペソの誘導幅制を廃止し自由変動制を導入した（〇三年九月半ば、一ドル＝二八二五ペソ）。パストゥラナは、IMFとの協議で三カ年計画を策定する。目標は、経済成長が二〇〇〇年三％、〇一年四％、〇二年四・八％。財政赤字削減は、それぞれGDPの三・六％、二・五％、一・五％。計画に沿って、二〇〇〇年の緊縮予算も決まった。経済の実勢を反映しているという意味で〈真実の予算〉と呼ばれ、歳出二三六億ドル、公共投資は三二億ドル（一三・五％）に抑えられた。インフレ目標は一〇％。政府が負担額を減らす年金改革も計画に含まれている。しかし〇二年の経済成長は一・五％、〇二年は一・六％だった。

この時点で、コロンビアの外貨準備は八二億ドルだったが、計画を支える資金として、総額六九億ドルの緊急融資が投入されることになった。内訳はIMF二七億ドル、米州開発銀行（BID）一七億ドル、世銀一四億ドル、アンデス開発公社（CAF）六億ドル、ラテンアメリカ準備基金五億ドル。三カ年計画初年度の二〇〇〇年の成長は、二・八％と回復傾向を示した。

ウリベ政権も〈計画経済〉方式を引き継ぎ、国際金融機関から〇三―〇六年に総額一一八億ドルの支援を受ける。IMFがスタンドバイ（包括的信用枠）二〇億ドル（向こう二年間）を供与し、九八億ドルはBID二八億ドル（同二年間）、世銀三五億ドル（同三年間）、CAF三五億ドル（同四年間）が分担する。対外債務は〇三年、三八〇億ドル、外貨準備は一〇一億ドルだ。

〇三年の経済成長は〇・七％程度と見込まれ、〇四年目標は一・三％だが、九九年の経済縮小による打撃は依然相殺されない。〇二年の財政赤字は三・六％で、〇三年目標は、それを二・五％に減らすこと。インフレは〇二年七％、〇三年目標は五―六％。

ウリベは〇三年を財政再建を柱とする「経済活性化の年」と位置づけ、〇二年末に、労働法と年金法の改革、および二兆四〇〇〇億ペソ（約八億四七〇〇万ドル）の税収を〇三年に確保するための税制改革、さらには省庁統廃合権を議会に承認させるのに成功した。省庁統廃合では、国家公務員四万人の削減を目指す。うち三万人は、定年退職者分の人員を補充しない形で実施する。〇三年半ばの失業率は一七％である。

公務員八〇万人の給与を二年間凍結し、年金を削減する法改定などは、有権者の四分の一以上の有効票で成立する国民投票での承認が必要で、国民投票は〇三年一〇月に予定されている。承認には、有権者の二五％（約六〇〇万票）が必要。年間四〇億ドルもの損出を出すとされる公共部門での汚職も、頭の痛い問題だ。

米州域内の貿易拡大政策では、アンデス共同体、対チリ自由貿易協定（FTA）、ベネズエラ・メキシコとの三国FTA、および対米特恵関税協定が四本柱で、〇五年に発足する予定の米州自由貿易地域（ALCA、英語ではFTAA）に加盟する。当面、重要なのは二国間貿易で、〇三年八月、米国とFTA交渉を開始した。米国とのFTAは〇六年発効の見込み。米国に次ぐ輸出相手国ベネズエラは、〇二—〇三年の政情不安に伴う、旧支配層による石油産業サボタージュなどで経済が落ち込み、輸入力が激減し、コロンビアの外貨収入にかなりの影響が出ている。

❸ 石油産業

コロンビアの石油開発は二〇世紀初頭にはじまり、一九五一年にコロンビア石油公社（ECO《エコ》PETROL《ペトゥロル》）が設立された。原油輸出は八六年に開始。生産は九九年に日量八一万五〇〇〇バレルに達した後、〇二年同五七万八〇〇〇バレル、〇三年見込み同五三万六〇〇〇バレル（年産約二億バレル）と下降線をたどっている。〇四年目標は同五二万バレルだ。〇二年には、米国の石油総輸入量の二・八%をまかなった。

九一年、カサナレ州のクピアグアとクシアアナで確定埋蔵量が合計二〇億バレルの大油田が発見され、九四年にコロンビア石油公社、英国石油（BP）、仏トタル社、米トゥリトンエナジーの合弁で原油生産がはじまった。両油田の合計生産は〇三年日量一九万バレルだが、問題は、二〇一四年ごろに涸渇すると予測されていることだ。

ラテンアメリカの二大産油国メキシコとベネズエラの埋蔵量は、それぞれ六〇〇億バレル、五〇〇億バレルと巨大だ。だがコロンビアの確定埋蔵量は、アラウカ州のカニョリモン油田などを加えても一六億バレル（二〇〇三年）と小さい。カニョリモン油田（米オキシデンタル石油）の〇二年生産は、日量一〇万バレルだった。

それでも九六年以来、石油は総輸出額の二〇％前後を占めて、外貨の稼ぎ頭となっている。歴史的に最大の輸出品目だったコーヒー（ブラジルに次ぎ第二位）は、八五年には総輸出額の四五％を稼ぎだしたが、九二年には一七％に落ちた。三位は石炭。他の輸出品目には花卉《かき》（オランダに次ぎ第二位）、バナナ、砂糖、革製品、化学製品、エメラルド（世界一）、ニッケルなどがある。

サンペル政権末期の九八年、「油田開発に外資を効果的に導入し毎年、新油井《ゆせい》一〇〇カ所で原油を採掘していかなければ、〇四年には石油輸入国に転じる」という政府報告が公表された。八八年に外資企業は七三カ所で油井を掘ったが、九六年には一〇カ所に減る。

問題は外資規制にあった。このためパストゥラナ政権は九九年七月、規制を外資に有利になるよう緩和させた。従来、生産された原油は、石油公社と外資が五〇％ずつ折半することになっていた。これを外資に七〇％とし、累積生産量が六〇〇〇万バレルに達したときに、公社が段階的に最高六五％までを獲得するというように改めた。

政府は規制緩和によって、二〇一〇年までに総額九〇億ドルの外資を導入し、確定埋蔵量を八一億バレルに増やし、生産を九九年の日量八五万バレルから一三〇万バレルに拡大できると見込んでいる。効果は表れ、二〇〇〇年初めまでに米国、カナダ、ブラジルなどから計一二社が公社と合弁契約を結んだ。

鉱山使用料《ロイヤルティー》を徴収・交付する国家ロイヤルティー委員会は、総徴収料の九〇%を石油産業から得ている。生産される原油一バレルの価格の二〇%を徴収する。〇二年には、国内の未開発地域・分野に総額六億三〇〇〇万ドルを交付した。

問題は、ELNやFARCが自派の地方公務員や労組を使って、交付金のかなりの部分を確保し、武闘資金に回していることだ。ゲリラの破壊活動や外資への脅迫も深刻な問題で、〇二年には、外資との二〇件の合弁採掘契約が破棄された。

〇一年と〇二年に米国のコカ・コーラ社とドゥラモン鉱業（本社アラバマ州）が、それぞれAUCによる労組幹部殺害との関連を問われて訴えられた。これらの出来事は、治安問題の複雑さを示す。財界は、こうした訴訟が外資を遠ざける原因になると懸念している。

ウリベ政権は〇三年五月、ニカラグアがカリブ海のコロンビア領サンアンドレス諸島近海での油田開発権を米四社に与えたことから、同諸島領海が侵される公算が大きいとして、開発権譲渡に抗議した。諸島は一九二八年の条約でコロンビア領となったが、ニカラグアは自国領だと主張してきた。

コロンビアの石炭生産は八〇年代初頭にはじまり、良質で、六五億トンの埋蔵量は南米最大。九六年の生産は三〇〇〇万トンで、外貨八億七〇〇〇万ドルを稼いだ。石炭公社（CARBOCOL）は、〇五年に最高七五〇〇万トンに拡大する計画。ラテンアメリカ最大の露天掘り炭坑であるグアヒラ州のエルカレホンノルテは、ドゥラモン鉱業が開発しており、月一〇〇万トンを生産している。

❹ コロンビアの財閥

最大の財閥は、バランキージャから発展したサントドミンゴ財閥だ。一九九〇年現在で、ババリア（ビール製造）、アビアンカ航空、サンタンデル銀行、コルセグロス（保険）、ディアリオ・デ・カリーベ紙、カラコル放送など有力企業百十数社を傘下に置く。この財閥の九三年の売り上げは、二七億ドルだった。アビアンカ航空は〇三年に破産し、会社更生法が適用されることになった。

第二は、アルディラルーレ財閥。ポストボン（清涼飲料生産）、コルテヘル（繊維）、ラ・レプーブリカ紙、エル・シグロ紙、RCNラジオなど、同四十数社を束ねている。九三年の売り上げは、一四億ドルで、サントドミンゴ財閥の半分強だった。

次は、スラメリカーナ財閥で、コロンビア工業銀行、スラメリカーナ保険など、金融・保険を柱に、たばこ、食品、繊維、セメントなど同二十数社に及ぶ。

ボゴタ財閥は、金融、保険、倉庫、化学、セメントなど約十社。

◆議会の腐敗

パストゥラナ大統領の盟友だったアルマンド・ポマリコという下院議長が、二〇〇〇年三月辞任した。下院をめぐる汚職事件の責任をとらされたのだった。事件の発端は九九年一二月末、下院の建物や設備の修復工事のため交わされた五三億ペソ（当時約二七〇万ドル）の契約が、下院で駆け込み承認されたことだった。この契約額が常識外れなほど高すぎると、検察が捜査を開始した。

すると、下院の便所工事が五万ドル、便所の紙・石鹸代に五万ドル、階段の手すりの修理代も五万ドル、駐車場の線の引き直し代が四万ドルと、超割高な支払いがいくつもなされていたことがわかった。

さらには、不要な〈事務職員の短期採用〉や、その〈手当ての支払い〉が書類上でなされていたこともわかった。議員たちが、下院内の議員室からおびただしい数のセックス電話をかけ、その代金の支払いを迫られていることも明るみに出た。

捜査の指揮を執ったアルフォンソ・ゴメス検事総長は、「実際に工事などに使われたのは予算の二〇％程度で、二〇〇万ドル以上が工事に関係した者たちに山分けされ着服された。これは氷山の一角にすぎず、公務員の汚職はゲリラ以上に国家に打撃を与えている」とぶちあげた。

議長辞任に続いて副議長の一人も辞任し、下院事務局の局長ら七人が逮捕された。

七〇年ぶりの大不況という時だけに、議員と職員の絡んだ下院の汚職事件に世論は怒った。大統領は世論を受けて、「反汚職国民投票」を実施する法案を議会に提出した。法案には、議会解散と、規模の小さい立法府議員選出のための選挙を実施するという条項が含まれていた。当然のことながら議員たちは反対し、逆に大統領罷免のための国民投票を呼びかける構えをみせた。大統領は、法案を引っ込めざるをえなくなった。

この下院汚職事件は、コロンビアの好ましからぬ〈名声〉を一層高める結果となった。

終わりに

本書執筆の基になった長年にわたる取材に際して、コロンビア、日本、他の国々のさまざまな友人、知人、および多くの初対面の人たちに協力を仰いだ。

ラテンアメリカ諸国に長らく外交官として駐在し、とくにコロンビアの専門家である高野博《ひろ》師《し》・元在コロンビア日本大使館参事官（現・参議院議員）からは、ボゴタでも東京でも、極めて得難く重要な示唆を受けた。

序章の主人公であるエメラルド輸出会社の早田英志社長にも、両地でたいへんお世話になったが、ムソ鉱山取材をはじめ、その協力なしにはできない体験をさせてもらった。

アリシア・アルディラ・デ・コミヤ夫人は、豊かな人脈を駆使して、本来ならばたどりつけそうもない、コロンビアのいろいろな情報源に私を導いてくれた。

この三人の友人には、特別に感謝の気持を表したい。

私の取材を受けて本書に登場する人々、取材を設定してくれたり取材に同行してくれたりした人々、氏名を明かさずに情報だけ書くことを許可してくれた人々、参考資料の執筆者たち、写真の被写体として登場する人々——らに感謝する。

私がインタビューし、後に暗殺されたB・ハラミジョ、C・ピサロ、E・ロウ、A・ゴメスの四氏の霊に哀悼の意をささげ、順子《よしこ》・ロウ夫人にお悔やみを申し上げる。

また、コロンビア発の情報を東京で提供してくれたスペイン通信EFE《エフェ》東京支局のカルロス・ドミンゲス支局長と支局員の皆さんに感謝する。

論創社の森下紀夫社長と、担当の鈴木武道編集部員に感謝する。

近年、日本でもコロンビア産コカインの密売問題が徐々に悪化している。この問題が、どのような政治風土から出てくるのかを、本書を通じて知ってほしい。

この本が、ジャーナリスト、外交官、学生、旅行者や、ラテンアメリカに関心をもつ人々に、できるだけ多く読まれることを期待しつつ、

二〇〇三年九月一一日　チリ軍事クーデター三〇周年の日、東京にて

伊高浩昭

参考文献

『共同通信世界年鑑』共同通信社　1969年版から2003年版まで。

アロンソ・モンカダ『ウン・アスペクト・デ・ラ・ビオレンシア』（暴力についての一つの見方）自家版　1963年。

フリオセサル・ガルシア『クルソ・スペリオール・デ・イストリア・デ・コロンビア』（上級コロンビア史）ボルンタ一　72年。

政治囚連帯委員会『リブロ・ネグロ・デ・ラ・レプレシオン』（弾圧の黒本）74年。

ギジェルモ・ラモス『レセーニャ・イストリカ・デ・ラ・コロニア・ハポネサ』（日本人移住社会の歴史概要）パルミラ日本コロンビア協会　74年。

アルバロ・ティラード『イントロドゥクシオン・ア・ラ・イストリア・エコノミカ・デ・コロンビア』（コロンビア経済史序説）ラ・カレタ　75年。

ハイメ・アレナス『ラ・ゲリージャ・ポル・デントロ』（ゲリラの内幕）テルセール・ムンド　75年。

アンソニー・ヘンマン『ママ・コカ』（母なるコカ）オベハ・ネグラ　78年。

『アトゥラス・バシコ・デ・コロンビア』（コロンビア基礎図解書）コロンビア財務金融省地理院　80年。

『コロンビア移住史　五十年の歩み』コロンビア日系人協会移住五〇年史編集委員会　81年。

ガストン・ポンセ『コカ・コカイーナ・トゥラフィコ』（コカ・コカイン取引）エル・ディアリオ　83年。

マリオ・アランゴ、ホルヘ・チルド『ナルコトゥラフィコ――インペリオ・デ・ラ・コカイーナ』（麻薬取引──コカイン帝国』ペルセプシオン　84年。

中川文雄、松下洋、遅野井茂雄『ラテンアメリカ現代史、アンデス・ラプラタ地域』山川出版社　85年。

ブライアン・フリーマントル、新庄哲夫訳『FIX─世界麻薬コネクション』新潮社　85年。

オルガ・ベアル『ラス・ゲラス・デ・ラ・パス』（平和の戦争）プラネタ　85年。

フェルナンド・ランダサバル『エル・プレシオ・デ・ラ・パス』（平和の代価）プラネタ　85年。

ファビオラ・カルボ『エ・ペ・エレ（EPL）』（解放人民軍）エコエ　85年。

ロセンベルグ・パボン『アシー・ノス・トマモス・ラ・エンバハーダ』（大使館をかく占拠せり）プラネタ　85年。

ジェームス・ヘンダーソン『クアンド・コロンビア・セ・デサングロー』（コロンビアが血を失ったとき）エル・アンコラ　85年。

エドゥアルド・ディアス『エル・クリエンテリズモ・エン・コロンビア』（コロンビアの顧客主義）エル・アンコラ　86年。

ラウラ・レストゥレポ『コロンビア、イストリア・デ・ウナ・トゥライシオン』（コロンビア、ある裏切りの歴史）フンダメントス　86年。

早田英志『エメラルド・カウボーイズ』PHP研究所　86年。

ウォルター・ブロデリック『カミーロ、エル・クラ・ゲリジェロ』（ゲリラ僧カミーロ）エル・ラブラドール　87年。

パトリシア・ララ『シエンブラ・ビエントス・イ・レコヘラス・テンペスタデス』（風を蒔き嵐を収穫

する）プラネタ　87年。

ファビオ・カスティージョ『ロス・ヒネテス・デ・ラ・コカイーナ』（コカインカウボーイたち）ドクメントス・ペリオディスティコス　87年。

ダニエル・ペコー『クロニカ・デ・ドス・デカダス・デ・ポリティカ・コロンビアーナ』（コロンビア政治二〇年の記録）シグロ・ベインティウノ　87年。

アルトゥロ・アラペ『ラ・パス、ラ・ビオレンシア』（平和、暴力）プラネタ　87年。

カルロス・ピサロ『ゲラ・ア・ラ・ゲラ』（戦争に対する戦争）ティエンポ・プレセンテ　88年。

アウグスト・ペレス『イストリア・デ・ラ・ドゥロガディクシオン・エン・コロンビア』（コロンビア麻薬使用史）テルセール・ムンド　88年。

グスタボ・ベローサ『ラ・ゲラ・デ・ロス・カルテレス・デ・ラ・コカイーナ』（コカインカルテルの戦争）G・S出版　88年。

エンリケ・ファブレガ『エル・ムンド・デ・ラス・ドゥローガス』（麻薬の世界）ベネズエラ・ロスアンデス大学　88年。

アルバロ・カマチョ『ドゥローガ・イ・ソシエダー・エン・コロンビア』（コロンビアにおける麻薬と社会）セレク　88年。

マリオ・バアモン『エル・シカリオ』（殺し屋）オルキデア　88年。

イグナシオ・ゴメス『エル・コンプロット・デル・コパカバーナ』（コパカバーナ号の陰謀）プルス　89年。

エレン・シャノン『ロス・セニョーレス・デ・ラ・ドゥローガ』（麻薬の紳士たち）マエヴァ　89年。

ハイメ・ハラミジョ、レオニダス・モラ、フェルナンド・クビデス『コロニサシオン・コカ・イ・ゲリージャ』（植民・コカ・ゲリラ）アリアンサ　89年。

アルバロ・ゴメス『ソイ・リブレ』（私は自由だ）ガマ　89年。

エンリケ・サントス『フエゴ・クルサード』（十字砲火）セレク　89年。

ファビオ・リンコン『ロス・レシタレス・デル・カルテル』（カルテルのリサイタル）バルガス　89年。

アナニアス・インカピエ『ラ・レガリサシオン・デ・ラ・ドゥローガ』（麻薬の合法化）自家版　89年。

フアン・ロドリゲス『ロス・アモス・デル・フエゴ』（試合の主たち）ペイレ　89年。

ヌエバ・ソシエダー『ヌエバ・ソシエダー（第102号）』（雑誌「新社会」）89年。

ハビエル・オカンポ『ミトス・コロンビアーノス』（コロンビアの神話）エル・アンコラ　89年。

ファビオ・リンコン『コロンビア・シン・マフィア』（マフィアのいないコロンビア）アキー・イ・アオラ　89年。

アセニルド・ブリト『エル・デサフィオ・デ・ラス・ドゥローガス』（麻薬の挑戦）アルゼンチン・スダメリカーナ　89年。

「ティエラ・フィルメ」誌『エル・カラカソ』（カラカス大暴動事件）ベネズエラの同誌社　89年。

ポール・エディ、ヒューゴ・サボガル、セイラ・ウォールデン、植村修訳『マイアミ・コネクション』朝日新聞社　89年。

ハビエル・オカンポ『イストリア・バシカ・デ・コロンビア』（コロンビア基礎歴史）プラサ・イ・ハネス　90年。

ファビオ・リンコン『レイエンダ・イ・ベルダー・デ・エル・メヒカーノ』（〈メキシコ人〉の伝説と真実）アキー・イ・アオラ　90年。

アニバル・エスコバル『ウン・ナルコ・セ・コンフィエサ・イ・アクサ』（告解する麻薬業者）コロンビア・ソベラナ　90年。

『レフォルマス・エコノミカス』（経済改革）コロンビア財務金融省　91年。

『コンスティトゥシオン・ポリティカ・デ・コロンビア１９９１』（１９９1年コロンビア憲法）コロンビア大統領府　91年。

『コンスティトゥシオン・ポリティカ・デ・コロンビア、プロプエスタ・ポル・エル・M19』（M19提案のコロンビア憲法）エスキロ　91年。

ファビオ・カスティージョ『ラ・コカ・ノストゥラ』（コカインマフィア）ドクメントス・ペリオディスティコス　91年。

パブロ・リンコン『エ・アキー・ア・パブロ・エスコバル』（パブロ・エスコバルはここにいる）コロンビア　91年。

マウリシオ・ガルシア『プロセソ・デ・パス』（和平過程）シネプ　92年。

ガブリエル・ガルシアマルケス、旦敬介訳『誘拐』角川春樹事務所　97年。

マウリシオ・ラングレン『ミ・コンフェシオン――カルロス・カスターニョ・レベラ・スス・セクレトス』（私の告白――カルロス・カスターニョは秘密を明かす）オベハ・ネグラ　２００1年。

伊東秀治『コロンビア左翼ゲリラ組織の経済活動の分析』アジア経済研究所「ラテンアメリカ・レポ

ート」誌vol.　18、NO.1　01年。

アンヘル・ラバサ、ピーター・チョク『コロンビアン・ラベリンス』（コロンビアの迷路）ランド　01年。

神代修『シモン・ボリーバル』行路社　02年。

ゲイリー・リーチ『キリング・ピース』（平和を殺すこと）イノタ　02年。

イングリッド・ベタンクール、永田千奈訳『それでも私は腐敗と闘う』草思社　02年。

『コロンビア』（小冊子）在日コロンビア大使館　02年。

伊高浩昭『コロンビア内戦の行方』拓殖大学海外事情研究所「海外事情」誌　02年3月号。

『ニューズ・ウィーク』誌　02年3月25日号。

伊高浩昭（いだか・ひろあき）

ジャーナリスト。1943年東京生まれ。66年早稲田大学政治経済学部新聞学科卒業。

67年から共同通信社のメキシコ通信員・駐在員、外信部員、那覇支局員、ヨハネスブルク支局長、マルビーナス（フォークランド）戦争特派員、リオデジャネイロ支局長、外信部次長、編集委員、記事審査委員などを務め、2003年、同社を退社、フリーランサーに。東京在住。

著書『青春のメキシコ』（泰流社　1977）、『南アフリカの内側』（サイマル出版会　1985）、『沖縄アイデンティティー』（マルジュ社　1986）、『Cuba—砂糖キビのカーテン』（リブロポート　1992）、『イベリアの道』（マルジュ社1995）、『メヒコの芸術家たち』（現代企画室　1997）、『キューバ変貌』（三省堂　1999）、『双頭の沖縄』（現代企画室2001）、『沖縄—孤高への招待』（海風書房　2002）。訳書『ベネズエラ革命—H・チャベス大統領の挑戦—』（VIENT社近刊予定）。共著・雑誌論文多数。

コロンビア内戦
——ゲリラと麻薬と殺戮と——

二〇〇三年　九　月二五日　初版第一刷印刷
二〇〇三年一〇月　三　日　初版第一刷発行

著　者　伊　高　浩　昭

発行者　森　下　紀　夫
発行所　論　創　社
東京都千代田区神田神保町二—二三　北井ビル
電　話　〇三（三二六四）五二五四
ＦＡＸ　〇三（三二六四）五二三二
振替口座　〇〇一六〇—一—一五五二六六

印刷・製本／中央精版印刷

 ISBN4-8460-0376-0